BOURASSA

Couverture
- Conception graphique: Katherine Sapon
- Photo: Pono Presse Internationale

DISTRIBUTEURS EXCLUSIFS:

- Pour le Canada et les États-Unis:
  LES MESSAGERIES ADP*
  955, rue Amherst, Montréal H2L 3K4
  Tél.: (514) 523-1182
  Télécopieur: (514) 521-4434
  * Filiale de Sogides Ltée

- Pour la Belgique et le Luxembourg:
  PRESSES DE BELGIQUE
  96, rue Gray, 1040 Bruxelles
  Tél.: (32-2) 640-5881
  Télécopieur: (32-2) 647-0237

- Pour la Suisse:
  TRANSAT S.A.
  Route du Grand-Lancy, 2, C.P. 125, 1211 Genève 26
  Tél.: (41-22) 42-77-40
  Télécopieur: (41-22) 43-46-46

- Pour la France et les autres pays:
  INTER FORUM
  13, rue de la Glacière, 75624 Paris Cédex 13
  Tél.: (33.1) 43.37.11.80
  Télécopieur: (33.1) 43.31.88.15
  Télex: 250055 Forum Paris

À Robert Bourassa
le Québécois…

Avant-propos

Le difficile, c'est d'être modéré sans être faible.

Alain

Robert Bourassa: un paradoxe vivant!

Maurice Duplessis suscitait l'indignation, Jean Lesage un certain agacement, Daniel Johnson un grand enthousiasme, et René Lévesque beaucoup d'émotion. Bourassa, lui, n'a jamais inspiré de sentiments extrêmes: ni révolte, ni hostilité; ni admiration ni passion particulières. Le reléguera-t-on pour autant, tel Adélard Godbout, aux notes de bas de page dans les livres d'histoire? Rien de moins sûr. Car, s'il est peu charismatique, il reste que le peuple lui a, plus d'une fois, renouvelé sa confiance.

Les grands chefs politiques qu'a connus la province sont souvent partis précipitamment, au point que leurs dauphins — Paul Sauvé, Jean-Jacques Bertrand, Pierre-Marc Johnson — n'ont eu le temps d'analyser leur héritage. Robert Bourassa, toujours aussi énigmatique, s'est succédé à lui-même, mûri par l'expérience, transformé par la réflexion.

Le voilà aujourd'hui, au moment le plus critique de l'histoire du Québec, forcé de saisir, toutes antennes déployées, ce que le peuple attend de lui. Les Québécois l'estiment sans doute, lui expriment discrètement leur respect à l'occasion, mais ils n'en demeurent pas moins sur leurs gardes. Comme si eux-mêmes n'avaient pas constamment louvoyé, de Papineau

— sous les balles de l'Anglais — jusqu'à Bourassa, sous les quolibets des Canadiens!

La vie du premier ministre est, au fond, identique, à bien des égards, à l'histoire de son peuple. En ce sens, on pourrait dire qu'il n'y a pas plus québécois que lui! Quant à sa carrière politique, elle suit depuis vingt-cinq ans une trajectoire parallèle aux tentatives répétées du Québec d'assumer son identité sans remettre en cause les conditions d'un armistice conclu, il y a très longtemps, avec un Canada anglais bien différent de ce qu'il est actuellement.

La première fois que je l'ai rencontré, en novembre 1970, au dernier étage de l'hôtel Reine-Élizabeth, sa silhouette un peu voûtée me sembla bien fragile auprès de la forte carrure de ses gardes du corps. Nous avions convenu de parler économie, mais il dut s'excuser peu après le début de notre entretien: on l'attendait à une autre réunion de son cabinet... la Crise d'octobre se prolongeait... Nous nous sommes revus ensuite à Québec, dans les coulisses du pouvoir, puis à Montréal, dans les cercles d'affaires, enfin à Ottawa et dans les capitales des provinces anglaises. Partout, le même Bourassa! *Attentif*: c'est fou ce qu'il sait écouter! *Silencieux*: serait-ce la gêne ou la peur de se compromettre? *Tolérant*: il n'arrive jamais à éprouver de la rancune à l'égard de quiconque. *Impassible*: il se méfie de toutes les passions! Les mauvaises comme les bonnes!

Mais, allez donc savoir...

L'individu ne se laisse pas plus approcher que le chef de parti n'accepte de se trahir. Lorsqu'il consent à se livrer, c'est au compte-gouttes — et jamais complètement. Secret, soucieux de préserver sa vie privée, cet homme sans histoires évite les élans émotifs. Il devient alors difficile de préciser quel sentiment il inspire et l'on se voit souvent forcé de ne formuler sur lui que des «opinions».

Il faut reconnaître que Robert Bourassa n'a pas le panache de Pierre Trudeau! Ni la personnalité exceptionnelle de René

Lévesque. Pas davantage l'assurance d'un Jacques Parizeau et encore moins les mouvements passionnés d'un Lucien Bouchard. Pourtant, on s'attache à lui, on admire son obsession du Québec, son sens du devoir «d'État», sa pudeur personnelle et la prudence qui guide son rapport aux autres. Mais on s'en détache aussi, on le fuit comme s'il portait la guigne à quiconque s'en approchait. La Crise d'octobre, l'humiliation électorale, les événements d'Oka, ce n'est pas négligeable tout de même! Si ce n'est pas la malchance qui le poursuit, serait-ce alors son indécision chronique qui le pousse irrémédiablement à tomber dans les pièges de la vie politique?

«Ordinaire», Robert Bourassa? Et banal, le fort en thème qui a su mériter les bourses d'études les plus prestigieuses? Terne, le plus jeune premier ministre de notre histoire? Sans envergure, le politicien qui occupe la scène politique depuis vingt ans et est parvenu à faire du français la langue officielle du Québec?... Mais voyons donc!

Il reste néanmoins à ce bâtisseur une étape à franchir: se défaire de cette idée que la province dont il est le chef a un absolu besoin des «autres» — en particulier du reste du Canada — pour se développer, prospérer et s'épanouir.

Depuis que je l'observe, de l'autre côté de la rivière des Outaouais, je suis fasciné de voir à quel point celui que l'on dit obsédé par son image est imperméable, en fait, à la critique et au mépris. Comme s'il ne savait pas qu'en restant indifférent à ces mises en question, il blessait l'amour-propre des Québécois eux-mêmes, car ceux-ci ne peuvent s'empêcher de partager les humiliations de leur chef.

Après avoir traité des rapports de Pierre Elliott Trudeau avec le Québec, il m'a semblé passionnant d'esquisser, cette fois, le vrai visage de Robert Bourassa et d'analyser le type de relations qu'il entretient avec le Canada anglais: ce sont les deux faces d'une même pièce qui roule sur sa tranche depuis cent vingt-quatre ans, sans qu'on puisse jamais prévoir de quel côté elle va tomber.

La première fois que j'ai parlé à monsieur Bourassa de ce projet de livre, c'était à sa résidence d'Outremont, le 29 avril 1990, jour du vingtième anniversaire de son élection à la tête du gouvernement. Il ne me tint pas rigueur d'avoir oublié cet anniversaire; il exprima toutefois bien des réserves à l'égard du projet, le trouvant «prématuré».

Nous sommes néanmoins arrivés à nous mettre d'accord sur un point: si longtemps après le congrès de 1967 et après la rupture entre une dernière tentative de fédéralisme et le projet de souveraineté, il était parvenu — au même titre que le Québec — à un tournant décisif de son histoire.

Acceptant finalement de prendre le risque d'être mal compris, trahi peut-être, monsieur Bourassa a donc généreusement coopéré, répondant à bon nombre de questions et éclaircissant certains points, à la réalisation de ce livre. Dans son entourage immédiat, Ronald Poupart puis Sylvie Godin m'ont, avec gentillesse, ouvert sa porte, puis laissé seul avec lui.

Cet ouvrage a, en fait, mûri longtemps dans mon esprit au cours des treize années que j'ai passées à Ottawa à titre de journaliste. Déjà, en écrivant *Trudeau le Québécois,* j'avais été frappé de constater à quel point ce dernier s'était acharné contre son homologue québécois; à y regarder de plus près, j'ai découvert en Robert Bourassa un grand «résistant» et un homme extrêmement attachant, fragile certes et désespérément calculateur, mais digne, au fond, d'un très grand destin. Donc du Québec...

Remerciements

Je tiens à remercier ici mes supérieurs du *Devoir*, de *l'Actualité*, de *La Presse* et des trois journaux du groupe Édimédia (*Le Soleil*, *Le Droit* et *Le Quotidien*), grâce à qui j'ai pu visiter toutes les capitales du pays pour recueillir les propos des premiers ministres de toutes les provinces et sonder le pouls de l'opinion canadienne-anglaise sur Bourassa et sur l'évolution du Québec.

Il va sans dire que la rédaction de cet essai a été quelque peu perturbée par les événements de l'automne et ceux des derniers mois. Je veux donc exprimer toute ma gratitude à J.-Jacques Samson, qui m'a généreusement libéré de mes obligations de correspondant parlementaire à Ottawa, ainsi qu'à mes collègues d'Ottawa, qui m'ont aidé dans mes recherches ou encouragé par l'intérêt qu'ils y ont manifesté.

Je sais gré aussi à Antoine Del Busso, des Éditions de l'Homme, d'avoir patiemment attendu un manuscrit qui tardait à venir et contribué au raffinement de la première version de l'ouvrage. Je remercie aussi Nicole Bureau-Lévesque, Nicole Raymond et Katherine Sapon qui m'ont accompagné tout au long du processus de mise au point finale du livre.

Merci enfin à ma famille qui, une fois de plus, n'a vu de moi, pendant d'interminables soirées, qu'un dos penché sur un clavier d'ordinateur.

Chapitre premier

Tel qu'en lui-même...

> *Quoi qu'on dise et quoi qu'on fasse, le Québec est d'ores et déjà et pour toujours une société distincte, libre et capable d'assumer son destin et son développement...*
>
> Robert Bourassa

Comme il le fait toujours lorsqu'il a une décision importante à prendre, Robert Bourassa s'est retiré, seul, sur le toit de l'édifice J. Il marche au grand vent qui monte du fleuve, attendant qu'il lui apporte, avec les bruits de la ville, le dernier battement de cœur de l'opinion publique.

Au cours de l'été 1967, c'est dans son sous-sol de la rue Britanny, à Ville Mont-Royal, qu'il avait pris la première décision politique importante de sa carrière: c'est de là en effet qu'il avait rompu avec René Lévesque et isolé son parti de la vague nationaliste qui montait alors au Québec. Maintenant, «Bourassa-le-politique» agit plutôt en claustrophobe: avant d'arrêter une résolution sur une question délicate, il sent le besoin de s'aérer un peu.

Le bureau du premier ministre à Québec est bétonné dans une sorte de blockhaus — le bunker — hérité de la crise d'octobre 1970; obsédés par la menace d'un attentat terroriste, les architectes avaient dressé, au pied de la Grande-Allée, de lourds murs gris, percés d'étroites fenêtres — à l'image des meurtrières de la Citadelle, toute proche — dont les vitres sont à l'épreuve des balles.

Sur le toit de son bunker, il a fait aménager une petite terrasse, meublée de deux chaises de jardin et d'une petite table dont seul Zellers doit savoir ce qu'elles ont coûté au Trésor public. De cette plate-forme de bois jusqu'au petit héliport qui domine les plaines d'Abraham, une sorte de chemin de garde serpente entre les bouches de ventilation de l'édifice.

«Le vent! Ah! le vent frais!...» dit-il en pensant au chalet qu'il a loué cet été-là, à Betterford Pool, près de Bar Harbour, dans le Maine. Même chez lui, à sa résidence de l'avenue Maplewood à Outremont, construite en béton elle aussi, Bourassa passe ses week-ends à l'extérieur, sur l'étroite bande de terrain qui le sépare de son voisin. Dans le mur, comme sur le toit du bunker, une petite niche de bois cache le téléphone beige directement relié au central de son bureau.

Le matin du 22 juin 1990, après qu'un coup de téléphone de Brian Mulroney soit venu lui confirmer qu'il était temps d'émettre l'acte de décès de l'Accord du lac Meech, Bourassa, fidèle à ses habitudes, s'est donc mis à marcher de long en large sur le toit de l'édifice J. «Je ne peux tout de même pas accepter qu'on rejette la société distincte sans faire un coup d'éclat, se dit-il. Je ne vais pas me contenter de dire: *I am sorry*[1]*!*» Dans sa tête, il bâtit le plan de l'intervention de cinq minutes qu'il a promis de faire à l'Assemblée nationale le soir même.

Il se rappelle soudain que c'est aussi un 22 juin qu'a été élu, en 1960, le gouvernement de Jean Lesage. Cette date commémore donc le trentième anniversaire de la Révolution tranquille: «Ça tombe bien!» se dit-il. Puis il analyse les cinq conditions — «ni plus ni moins, sans arrière-pensée de marchandage» — auxquelles est assujettie l'acceptation par le Québec de l'entente constitutionnelle. Il doit absolument empêcher le chef de l'Opposition, Jacques Parizeau, de proclamer que le Québec a négocié à rabais...

«Il me faut une conclusion qui porte!» se répète le premier ministre en faisant une fois de plus demi-tour sur son petit chemin de bois.

*

En fait, il ne s'attendait pas à ce que l'aventure de Meech se termine ainsi. Il y a une dizaine de jours à peine, son homologue fédéral se vantait devant trois journalistes du *Globe and Mail* de Toronto d'avoir refait le coup de 1867: «Les *boys...* ont passé pas mal de temps ailleurs que dans la bibliothèque: ça buvait sec et on s'engueulait ferme», avait raconté Mulroney. C'est comme ça que la Confédération était née et c'était ça la tradition au Canada[2], selon lui.

On savait que le premier ministre du pays était le chef politique le plus froidement calculateur qu'on ait connu depuis longtemps à Ottawa, mais, décidément, ce jour-là, il s'était surpassé! Après une longue semaine de tractations, il avait réussi à convaincre tous les premiers ministres provinciaux d'apposer leur signature au bas d'un texte qui allait donner, pour deux semaines encore, l'illusion que l'Accord du lac Meech pouvait être sauvé. Et il était fier de son coup!

Mulroney n'est pas un érudit, ni un expert en systèmes de gouvernement, se dit Bourassa, mais il a tout de même lu ses classiques. C'est de Rumilly qu'il doit tenir sa conception bien personnelle des conférences constitutionnelles: comme l'idée de la Confédération, en 1867, celles-ci n'intéresseraient que quelques intellectuels, quelques cercles politiques... elles ne créeraient aucun courant populaire... le peuple y serait totalement étranger[3]. Mulroney est peu préparé aux grands débats d'idées; il préfère négocier portes closes! Il ne fallait donc pas s'attendre à ce qu'il se soucie de sensibiliser le

«Haut-Canada» à l'idée du caractère distinct de la société québécoise.

Il a fallu deux réunions, espacées d'un mois, à Charlottetown puis à Québec, pour adopter la première série de résolutions qui allaient figurer dans l'Acte de l'Amérique du Nord britannique. L'histoire se répète, songe Bourassa. Entre la conférence de 1864 et la proclamation de la nouvelle constitution canadienne, en 1867, tout a failli mal tourner! Comme de 1987 à 1990...

Les «rouges», qui se plaignaient déjà à l'époque du secret qui entourait la rédaction de l'acte de naissance du Canada, avaient réclamé une consultation populaire et d'autres avaient suggéré qu'on l'adopte à la pièce, article par article. Mais John A. Macdonald avait dû trancher: il valait mieux, selon lui, que le projet soit adopté comme un tout et qu'on le juge sur sa nécessité plutôt que sur ses lacunes[4].

La conférence de Québec... les élections au Nouveau-Brunswick — où, pour la première fois, le projet de confédération avait été, indirectement, soumis aux électeurs —, puis la défaite du gouvernement... la réaction de la minorité protestante du Bas-Canada... celle de la minorité catholique de la future province de l'Ontario (qui s'était vu refuser cependant ce qu'elle réclamait)... le recul de Macdonald... les réactions très fortes des protestants... leurs plaintes et leurs menaces de s'expatrier...: Bourassa relit à son tour en mémoire l'historien préféré de Mulroney[5].

Cent vingt ans plus tard, Mulroney rêvait, comme John A. Macdonald, de reconstituer la sacro-sainte alliance entre les conservateurs anglo-protestants de l'Ontario et les bourgeois franco-catholiques du Québec! Et, le 4 septembre 1984, avant même que les quatre provinces de l'Ouest n'aient fermé leurs bureaux de scrutin, les électeurs des deux provinces lui avaient donné cent vingt-cinq sièges! — les trois quarts de la représentation des deux provinces à la Chambre des communes!

«Mais il y aurait un prix à payer», avait prévenu Bourassa[6]: la signature du Québec au bas de l'acte constitutionnel de 1982.

Pressé d'en finir avec cent vingt-trois ans d'histoire, Bourassa imagine un singulier dialogue: «Toute proposition qui impliquerait l'absorption de l'individualité du Bas-Canada ne serait pas reçue avec faveur par le peuple de cette section», avait avancé Macdonald en 1865; «Nous le ferons distinct», proposait Mulroney en 1985. «Nul autre projet n'est possible que le système fédéral», affirmait George-Étienne Cartier; «J'ai toujours soutenu qu'il fallait un fédéralisme économique au Canada: pour les Québécois, c'est très avantageux», répondait en écho Bourassa[7].

Après neuf ans de menace séparatiste, les choses avaient commencé à rentrer dans l'ordre au Québec, en 1985, après son élection. À Ottawa, on avait alors donné à Bourassa — l'enfant prodigue — l'assurance qu'on le laisserait mener son existence comme il l'entendait. À la condition, bien sûr, qu'il paie sa pension et ne casse pas les meubles!

Mais le beau rêve de Mulroney s'était changé en cauchemar car, si en 1867 les vrais fédéralistes québécois siégeaient à Ottawa et les autonomistes à Québec, en 1987 c'était tout à fait l'inverse.

Sur les banquettes des Communes, dans les cabinets des ministres fédéraux et même dans les ambassades, les souverainistes, rescapés du camp du Oui, se laissaient aller à un «risque» d'autant plus «beau» qu'il avait tous les attraits du pouvoir. Ils avaient le verbe haut, réclamaient le butin de la province et demandaient réparation pour l'humiliation du rapatriement de 1982. Bourassa s'était retrouvé, lui — de même que les médaillés du Non —, à l'Assemblée nationale. Et coincé de tous bords: par le Parti québécois qui l'attendait au détour de son prochain virage fédéraliste; par les «bleus» du Québec qui l'accusaient de faire bon marché de leur humiliation[8] à la suite du rapatriement de 1982; par les cousins libéraux d'Ottawa, qui ne lui pardonnaient pas leur défaite électorale de 1984.

On semblait croire alors que le lieutenant québécois tout désigné de Mulroney, c'était non pas Lucien Bouchard, comme plusieurs le prétendaient, mais lui-même, Robert Bourassa. Mais... les Canadiens anglais n'avaient jamais eu confiance en Bourassa, ils le méprisaient et le détestaient à cause de sa politique linguistique. En fait, il ne connaissait pas très bien le Canada anglais et ne se souciait guère d'ailleurs de ce qu'on y pensait de lui. Cette indifférence aurait-elle été, du point de vue de Mulroney, un atout en même temps qu'un handicap? Il se rappelait quelle épidémie d'urticaire avait déclenchée sa loi 178 chez les membres de l'Alliance for the Preservation of English. Il ne s'en était pas étonné outre mesure cependant. «Ils ne m'aiment pas, hein?» avait-il conclu alors sur un ton goguenard[9].

Que serait-il arrivé s'il avait décidé de faire carrière à Ottawa en 1965? Et si Lucien Bouchard avait pris la direction du Parti québécois comme le lui avait offert René Lévesque en 1981?

Le matin du 30 avril 1987, personne ne se souciait de répondre à ces questions. En fait, lorsque les limousines avaient abordé le chemin de terre qui monte vers le lac Meech, dans le parc de la Gatineau, une trentaine, tout au plus, de militants du Mouvement Québec français avaient manifesté leur résistance à toute forme de pacte avec l'Anglais. «Tu vois, avait dit Peterson en serrant la main de Bourassa, il y a dix ans ce sont 25 000 personnes qui nous auraient attendus ici. On ne peut pas manquer pareille occasion[10]!»

Au deuxième étage de la maison O'Brien, tout en haut du gros caillou qui domine le lac Meech, on ne buvait pas sec comme en 1867 à Charlottetown: jus d'orange pour les uns, ginger ale ou verre de lait pour les autres. Le seul vice qu'il leur restait, c'était le tabac: les Du Maurier de Peterson et les cigares bon marché de Peckford et de Vander Zalm. Mais onze heures de débats ont produit le même effet sur leurs esprits...

Peterson, qui se prend à l'occasion pour George Brown, l'éditeur du *Globe* qui présidait aux destinées du Haut-Canada en 1864, était sorti tout à fait satisfait de la réunion. C'était extraordinaire, non, ce qu'il venait de faire? Les Québécois n'allaient quand même pas faire de trouble avec ça!

Vingt-huit jours plus tard, le chef des «vrais rouges» avait lancé un coup de semonce: Mulroney était un «pleutre» doublé d'un mauvais négociateur, et les premiers ministres du Canada anglais des «eunuques»! Trudeau était venu réveiller les vieilles angoisses des minorités ethniques, qui se sentaient exclues de ce pacte entre Grands Blancs, et celles des *Maritimers*, perpétuels assistés sociaux de la Confédération, qui protégeaient jalousement le «pouvoir de dépenser» d'Ottawa (en effet, il dépensait beaucoup pour eux!).

Peterson s'attendait à un tir de barrage des nationalistes québécois. L'opposition, dont la pensée était élaborée dans un bureau d'avocats du boulevard de Maisonneuve à Montréal, est toutefois venue de tout le reste du pays — comme en 1867, se dit une fois de plus Bourassa.

Exilé dans sa chancellerie du Faubourg Saint-Honoré à Paris, Lucien Bouchard n'a pas fait de remous comme le souhaitait Peterson. Seuls certains dirigeants du Parti québécois ont paru plutôt estomaqués par le résultat.

Dans la nuit du 2 au 3 juin 1987, ce n'est pas lui, Robert Bourassa, que l'on a vu poser des conditions, exiger, revendiquer, mais plutôt une étrange coalition formée des libéraux de l'Ontario et des néo-démocrates de l'Ouest prêts à la résistance! À 5 h 29 du matin, Mulroney était tout de même sorti de son bureau avec, en main, un accord signé par tous les chefs provinciaux. Il était le seul à avoir pris le temps de se raser et de changer de chemise...

«Le Canada dit oui au Québec.» Le Canada, peut-être, mais pas forcément les Canadiens.

C'étaient les beaux jours de la «réconciliation nationale», l'heure des actes de foi, de l'état de grâce!... soupire Bourassa en se rappelant ce beau matin de juin 1987.

À deux reprises au cours de l'automne 1988, Bourassa s'était mis à dos les intellectuels canadiens-anglais. Il y avait eu d'abord sa campagne en faveur du libre-échange avec les États-Unis. Ses adversaires du Parti québécois avaient eu la bonne idée de suggérer que cela ne rendrait que plus facile la rupture avec le Canada anglais! Ce n'était rien pour arranger les choses! Comme toujours, les Anglais avaient choisi l'interprétation qui faisait leur affaire. Pourtant, le taux de satisfaction à l'égard de son gouvernement était à son zénith, l'appui de la population à l'Accord du lac Meech indiscutable... Ensuite, l'interdiction de l'affichage public en anglais. Tout ce que le Canada anglais compte de démocrates et de défenseurs des droits fondamentaux s'était, bien sûr, indigné.

Sur le front des provinces, ça n'allait guère mieux. Après Hatfield, ce fut au tour de Pawley d'être renvoyé par l'électorat — personne n'osant évidemment admettre que l'opposition de la population à l'Accord du lac Meech y était pour quelque chose. Quelle importance, puisque de toute manière c'était l'impasse!... Car il y avait eu l'élection de Clyde Wells, qui allait jeter la pagaille... À Ottawa, aucune réaction.

Les bons juges de la Cour suprême avaient eu beau tenter timidement d'offrir leurs services, afin de diminuer l'angoisse du Canada anglais sur la portée de la reconnaissance du caractère distinct de la société québécoise: toujours aucune réaction!

À moins de deux mois de la fin de la saga du lac Meech, Mulroney avait tenté une dernière manœuvre: un comité tripartite dirigé par le Québécois Jean Charest ferait le tour du pays en quelques jours, permettant à tous les joueurs importants — le Nouveau-Brunswick, le Manitoba, Terre-Neuve, le Parti libéral du Canada, le Nouveau Parti démocratique et l'Assemblée des Premières Nations — de dresser une «liste d'épicerie» qui serait livrée au lendemain de la ratification de l'Accord du lac Meech.

Bourassa n'était pas intervenu alors; il avait trop répété que la reconnaissance du caractère distinct de la société québécoise est importante pour compromettre la ratification de l'Accord ou pour ne pas tolérer quelques accommodements de dernière heure. Son ministre des Affaires intergouvernementales canadiennes, Gil Rémillard, avait un peu rué dans les brancards, certes, mais la popularité de Bourassa n'ayant jamais été aussi haute, même chez les souverainistes, il n'avait pas cru opportun de défier ouvertement son autorité. Il avait donc dû se taire.

Les Québécois d'Ottawa s'étaient donc chargés d'organiser la résistance.

En mai, Lucien Bouchard avait signifié très clairement à Paul Tellier qu'il n'acceptait aucun changement à l'Accord. Tellier aurait aimé que Bouchard tente de convaincre le groupe parlementaire du Québec d'accepter que le Parlement fédéral joue un rôle dans la promotion de la dualité linguistique au Québec. Mais Bouchard lui-même n'approuvait pas cela.

Le greffier du Conseil privé flirtait avec l'idée d'une entente avec Jean Chrétien!... Bouchard n'en revenait pas! Bourassa n'est pas sans savoir qu'il y a eu empoignade avec Bouchard lorsque Tellier lui a dit que Chrétien en menait large là-dedans et Mulroney mettait beaucoup de pression sur eux afin de régler cette affaire-là. Que Tellier ait songé à mettre Chrétien dans le coup n'avait rien de surprenant car les deux hommes se connaissaient bien. La responsabilité de Tellier n'était-elle pas d'assurer la ratification de l'Accord? Même s'il lui fallait pactiser avec le diable...

Les provocations des libéraux, les manœuvres de Chrétien, les compromis de la bureaucratie fédérale, tout cela avait poussé Bouchard à l'ultime contre-attaque. Peu avant son départ pour l'Europe, il avait promis aux organisateurs du PQ, qui devaient se réunir au Lac-Saint-Jean vers la fin de mai, de leur faire parvenir un télégramme de bienvenue. C'est de Paris qu'il devait rédiger finalement ce message à ses compatriotes du Québec où il évoquait la mémoire de René Lévesque et le droit inaliénable des Québécois de décider eux-mêmes de leur destin[11].

Bouchard, qui avait toujours traité directement avec son vieux confrère d'université, réalisait alors qu'ils étaient en fait tenus à distance l'un de l'autre par une bureaucratie hostile, ce qu'il acceptait d'autant moins que Bourassa, lui, continuait de bénéficier d'un accès direct au premier ministre du Canada.

Bourassa savait fort bien que la rupture se trouvait consommée entre Bouchard et Mulroney. Il avait d'ailleurs laissé ce dernier convoquer la conférence de la dernière chance, lancer les dés, en quelque sorte, et préparer le plus beau scénario d'échec jamais vu...

Pendant un mois, le pays s'était impatienté, avait eu peur, avait pris panique. Mulroney gagnait du temps; Bourassa temporisait. Une seule chose comptait vraiment: éviter que le Québec ne soit acculé à dire non et se trouver un bouc émissaire, relié de près autant que possible à Jean Chrétien. Car, après le 23 juin, il allait falloir songer à préparer les prochaines élections.

Le chef du Parti québécois, Jacques Parizeau, jouait, de son côté, avec les nerfs du Canada anglais. Comme si l'échec de l'Accord allait directement conduire son parti au pouvoir, et le Québec à son indépendance, il s'était mis à parler de partage du patrimoine national: le quart des actifs contre le quart de la dette, et une monnaie commune!

Les *columnists* du Canada anglais s'étaient alors déchaînés. Une hystérie innommable!

Lucien Bouchard avait bien failli, lui aussi, par sa démission — que Mulroney avait prévue, mais qu'il espérait retarder jusqu'au 24 juin — mettre en péril la stratégie du chef fédéral. Il s'était vu alors pointé du doigt par tous les Canadiens anglais: c'est lui qui rognait la mince marge de manœuvre qui restait à Bourassa; le vrai responsable de l'échec de l'Accord du lac Meech, c'était lui, ce séparatiste qui mordait la main même qui avait signé sa nomination d'ambassadeur à Paris!

Pendant ce long mois de mai, Mulroney avait fait en sorte d'éviter qu'aucun Québécois, pas plus Lucien Bouchard que Jacques Parizeau — encore moins Bourassa lui-même — ne soit tenu responsable de l'échec des négociations constitutionnelles. Il y était parvenu tant bien que mal et avait réussi, avec l'aide d'une formidable propagande, conçue dans les couloirs de la Canadian Broadcasting Corporation, à maintenir le suspense jusqu'à cette soirée du 2 juin où il avait décidé de «lancer les dés».

La partie avait été longue. Dès le lendemain matin, le lundi 3 juin, Ian Scott, ministre ontarien de la Justice, avait conseillé à ses collègues et à quelques journalistes de se refaire une garde-robe; les vendeuses des magasins du Centre Rideau à Ottawa, s'empressant de vendre sous-vêtements, chemises et chaussettes à ces onze hommes qui allaient jouer aux Pères de la Confédération, avaient vécu des heures historiques!

Cette semaine-là, qui avait été plutôt agitée (Bourassa avait menacé de claquer la porte, Wells s'était fait huer par les uns, applaudir par les autres...), s'était tout de même terminée sans trop de fracas. Dans la soirée du 9 juin, à 22 h 31, une entente constitutionnelle de cinq pages était finalement signée en grande pompe. Mulroney allait pouvoir prétendre que, jusqu'à la dernière minute, il avait tenté l'impossible. Bourassa, lui, n'a pas été obligé de dire non.

Mais le «oui, peut-être» de Filmon et de Wells — les boucs émissaires — risquait fort de devenir un «non». Au Manitoba, les trois chefs de parti avaient l'excuse de se retrancher derrière le «non» têtu d'Elijah Harper. Une aubaine! Ils pouvaient tout à la fois éviter d'accorder leur appui au Québec et jouer aux chefs respectueux de leur minorité autochtone!

*

Il est encore très tôt, en ce matin du 22 juin. Le téléphone de Mulroney l'a inquiété: il sait que ça ne va pas être facile... Il va et vient, nerveux, puis se souvient tout à coup de la «scène du balcon» que le général de Gaulle a déjà jouée sur les écrans du monde entier — pas celui de l'hôtel de ville de Montréal (pas encore...), mais celui d'Alger, en 1958. Bourassa étudiait alors en Europe. «Quoi qu'on dise et quoi qu'on fasse... D'ores et déjà et pour toujours...», avait lancé le général, en promettant de garder «l'Algérie française».

«J'avais trouvé la formule heureuse[12]», se rappellera-t-il peu de temps après.

D'un bout à l'autre du pays, les réseaux de télévision ont ouvert une bonne demi-douzaine de «fenêtres» sur les satellites. De Saint-Jean, de Québec, d'Ottawa, de Winnipeg, de Calgary, ils sont prêts à retransmettre en direct le déroulement, depuis Toronto ou Montréal, d'une invraisemblable chaîne d'événements.

Les législateurs sont sur un pied d'alerte, prêts à ratifier quelque proposition de dernière minute. Le conseil des ministres s'est réuni autour de Brian Mulroney, au troisième étage de l'édifice du Parlement à Ottawa. La Cour suprême, elle aussi, attend les hypothétiques recommandations du cabinet fédéral. Même à la veille d'une déclaration de guerre, on n'a jamais vu, dans l'histoire du pays, tous les pouvoirs — le législatif, le judiciaire et l'exécutif — rester ainsi en alerte pendant une journée.

Le jour même, moins de douze heures plus tard, le Canada anglais va oser dire non au Québec. «Comme si c'était eux qui devaient nous dire, en quelques sortes: "Vous êtes libres[13]!"» dira Bourassa plus tard.

Au moment où le téléphone sonne à son bureau de Québec, les derniers paragraphes de la saga du lac Meech s'écrivent, les uns après les autres, au fil des fuseaux horaires.

À Saint-Jean de Terre-Neuve, Clyde Wells revient sur sa promesse de laisser le dernier mot à ses députés libéraux et aux conservateurs de Tom Rideout. «J'espère que ça va passer», a-t-il pourtant murmuré aux autres premiers ministres, dans la nuit du samedi 9 juin à Ottawa. «Il l'a dit, mais cela lui a peut-être échappé[14]», se souvient encore Frank McKenna, son collègue du Nouveau-Brunswick.

Il est déjà midi à Terre-Neuve et le premier ministre attend avec impatience l'ouverture de la session à l'Assemblée législative du Manitoba. Elijah Harper gravit les marches du parlement de Winnipeg, porté par le ressentiment d'un peuple et par la hargne des groupes multiculturels de la capitale manitobaine. Une femme lui tend une rose rouge. «Thank you very Meech[15]», dit-il en lui souriant.

Pendant quelques heures, Winnipeg et Saint-Jean vont ainsi se faire des politesses avant de décider qui osera le premier dire non. Mais, à ce jeu, Clyde Wells est sûr de perdre puisque sa journée a deux heures et demie d'avance sur celle de Gary Filmon.

À Calgary, c'est d'une demi-journée que le soleil est en retard sur les horloges de Terre-Neuve. Cinq mille libéraux tentent de se remettre d'une longue soirée de festivités en l'honneur de John Turner. Les deux présidents du congrès, Serge Joyal et Ethel Blondin, ont déjà averti les candidats que l'horaire de leurs communications risque d'être bousculé par le discours que Bourassa projette de faire à l'Assemblée nationale, le soir même.

À Ottawa, Brian Mulroney s'enferme, avec ses principaux ministres, dans la salle du Conseil. Les Canadiens anglais affichent un air grave... et quelques Québécois ont les larmes aux yeux.

À Québec, Bourassa a maintenant décidé que, quoi qu'il arrive ailleurs, il arrêtera de jouer la comédie à la fin de la journée. Gil Rémillard en prévient aussitôt Lucien Bouchard[16]. Le premier ministre québécois a convenu avec Jacques Parizeau que l'un et l'autre disposeront de cinq minutes dans la soirée pour s'adresser à la nation québécoise.

«Quoi qu'on dise et quoi qu'on fasse, le Québec est d'ores et déjà et pour toujours une société distincte, libre et capable d'assumer son destin et son développement...» À trente-deux ans de distance, le général aura inspiré l'une des phrases les plus percutantes qu'un premier ministre du Québec ait jamais prononcées à l'Assemblée nationale!

La formule porte, en effet! Le peuple du Québec retient son souffle. «Fédéraliste douteux», Bourassa serait-il enfin devenu, malgré lui, un «souverainiste convaincu»?

Retransmis d'un bout à l'autre du pays, son discours a l'effet d'une bombe. Estomaqué, Jacques Parizeau se laisse même aller à féliciter le chef du gouvernement, à lui proposer sa coopération. Au cours de cette nuit-là, une grande solidarité se tisse à travers tout le Québec. On rêve déjà à la Saint-Jean, si proche, aux défilés, aux chants, aux danses dans les rues parmi les fleurdelisés!

«Libre et capable d'assumer son destin...» Les mots flottent encore, le lendemain matin, à la une des grands journaux. Les radios en répercutent l'écho d'un bout à l'autre de la province. Pour la première fois en un quart de siècle de carrière politique, Bourassa n'a plus d'alibi: c'est lui le chef du gouvernement, le chef de l'État du Québec. La puissante vague d'enthousiasme qu'il a lui-même provoquée l'emporte malgré lui vers le carrefour où l'itinéraire de René Lévesque et le sien se sont séparés vingt-trois ans plus tôt.

Comme pris de vertige, Bourassa tentera cependant — déjà — de reporter quelque peu le rendez-vous qu'il vient de prendre avec l'histoire. En conférence de presse, il reprendra le ton du chef de gouvernement qui tarde à se décider. En fait, il donnera même l'impression de reculer.

«Il fallait redresser cela un peu», expliquera-t-il plus tard.

Ah! pourquoi ne va-t-il jamais au bout de ses convictions?...

NOTES ET RÉFÉRENCES

1. Robert Bourassa, entretien avec l'auteur, juillet 1990.
2. *Globe and Mail*, 12 juin 1990.
3. Robert Rumilly, *Histoire de la province de Québec* (I: George-Étienne Cartier), Montréal, Bernard Valiquette, 1940, p. 20.
4. Robert Rumilly, *op. cit.*, p. 27.
5. *Ibid.*, p. 35, 39-40.

6. Entrevue avec l'auteur, juin 1989.
7. Voir *Débats parlementaires*, Québec, 1865, et *Les années Bourassa*, entretiens avec Raymond Saint-Pierre, Montréal, Héritage, 1977.
8. Lucien Bouchard, lettre au T.H. Brian Mulroney, 21 mai 1990.
9. Robert Bourassa, entretien avec l'auteur, juin 1989.
10. Hershel Ezrin, entretien avec l'auteur, juin 1987.
11. Lucien Bouchard, télégramme de Paris, 19 mai 1990.
12. Robert Bourassa, entretien avec l'auteur, juillet 1990.
13. *Ibid.*
14. Frank McKenna, entretien avec l'auteur, juillet 1990.
15. *Western Report*, 2 juillet 1990.
16. Lucien Bouchard, entretien avec l'auteur, juillet 1990.

Chapitre 2

L'enfant prodige de la rue Parthenais

> *Ma préoccupation a toujours été de servir au niveau québécois...*
> Robert Bourassa

Naître en 1933 et, de surcroît, un 14 juillet, voilà une coïncidence qui prédestine son homme à un destin singulier! Pour le jeune garçon de sept ans qui s'éveille à la politique en écoutant à la radio les discours du maréchal Pétain, le 14 juillet, c'est tout un symbole! Quant à 1933, c'est l'année du Manifeste de Regina, de l'évangile selon James Shaver Woodsworth, fondateur de la Cooperative Commonwealth Federation, ancêtre du Nouveau Parti démocratique.

Au Québec, le taux de chômage atteint, cette année-là, 26,4 %, un sommet jamais égalé depuis. La réponse des pouvoirs publics: une vaste opération de colonisation et de retour à la terre. On pense alors faire d'une pierre deux coups: enraciner chez eux les Québécois qui fuient par milliers aux États-Unis et soulager les villes des hordes de chômeurs. À Montréal, les soupes populaires servent pas moins d'un million de repas pendant la Crise. Quant à ceux qui ont la chance de travailler, ils doivent souvent se contenter d'un salaire de trois dollars pour une semaine de soixante-douze heures. La Commission d'assurances sociales de Québec, présidée par Édouard Montpetit, dresse un programme auquel va puiser toute une génération de leaders politiques, Bourassa y compris: allocation aux mères nécessiteuses, pension de vieillesse, assurance-chômage et assurance contre la maladie et l'invalidité. Tout est là, déjà...

À l'abri de la crise

La famille du jeune Robert échappe tant bien que mal à la crise des années trente. Aubert Bourassa, son père, travaille à titre de commis aux écritures à la Commission des ports nationaux; son salaire, bien que modeste, lui permet de tenir sa famille à l'abri des dures réalités du chômage. «Ce n'était pas luxueux, mais ce n'était pas pauvre: je dirais que le voisinage était celui d'une petite classe moyenne[1]», explique le premier ministre dans l'une des rares confidences qu'il aura faites sur sa vie privée.

La famille Bourassa occupe à l'époque le rez-de-chaussée d'un triplex de pierre grise, rue Parthenais, au coin du boulevard Saint-Joseph — quartier typiquement canadien-français qui s'étire le long de la rue De Lorimier. Le jeune Robert fréquente l'école de la paroisse Saint-Pierre-Claver.

Il s'aperçoit vite, bien sûr, que son père est forcé de laisser chaque matin son français à la maison, car l'administration fédérale des transports maritimes transpire alors l'anglais à tous les paliers de son organigramme. Comme des milliers d'autres Canadiens français, Aubert Bourassa n'a d'autre choix que de subir l'injustice de cette situation, sans se rendre compte cependant qu'elle engendre, chez son fils, un profond sentiment d'insécurité. Bourassa gardera de sa jeunesse des habitudes et un goût pour un train de vie modeste, «monastique» même, précise un ami. «Faut pas payer trop cher les vins[2]», répètet-il aux rares intimes dont il accepte les invitations au restaurant.

Sa mère, Adrienne Courville, ainsi que ses deux sœurs — Marcelle l'aînée, et Suzanne, la cadette — lui auront épargné les soucis de la vie domestique. Même après la mort de son père, où l'on aurait pu s'attendre à ce qu'à dix-sept ans il endossât tout naturellement les responsabilités du «chef de famille», Robert Bourassa reste plongé dans ses bouquins. «Rien ne m'empêchait d'étudier, reconnaît-il. Je n'étais pas requis dans la cuisine, où j'aurais été le quatrième et le dernier[3].»

Qu'il se retrouve en 1945 au collège Brébeuf pourra alors paraître surprenant car la maison des Jésuites a, à ce moment-là, la réputation d'être un «collège de riches». On oublie trop souvent que l'institution a accueilli beaucoup de jeunes Québécois d'origine modeste; la liste de ses plus illustres diplômés est, à cet égard, très instructive. En fait, les frais de scolarité des étudiants externes étaient à la portée des familles de petits fonctionnaires.

Un jeune homme sérieux...

Bourassa ne se mêlait cependant pas beaucoup aux jeunes bourgeois de sa génération. S'il se faisait remarquer, c'était plutôt par ses résultats, plus particulièrement en mathématiques. «Il était timide, moqueur, sarcastique, drôle. Il était d'une générosité extraordinaire vis-à-vis de ses collègues qui avaient besoin de rattrapage[4]», raconte Jacques Godbout, l'un de ses plus proches amis, qui l'a connu sur les bancs de la petite école de Saint-Pierre-Claver avant de se retrouver avec lui à Brébeuf.

Pierre Bourgault fera ressortir, lui aussi, plusieurs années plus tard, cette qualité particulière de Bourassa:

J'étais tout à fait désespéré. Pour faire des blagues, je disais à mes amis que j'appellerais Bourassa. Un matin, je n'en pouvais plus; j'étais à bout de force et d'espoir. J'ai téléphoné à Bourassa, qui était alors premier ministre, pour lui demander de me trouver un travail. Je n'avais plus le choix. Et, le lendemain, Jean-Paul L'Allier m'a offert un contrat de traduction. Il faut souligner que Bourassa est un gars généreux et ce qu'il a fait pour moi, il l'a aussi fait pour d'autres. Même premier ministre, il s'est toujours préoccupé des problèmes des individus[5].

Les rares écrits qui subsistent de ses années de collège et d'université trahissent une grande préoccupation pour les questions d'argent mais ne révèlent pas, chez ce militant de la langue française et ce président de la section universitaire de France-Canada, un don particulier pour la syntaxe et le style.

En 1956, alors qu'il termine ses études de droit à l'Université de Montréal, Robert Bourassa milite en faveur de la création d'une Fédération des étudiants de langue française du Canada, l'Association étudiante de l'établissement boudant depuis deux ans la Fédération nationale des étudiants des universités catholiques, à laquelle ils n'arrivent pas à s'identifier: les communications s'y font surtout en anglais et il faut se battre continuellement, pour que les francophones accèdent, tout autant que les anglophones, à la présidence ou à la vice-présidence de l'organisme.

Tout en se défendant d'agir en chauviniste — comportement «dépassé depuis longtemps», affirme-t-il —, Bourassa n'en justifie pas moins un regroupement de tous les étudiants de langue française au sein d'une association qui leur soit propre.

Il est tout naturel qu'une association dont la langue d'origine serait le dénominateur commun existe concrètement et a fortiori si ce groupe constitue une minorité: c'est de la simple logique en effet qu'un groupe minoritaire ressente plus le besoin de former des cadres que de s'unir[6].

Il consacre en outre la plupart des rares textes qu'il fait paraître dans le *Carabin* aux difficultés financières des étudiants, «fait qu'on a tendance à oublier, dit-il, probablement à cause de la discrétion des étudiants eux-mêmes sur les problèmes personnels.»

En ce sens, il fait campagne pour qu'on devance d'une semaine la date du début du congé de Noël:

> Ce n'est pas par caprice, qu'on veuille bien le croire, que les étudiants s'obstinent chaque année à demander ce congé prématuré. Ces quelques dizaines de dollars gagnés aux postes ou ailleurs signifient pour plusieurs l'unique moyen de défrayer des dépenses scolaires ou autres, sujettes à des hausses continuelles... On comprendrait ce refus irrévocable des autorités si les étudiants réclamaient la gratuité des cours ou encore le présalaire comme il existe en Europe, pourtant plus pauvre que notre «prospère» province[7].

Quelques semaines plus tard, le ton monte. Noël approche, et la fin des cours n'est toujours pas annoncée... C'est bien l'une des rares fois de sa vie où il se sera laissé aller à la polémique!

> On parlote beaucoup ces temps-ci des besoins des universités, et moins souvent de ceux des étudiants eux-mêmes. Pourtant, on peut affirmer sans exagérer que les intérêts de la nation trouveraient profit à ce que la formation de son élite se fasse dans les meilleures conditions possibles pour y éliminer la médiocrité. On se demande pourquoi? Cer-

tains, l'œil bien ouvert, répondront que c'est parce que la valeur électorale des étudiants est nulle, du moins certes moindre que celle des contracteurs de route[8]!

Tous les débats entourant cette question éveillent en Robert Bourassa le social-démocrate épris d'égalitarisme.

On ne peut concevoir que les maîtres de l'université fassent bon compte de l'équité sociale qui veut que tous soient sur le même pied pour accéder à l'université, que l'argent cesse d'être un obstacle pour ceux qui ont talent et désir d'acquérir une compétence professionnelle[9].

Les quelques articles écrits durant ses années d'université mettent donc l'accent, comme on l'a vu, sur le besoin des représentants de la minorité française de se serrer les coudes et sur la sécurité économique. «Je suis profondément social-démocrate, répète volontiers Bourassa. L'égalitarisme dans la société, c'est pour moi un objectif fondamental et irremplaçable[10].»

... prometteur...

Obtenant d'excellents résultats scolaires, Robert Bourassa réussit à financer ses études de droit (à Montréal), d'économie (à Oxford) et de droit fiscal (à Harvard) à coups de bourses; les revenus supplémentaires nécessaires lui viennent de divers emplois d'été: percepteur de péages sur le pont Jacques-Cartier et même employé de banque!

Titulaire de la bourse MacKenzie King, de la Société royale, récipiendaire de la médaille du Gouverneur général, boursier de la fondation Ford, le jeune Bourassa suit le parcours du brillant premier de classe, ce qui impressionnera

Jean-Louis Gagnon, directeur de *La Réforme,* journal de la Fédération libérale du Québec:

> On le disait effacé et timide. Il me parut discret, studieux et respectueux de ses aînés. Comme il parlait peu et semblait se plaire à nous écouter discourir, je considérai comme acquis qu'il était réformiste[11].

Quatre ans plus tard, quand Bourassa lui rendra visite à *La Presse,* le même Gagnon, proche de Pierre Elliott Trudeau et futur vice-président de la Commission sur le bilinguisme et le biculturalisme, reconnaîtra qu'il est le candidat tout désigné pour entreprendre une carrière au gouvernement fédéral: «J'eus l'impression que l'équilibre budgétaire intéressait davantage [Bourassa] que les questions idéologiques qui troublent l'ordre public[12].»

C'est à l'université qu'il rencontre Andrée Simard, alors étudiante en pédagogie familiale, secrétaire adjointe de l'Association générale des étudiants et... muse de la promotion de 1956: «Ô douce Judith, ô chaste Abigail, apporte à l'AGEUM le miel de ta présence et le baume de ta parole! Heureux exécutif qui connut ces temps antiques où il lui était alloué de recevoir dans ses rangs une femme selon tous les goûts de l'homme comme sait en préparer l'école de pédagogie familiale[13]...»

La jeune femme appartient à une riche famille d'industriels — «les Simard de Sorel» — dont les chantiers navals se sont mis à prospérer à la faveur de la Seconde Guerre mondiale. Déjà bien nantis, les deux frères Simard ont amassé une fortune colossale en construisant des navires, des canons et des chars d'assaut pour l'armée canadienne.

Si Bourassa n'avait jamais été premier ministre, il est probable qu'on ne se serait pas intéressé à la chronique mondaine du 23 août 1958, ni aux photographies jaunies de la somptueuse réception tenue alors sur les immenses pelouses de la propriété familiale, au bord du fleuve. Certains ont vu dans ce mariage le froid calcul d'un jeune diplômé ambitieux du barreau du Québec. Avide de pouvoir, Bourassa aurait délibérément épousé une riche héritière pour financer sa carrière politique? En réalité, cette union lui aura sans doute causé plus d'ennuis qu'elle n'aura vraiment changé sa vie.

Après son mariage, il continue de solliciter des bourses pour financer ses études à Londres; l'appartement du jeune couple, sur Victoria Road, chauffé au gaz et au charbon, n'a rien de la confortable garçonnière! Quand il entre pour de bon en politique, l'empire industriel des Simard est en voie de démantèlement, leur fortune se limitant alors surtout à de somptueuses propriétés et à quelques bons placements. Les «Simard de Sorel» sont devenus des entrepreneurs de papier: il n'y a pas de quoi céder au népotisme, mais on l'accuse néanmoins de conflit d'intérêts.

Par contre, son mariage donne à Bourassa l'occasion de fréquenter les grands barons de l'industrie canadienne-française. Il découvre alors qu'il n'y a pas que les petits fonctionnaires francophones comme son père qui doivent consentir à travailler en anglais; Édouard Simard aussi, tout riche et puissant qu'il soit, doit emprunter la langue des autres pour négocier des contrats avec la Défense nationale et rédiger des notes de service à ses propres employés.

Bientôt — et Bourassa assistera à l'événement aux premières loges —, c'est le gouvernement québécois qui récupérera cet empire ébranlé par une succession mal préparée et une conversion difficile à la production d'après-guerre. Marine Industries Limited, en même temps qu'une société d'État, deviendra une entreprise vraiment francophone et un incubateur pour une nouvelle génération d'entrepreneurs québécois.

... discret...

Bien qu'il ne l'ait jamais avoué, le petit gars de Saint-Pierre-Claver, qu'il est toujours resté, au fond — il a même voulu en être député —, a sans doute vu là une douce revanche de l'intelligence sur la fortune!

Encore aujourd'hui, le premier ministre protège jalousement sa vie familiale. «Il est vrai que les gens s'intéressent à notre façon de vivre, reconnaît-il, mais je vois la vie politique autrement[14].» Il fuit les soirées mondaines au point où certains de ses conseillers l'accusent d'être un peu asocial. Les Bourassa reçoivent très peu à leur résidence. «À six, on est tassés dans la salle à manger de sa maison de la rue Maplewood[15]», confie l'un des quelques privilégiés à y avoir jamais été invité.

Installé au flanc de la montagne à «Outremont-en-haut», le chef québécois continue de mener une vie discrète de modeste Canadien français. Un après-midi ensoleillé de printemps, alors que le tout Outremont court les garden-parties et les chalets des Laurentides, il lit une pile de mémoires adressés au Conseil des ministres, dans le grondement diffus qui monte du chemin de la Côte-Sainte-Catherine. «Je ne suis pas grand amateur de soirées mondaines», explique-t-il lui-même. (Le président de Power Corporation venait de donner, dans son château de La Malbaie, une réception huppée où s'étaient pressées toutes les têtes grisonnantes de la politique canadienne.) «Il n'y a pas un gars qui puisse se vanter de l'avoir invité un week-end[16]», confirme un ami de Bourassa, avec une pointe de regret dans la voix.

De la rue Parthenais à l'avenue Maplewood, tout près de la maison où Pierre Elliott Trudeau a passé sa jeunesse, en passant par la rue Britanny dans Ville Mont-Royal, on pourrait penser que Bourassa a développé le goût des beaux quartiers. Mais, s'il est à l'aise financièrement, il n'exhibe jamais sa richesse de façon ostentatoire.

L'homme vit en reclus et parle volontiers de lui-même comme d'un être de compagnie ennuyeuse. C'est pour s'isoler qu'il fait à chaque jour ses quelques longueurs de piscine. «Supposons que je joue au tennis, explique-t-il. Des partenaires, cela ne se trouve pas partout. Et je ne veux pas que quelqu'un se sente obligé de jouer avec moi, seulement parce que le premier ministre veut jouer au tennis[17].»

Chef de gouvernement, sollicité de toutes parts, le politicien a besoin de sa famille comme d'une assurance contre la futilité de la chose publique et l'ingratitude de la politique. «Je travaille avec la présence de ma famille, sa chaleur, son assentiment, dit-il. Je suis souvent à la maison, j'y fais mes téléphones, j'y reçois des collaborateurs. Mes enfants sont là, ma femme est là; bien sûr, ils se sont adaptés à ma vie, mais on finit toujours par se retrouver[18].»

... mais remarqué...

Signe du destin sans doute, le premier article que Bourassa publie en 1953 dans *le Quartier latin,* rend compte de l'entretien exclusif qu'il a arraché, avec son copain Godbout, à nul autre que... Maurice Duplessis! Ainsi paraît, cette année-là, dans le numéro du 19 novembre, «l'interview de mon oncle Maurice». Les potaches sont manifestement impressionnés par Duplessis et la présence «des photographes et des journalistes des grands quotidiens» les intimide.

Non, il ne lit pas *le Quartier latin,* apprendra Duplessis aux jeunes étudiants. La solution aux problèmes d'aide financière aux universités? «On prend les solutions qu'on a.» Bourassa demande s'il était indispensable d'ajouter une quatrième année aux études de droit, comme on l'avait fait quelques années auparavant. «Vous êtes certainement aussi intelligent que dans mon temps; et, dans mon temps, il n'y avait que trois ans», répond l'oncle Maurice.

«Les étudiants travaillaient-ils dans votre temps, monsieur Duplessis?

— Oui, on travaillait... Je gagnais quatre piastres par semaine, je donnais deux piastres pour ma chambre; puis après je gagnais soixante piastres par mois, mais comme je fumais le cigare, il ne m'en restait plus. Pas besoin de vous dire que j'allais à pied au théâtre et que c'est dans le "pit" que vous auriez pu me trouver...

— Alors vous croyez que les autorités doivent donner la chance aux étudiants de travailler?

— Oui, ils ont besoin de gagner...»

Bourassa et son ami Godbout n'auront pas gagné le Pulitzer pour cet article, mais ils resteront sans doute marqués par cette rencontre. Bourassa, qui n'a que vingt ans, n'en est déjà plus à ses premières ambitions politiques.

«Un jour, je serai premier ministre...»

Tous les premiers ministres ont leur légende, et survient toujours quelque témoin à qui ils auront révélé le rôle exceptionnel qu'ils seront appelés à jouer dans le futur. Bourassa n'échappe pas à la règle. Il a douze ans, selon Godbout, lorsqu'il s'arrête au coin de la rue De Lorimier et du boulevard Saint-Joseph, en proie à une révélation soudaine: «Un jour, je serai premier ministre!»

Une fois devenu chef du gouvernement québécois, il trouve, comme d'habitude, le moyen de confirmer l'anecdote tout en la niant! «Ça m'étonnerait que j'aie dit: "Je serai", mais j'ai certainement dit que «j'aimerais le devenir[19]...»

Les visées politiques de Bourassa le détourneront cependant d'une belle carrière de fiscaliste et priveront l'administration fédérale d'un brillant cadre francophone dont elle aurait pourtant eu grand besoin à l'époque. Un baccalauréat ès arts à vingt ans, le barreau à vingt-quatre, une maîtrise d'Oxford et une de Harvard à vingt-sept, c'est plus précoce et surtout plus complet que le curriculum de Pierre Trudeau, revenu sans diplômes d'une tournée de six ans à Harvard, à la Sorbonne et à la London School of Economics!

«J'ai toujours voulu servir le Québec.»

Jeune marié et bardé de diplômes, Bourassa obtient d'abord, en 1960, un premier emploi de conseiller au ministère fédéral du Revenu, en même temps qu'il enseigne à l'Université d'Ottawa. Il n'est cependant pas à l'aise, et ne le sera jamais d'ailleurs, dans les milieux canadiens-anglais.

> Ma préoccupation a toujours été de servir au niveau québécois, de travailler à la force du Québec, et sur le plan économique d'abord, parce que c'est un préalable à la question de l'identité[20].

C'est donc avec empressement qu'il offre ses services à Marcel Bélanger, fiscaliste de Québec. Celui-ci préside alors une commission d'enquête sur la fiscalité de la province. Nommé secrétaire de la commission, Bourassa en profite pour se rapprocher de Jean Lesage avec qui il prépare les budgets de la province. Quand il devient membre du Parti libéral, son patron promet de lui trouver un comté sûr. Il faut croire d'ailleurs que Lesage a très vite remarqué les talents politiques du jeune Bourassa puisque, alors qu'il est candidat aux élections de 1966, on le charge de représenter le parti au cours d'un débat à la télévision anglaise de Radio-Canada, où il doit affronter André d'Allemagne, du RIN, et Michel Chartrand, du Parti socialiste[21].

Personne n'envisage alors que cette campagne tournera au désastre pour le gouvernement libéral. Bourassa, qui s'apprête à fêter ses trente-trois ans, pense tout au plus pour l'instant à faire ses classes — ministre du Revenu, peut-être... les Finances, un jour, où il pourra appliquer les directives du rapport qu'il vient de rédiger pour la Commission Bélanger... — et nourrit avant tout l'espoir de travailler auprès de celui qu'il admire le plus dans cette «équipe du tonnerre», René Lévesque lui-même. Les électeurs et les cadres du parti en décideront cependant autrement...

NOTES ET RÉFÉRENCES

1. Ian MacDonald, *De Bourassa à Bourassa*, Montréal, Primeur/Sand, 1985, p. 236.
2. Entretien confidentiel.
3. Ian MacDonald, *op. cit.*
4. Monique Roy, *Châtelaine*, novembre 1988.
5. Pierre Bourgault, *Le plaisir de la liberté*, entretiens avec Andrée Lebel, Montréal, VLB Éditeur, 1987, p. 196.
6. *Le Quartier latin*, 29 novembre 1956, p. 4.
7. *Le Quartier latin*, 3 décembre 1953, p. 1.
8. *Ibid.*, 17 décembre 1953.
9. *Ibid.*
10. *Les années Bourassa*, entretiens avec Raymond Saint-Pierre, Montréal, Héritage, 1977, p. 282.
11. Jean-Louis Gagnon, *Apostasies* III: *Les palais de glace*, Montréal, La Presse, 1990, p. 167.
12. *Ibid.*
13. *Le Quartier latin*, février 1956.
14. Monique Roy, *op. cit.*
15. Entretien confidentiel.
16. *Ibid.*
17. Michel Arsenault, *Saturday Night*, février 1989, p. 19.
18. Monique Roy, *op. cit.*
19. Monique Roy, *op. cit.*
20. Robert Bourassa, entretien avec l'auteur, juillet 1990.
21. CBC, *Cross Canada — The Observer*, 21 avril 1966.

Chapitre 3

L'occasion manquée

> *Je dois dire qu'entre Daniel Johnson,*
> *René Lévesque et Pierre Elliott Trudeau,*
> *il ne me restait pas grand place...*
> Robert Bourassa

Avant de se retrouver député, à l'âge de trente-trois ans, Robert Bourassa a fréquenté davantage les institutions européennes que celles du Canada. Son modèle de fédération, dont il a vu les premières ébauches alors qu'il étudiait à Londres en 1958, est l'association volontaire d'États égaux et souverains, difficilement transposable ici à l'époque. Il faut dire que Bourassa nourrit encore beaucoup d'illusions sur le Canada anglais. En fait, tout ce qu'il connaît des autres provinces, c'est la capitale fédérale, où il a travaillé pendant trois ans (lieu aussi représentatif du pays que peuvent l'être de la France Saint-Pierre et Miquelon!...).

Avec une candeur touchante, le jeune député de Montréal-Mercier déclare néanmoins à ses collègues fiscalistes qu'il «n'est pas besoin d'être prophète pour prévoir que, parmi les options qui s'offrent à lui, le Québec choisira un statut particulier, conforme à ses traits caractéristiques propres, à l'intérieur d'une fédération canadienne renouvelée[1]». René Lévesque l'a pourtant prévenu qu'en s'engageant dans une telle voie, il réanimerait «la vieille lutte défensive, [les] escarmouches dans lesquelles on s'épuise en négligeant le principal, [les] demi-victoires qu'on célèbre entre deux défaites, avec les rechutes dans l'électoralisme à deux niveaux, les fausses consolations du nationalisme verbal et surtout, surtout — il faut le dire, le redire et le crier au besoin —, cet invraisemblable gaspillage d'énergie qui est sûrement pour nous l'aspect le plus néfaste du régime[2].»

Le temps des illusions

Pourtant, 1967 a bien commencé pour Bourassa, Lévesque, Trudeau et quelques autres.

Depuis le 1er avril, Bourassa fréquente un cercle restreint de libéraux qui tentent de rédiger un manifeste nationaliste pour le parti. Les séjours sur les banquettes de l'Opposition (il faut rappeler que Jean Lesage a perdu le pouvoir le 5 juin de l'année précédente) ont toujours été propices à la réflexion...

Mais le temps presse! Les idées viendront d'autant plus vite à ces libéraux réformistes que Daniel Johnson les a déjà élaborées dans son manifeste *Égalité ou indépendance*. En 1964, en effet, l'équipe du «Maîtres chez nous» s'était fait doubler, sur le front nationaliste, par celui qu'on surnommait alors *Danny boy*.

Le gouvernement libéral avait eu l'audace, à la conférence interprovinciale de Jasper, en août 1964, de renoncer au droit du Québec à l'autodétermination. Lesage avait en effet accepté une formule d'amendement — la formule Fulton-Favreau, du nom des deux ministres de la Justice qui l'avaient conçue —, soumettant à l'approbation unanime des neuf provinces anglaises le transfert de tout nouveau pouvoir au Québec. Daniel Johnson l'avait alors raillé:

Voyez-vous le chef de l'État du Québec entreprendre des pèlerinages dans chaque capitale provinciale pour prier humblement chacun des autres premiers ministres de bien vouloir faire adopter par sa législature une loi nous permettant, par exemple, de régir la radio et la télévision françaises?

Sur sa lancée, le chef de l'Union nationale devait planter huit paragraphes, comme autant de couteaux, dans le programme trop mou du Parti libéral québécois. «Car enfin, tonnait Johnson, sommes-nous maîtres chez nous quand Ottawa régit seul tout ce qui concerne la radio et la télévision, médias qui sont peut-être à notre époque les instruments les plus efficaces de la culture?» Était-on maître chez soi aussi, disait-il, lorsqu'on ignorait totalement quand Lesage allait enfin récupérer des pouvoirs en matière de politique tarifaire, d'immigration, de politique monétaire, d'impôt des sociétés, de droits de succession, d'exploitation des richesses naturelles...? Était-on maître chez soi, enfin, «quand la Cour suprême, dont les juges sont tous nommés par Ottawa, est l'interprète ultime [du] droit français et le seul tribunal auquel [on puisse] soumettre [ses] griefs contre le gouvernement fédéral»?

On imagine la tête de René Lévesque, le 19 mars 1965, lorsque Daniel Johnson avait conclu, devant les deux mille délégués de son parti: «Canada ou Québec, là où la nation canadienne-française trouvera la liberté, là sera sa patrie[3]!»

Un an plus tard, Daniel Johnson avait été élu premier ministre de la province de Québec. Les libéraux dont faisait partie le jeune député de Mercier pouvaient enfin faire du rattrapage et mettre à jour leur programme. Le malheur avait voulu cependant que les «réformistes» du parti fussent distraits par les intrigues qui se poursuivaient dans les couloirs pour virer Jean Lesage[4].

Les idées et les ambitions sont aux militants des partis politiques ce que les deux faces d'un aimant sont à une poignée d'épingles: l'une les attire, l'autre les repousse. Et vice versa!

Le 1er avril 1967, donc, le petit groupe de réformistes qui se réunit au Mont-Tremblant représente les trois tendances du Parti libéral: les fédéralistes orthodoxes, dont le président, Eric Kierans, et Jean-Paul Lefebvre — un disciple de Trudeau — veillent au grain; ceux qu'on ne tardera pas à surnommer les «indépendantistes» (pour mieux les provoquer et les jeter dehors), qui suivront René Lévesque dans le sous-sol de l'hôtel Victoria de Québec le samedi 14 octobre suivant; et ceux qui prétendent alors «être à moitié enceints», comme dirait Jean Chrétien, les membres du Comité des affaires constitutionnelles, présidé par Paul Gérin-Lajoie, ainsi que les partisans de toutes sortes de «statuts particuliers».

Et de Gaulle vint...

Les trois groupes ont au moins une chose en commun: ils veulent tous rattraper le temps perdu et rajeunir le programme du Parti libéral. L'exercice se présente d'autant mieux que c'est René Lévesque qui tient la plume.

Quand, le 24 juillet 1967, le président de la France rend visite aux Québécois, Robert Bourassa est là, aux côtés de René Lévesque et des autres invités de la Ville de Montréal. Président de la commission politique de son parti, dauphin de Jean Lesage, jeune intellectuel respecté par toutes les factions libérales de l'époque, Bourassa a en main toutes les cartes du jeu.

Le Canada célèbre alors son centenaire. Son premier ministre, Lester B. Pearson, vient de confier au nouveau ministre de la Justice, Pierre Elliott Trudeau, le mandat de préparer une révision de la constitution de 1867. En accueillant le chef de l'État français, les Québécois, eux, renouent avec un passé beaucoup plus lointain. Déjà, les horloges du Québec et du Canada n'indiquent plus la même heure...

Dans le «Vive le Québec libre!» du général retentit le cri d'un vieux patriote porté par «une vague immense de foi et d'espérance françaises»:

> De Québec jusqu'à Montréal, sur les deux cent cinquante kilomètres de route longeant le Saint-Laurent [...] des millions d'hommes, de femmes, d'enfants s'étaient rassemblés [...] et ces millions [de personnes] arboraient des centaines et des centaines de milliers de drapeaux tricolores et de drapeaux du Québec, à l'exclusion presque totale de tous autres emblèmes[5].

Les retrouvailles sont tellement enthousiastes qu'on en oublie de hisser l'unifolié, dessiné il y a deux ans à peine, après un débat mémorable. Que le Canada se retienne de montrer ses couleurs surprend à peine le général: cette fédération ne représente pour lui qu'un accident de l'histoire, un territoire mal taillé par les guerres de colonisation et les traités de paix qui les suivirent. Quel centenaire commémore-t-on, au juste?... Il feint d'ignorer les raisons de ces festivités et de sa visite, préférant laisser sa mémoire voyager plutôt dans le passé du Québec, pour remonter jusqu'à 1763 et au traité de Paris, entre la France et l'Angleterre, «après qu'eût été arrachée de ce sol la souveraineté inconsolable de la France».

Au-delà de l'emphase toute gaullienne, la référence au traité de Paris permet au président français de rappeler que, de façon unanime, les «Français canadiens» sont convaincus qu'après le siècle d'oppression qui suivit pour eux la conquête anglaise, un second siècle écoulé sous le système défini par l'Acte de l'Amérique du Nord britannique de 1867 ne leur [a] pas assuré, dans leur propre pays, la liberté, l'égalité et la fraternité[6]».

Cent ans d'oppression. Cent ans de déconvenues. Le général «charrie» un peu, comme dit René Lévesque, en évoquant l'atmosphère de la libération de Paris! L'occupation de ce morceau de son peuple étant avant tout culturelle, c'est à la tête d'une colonne de mots que le général saluera alors la résistance — «un miracle de fécondité, de volonté et de fidélité» —, conscient sans doute de la portée explosive de pareils propos en période de pleine effervescence politique. Le ton monte, en effet, entre Ottawa et Québec, entre Lester B. Pearson et Daniel Johnson, qui brandit depuis deux ans déjà son ultimatum: égalité ou indépendance. L'égalité? C'est à Ottawa qu'elle s'affirme, réplique le gouvernement fédéral en mobilisant ses colombes québécoises. L'indépendance? «Une connerie!» tranche Trudeau. Du côté du Parti libéral du Québec, Jean Lesage ne contient plus les poussées de nationalisme, voire d'indépendantisme, qui agitent ses troupes.

Aux yeux de tous les visiteurs de l'Exposition universelle, le Québec se redécouvre. Timidement. Mais on n'évoque encore (déjà?) que la «société distincte». Après un siècle de soumission tranquille, il est temps de poser, affirme Johnson, «le problème de l'identité distincte du Québec et son immense effort d'affirmation[7]».

À la conférence interprovinciale sur «la confédération de demain», le Québec va réclamer l'adoption d'une nouvelle constitution qui «reconnaisse l'existence au Canada de deux nations liées par l'histoire et jouissant de droits collectifs égaux»; à l'intérieur d'un Canada «jouissant d'une souveraineté absolue», le Québec aurait donc sa propre «constitution interne». «Cela ne signifie pas, ajoute Johnson, que nous nous opposons, pour quelque raison que ce soit, à ce que les autres provinces du pays réclament, elles aussi, si elles le désirent, exactement les mêmes pouvoirs que le Québec[8].»

Voilà une forme de bienveillance qui ressemble fort à celle dont fera preuve, vingt-trois ans plus tard au lac Meech, un certain Robert Bourassa. Le Québec doutera-t-il donc toujours de sa force de négociation et se sentira-t-il obligé jusqu'à la fin des temps de partager ses gains politiques?

Un seul pays souverain. Deux constitutions. «Et quoi encore?» demande Pierre Elliott Trudeau. Les Québécois, comme tous les autres Canadiens d'ailleurs, ne vont pas tarder à lui donner les moyens de trancher. De Gaulle, qui ne fait jamais rien au hasard, choisit le 27 novembre suivant, jour même de l'ouverture à Toronto de la Conférence interprovinciale, pour s'expliquer une fois pour toutes en conférence de presse à Paris. Cette intervention devait cependant avoir peu de répercussions au Québec. Quatre mois après «l'incident du balcon», le général persiste et signe:

> Au point où en sont les choses [et pour] que la question soit résolue, cela implique un changement complet de l'actuelle structure canadienne, telle qu'elle résulte de l'acte, octroyé il y a cent ans par la reine d'Angleterre, qui créa la «Fédération». Cela aboutira forcément, à mon avis, à l'avènement du Québec au rang d'un État souverain, maître de son existence nationale, comme sont par le monde tant et tant d'autres peuples, tant et tant d'autres États qui ne sont pourtant pas si valables ni même si peuplés que ne le serait celui-là[9].

Bourassa mal à l'aise

De Gaulle sait de quoi il parle: cela fait bientôt dix ans qu'il préside — avec quelque retard sur l'Angleterre, il faut bien en convenir — au démantèlement de l'empire colonial français. Partout en Afrique, pour réunir des peuples, respecter les traditions religieuses, cimenter les cultures, on refait des frontières qui enjambent des rivières et contournent des chaînes de montagne. Pour un peu, le président proposerait de retourner voir la reine d'Angleterre, de s'asseoir avec Élizabeth, comme le fit Louis XV avec George III, et de réécrire un autre traité de Paris qui effacerait le pacte de 1867 — mauvais pacte imposé à une minorité catholique française par la majorité protestante anglaise!

Le Canada anglais est insulté: la logique du général rabaisse le Canada au rang de colonie, et Pearson à celui de gouverneur de la couronne britannique! La réaction se fait violente (des «déclarations inacceptables»...), mesquine («les Canadiens n'ont pas besoin d'être libérés [...] beaucoup de milliers de Canadiens ont donné leur vie pour la libération de la France»....), hautaine («Certaines déclarations du président tendent à encourager la petite minorité de notre population dont le but est de détruire le Canada[10]»).

Petite minorité? Il y a tout de même un peu de vrai là-dedans: Bombardier ne fabrique encore, à l'époque, que des motoneiges, Cascades n'est toujours qu'une PME de Kingsey Falls, la Sun Life gère une large part des épargnes québécoises, et la garde montante est encore sur les bancs des universités du Québec. Trudeau peut donc se permettre alors de comparer le Québec au Bénin, et Bourassa à une «petite Roumanie[11]».

Ce dernier n'est cependant pas à l'aise avec les propos incendiaires de de Gaulle et la vague d'enthousiasme qu'il soulève. Les envolées oratoires le gênent, les mouvements de foule lui font peur. Et la France ne joue pas vraiment le jeu du fédéralisme tel que le conçoit Bourassa. «Ah! si la France avait voulu, soupire-t-il. On a offert à de Gaulle une Europe fédérale où la France aurait pu jouer un rôle de leader[12].»

Lévesque va bientôt s'apercevoir qu'après avoir fait le compte de la poignée d'irréductibles qui cherchent à faire prendre un virage souverainiste au Parti libéral, «le sous-sol de Robert Bourassa [paraîtra] assez grand pour loger à l'aise ceux qui [resteront][13]».

André Laurendeau, qui avait parcouru pendant trois ans le Canada dans tous les sens et rencontré les premiers ministres des provinces anglaises, disait en 1964:

> Les nationalistes d'autrefois, comme Henri Bourassa, ont appelé constamment au sens de la justice; tandis que ceux d'aujourd'hui cherchent à établir un meilleur équilibre des forces. L'histoire me paraît établir le bien-fondé de la seconde attitude [...] Car les Anglais ont l'habitude de dominer: je ne l'avais jamais senti à ce point[14].

Comme de Gaulle connaissait les Anglais, il savait qu'ils ne donneraient rien sans qu'on ne le leur arrachât par la force ou sous l'emprise de la peur. «Un séparatiste qui vivrait notre expérience actuelle en sortirait encore beaucoup plus convaincu. Un jeune nationaliste serait certainement tenté par le séparatisme[15]», devait conclure Laurendeau.

Les idées ou les ambitions personnelles?

À la fin de l'été 1967, la tempête soulevée par la visite de de Gaulle s'apaisant un peu, Robert Bourassa se remet à naviguer d'un groupe à l'autre des réformistes libéraux, avec l'aisance du fort en thème dont tous les condisciples recherchent la compagnie à la veille d'une période d'examens difficiles: les fédéralistes orthodoxes ont des projets d'avenir pour lui, les partisans du statut particulier savent qu'ils n'iront nulle part sans lui et les souverainistes le croient tenté d'emboîter le pas.

En réalité, c'est vers René Lévesque que se sent alors porté d'instinct le jeune député. C'est avec une pointe de regret dans la voix qu'il rappellera plus tard, en faisant allusion à l'époque où il recevait dans son sous-sol de la rue Britanny les «souverainistes», l'admiration personnelle qu'il vouait à son collègue.

> Quand on est jeune et qu'on travaille pour des personnalités politiques, on a toujours l'impression de travailler à l'avancement de leur carrière. Dans le cas de Lévesque, ce n'était pas du tout cela: je trouvais qu'en travaillant pour lui, ou avec lui, on travaillait pour des idées et non pour des ambitions. C'est assez rare que cela arrive dans la vie politique. Avec Lévesque, on avait l'impression de travailler pour l'avancement de ses idées, ce qui était le progrès du Québec[16]...

Cependant, entre les idées et les ambitions, Bourassa — par une sorte de prudence atavique — va choisir les dernières. «La prudence que j'ai aujourd'hui, confiera-t-il en juillet 1990, alors que la crise amérindienne s'enfonce dans sa troisième semaine, cette prudence, je l'avais à ce moment-là [en 1967] et je trouvais que dans [les] propositions constitutionnelles [de René Lévesque] il y avait des risques non calculés que je n'étais pas prêt à assumer. Surtout sur le plan économique[17].»

Lévesque et Bourassa sont, en fait, placés à même distance que de Gaulle et Johnson: «une vague immense de foi et d'espérance françaises» les sépare. Si Johnson et Bourassa s'étaient laissé emporter par elle plutôt que de la briser, un raz-de-marée aurait balayé tout ce qu'avaient gardé de «canadien» l'une et l'autre rive du Saint-Laurent, de Blanc-Sablon à Saint-Régis... Mais, en 1967, ils monnayent encore les bienfaits de l'identité contre les bénéfices d'un régime fédéral commun.

À l'ouverture de la conférence de Toronto, Daniel Johnson déclare:

> Il y a d'abord tous les problèmes qui n'ont aucun rapport direct avec la langue et la culture. Autrement dit, ceux où

les intérêts du Québec coïncident avec ceux des autres provinces. Le fédéralisme demeure une formule valable pour résoudre ce genre de problèmes.

Aux membres du club Saint-Laurent Kiwanis, Bourassa dit, à la même époque:

> Par quelque côté qu'on envisage l'aspect économique d'un Québec complètement indépendant, on se heurte toujours comme à une borne sur les difficultés d'instaurer du jour au lendemain une monnaie nouvelle[18]...

Ni l'un ni l'autre ne semblent pouvoir imaginer, pendant un seul instant et par pure hypothèse, un Québec en dehors de l'espace canadien, comme si l'avenir du Canada et celui du Québec étaient indissolublement liés. De Gaulle et Lévesque, au contraire, s'emballent devant le miracle de la survivance et ne craignent pas l'inconnu. S'être rendus jusque-là et ne pas vouloir aller plus loin: quel gâchis! semblent-ils dire alors tous les deux.

> Votre résolution de survivre en tant qu'inébranlable et compacte collectivité, après avoir longtemps revêtu le caractère d'une sorte de résistance passive opposée à tout ce qui risquait de compromettre votre cohésion, a pris maintenant une vigueur active en devenant l'ambition de vous saisir de tous les moyens d'affranchissement et de développement que l'époque moderne offre à un peuple fort et entreprenant[19].

Et Lévesque répond en écho:

> Être nous-mêmes, c'est essentiellement maintenir et développer une personnalité qui dure depuis trois siècles et

demi. Au cœur de cette personnalité se trouve le fait que nous parlons français. Tout le reste est accroché à cet élément essentiel, en découle ou nous y ramène infailliblement[20].

Il n'est pas sûr que la conciliation eût été impossible entre Lévesque et Bourassa. Il reste que les deux hommes n'utilisent pas tout à fait le même langage: quand l'un parle à ses électeurs d'un «Québec souverain au sein d'une union économique canadienne», l'autre se lance dans une attaque à fond de train contre «l'indépendance-association». Entre les deux, le malentendu est surtout attribuable au vocabulaire. Le «divorce» sera, en fait, imputable à la belle-famille, au beau-père en particulier, Eric Kierans, un Anglo-Québécois dont les mises en garde apocalyptiques auront d'autant plus de poids qu'il a été auparavant président de la Bourse de Montréal. Il talonnera Bourassa, l'empêchant de s'associer de trop près aux souverainistes.

René Lévesque prend pour acquis (et promet à ses partisans) que le Canada anglais finira bien par accepter son offre: union monétaire, marché commun et coordination des politiques fiscales. Le temps «devrait nous permettre, au bout du compte, de nous retrouver sans trop de décalage à la même table[21]», dit-il en 1967. Robert Bourassa — comme Lévesque, au fond — doute alors que le Québec ait réellement besoin de créer sa propre monnaie. Mais, sans doute sensible au chantage de Kierans, il craint que le Québec ne s'y trouve forcé malgré lui. La perspective d'une séparation brutale a toujours effrayé Bourassa et l'effraie encore aujourd'hui. Il confiera en 1990, au moment du vote historique sur la réunification allemande:

> L'exemple allemand me donne raison après coup. Les deux Allemagnes se sont séparées quand leurs monnaies

sont devenues différentes parce que les Américains sont arrivés, en 1948, avec des valises pleines de deutsche marks, pour remplacer le reichsmark, et qu'ils ont validé ces deutsche marks en Allemagne de l'Ouest seulement. Quelques années après, on avait le mur de Berlin. Et quand les deux Allemagnes se sont-elles réunies? Quand leur monnaie est redevenue identique[22]!

L'obsession européenne

Rappelant les événements qui ont failli faire éclater le Parti libéral et ont conduit à la fondation du mouvement Souveraineté-Association, Robert Bourassa actualise encore une fois sa version des faits:

> La question allemande me donne raison sur l'importance de la question monétaire. Lévesque me disait tout le temps: «La monnaie... Qu'est-ce que cela a à voir avec le destin d'un peuple? Vas-tu arrêter de me harceler avec ça?» Mais je disais: c'est fondamental. Il y a des régimes qui tombent à cause de la monnaie et on peut en donner bien des exemples. Je trouvais que, là-dessus, Lévesque prenait des risques non calculés[23].

Lévesque va sans doute trop loin à l'époque, d'autant qu'il cherche confusément l'appellation la mieux appropriée: «indépendance-association», «souveraineté-association»... Des traités de science politique s'écriront bientôt sur la valeur du trait d'union!

Que va faire Bourassa (alors président de la commission politique de son parti) du rapport de Paul Gérin-Lajoie, qui va aussi loin que le manifeste de Daniel Johnson, sans cependant offrir un dernier sursis au Canada anglais? Le Comité des affaires constitutionnelles[24] a rejeté aussi carrément le statu quo en des termes non équivoques, qui annoncent déjà le rapport Allaire de 1991:

> Concentrés sur un territoire donné, distincts de toutes les autres collectivités d'Amérique du Nord, dotés pour la première fois d'un gouvernement propre, [les Québécois] ont maintenu ce qu'ils avaient réussi à conserver sous tous les régimes politiques qu'ils avaient connus avant 1867, c'est-à-dire une identité distincte et des aspirations propres [...] Ils ont progressivement développé une aspiration irréductible à la maîtrise de leur destin [...] Témoins d'un mouvement mondial d'émancipation des peuples [...] ils ont maintenant la conviction que leur existence et leur développement sont liés à l'existence d'un État du Québec doté de tous les pouvoirs essentiels à cette fin [...] S'il veut demeurer une société distincte, le Québec ne peut plus accepter le cadre constitutionnel de 1867.

Le verdict du Comité est sans appel: il rejette à l'avance le «rapiéçage» et quelques amendements particuliers. «Les exigences du temps présent requièrent des documents nouveaux, conçus chez nous, élaborés chez nous, avec la sanction du peuple souverain.»

Sans doute soucieux de ne plus être en reste avec l'Union nationale, le Parti libéral dresse alors la liste des «nouveaux pouvoirs nécessaires à l'État du Québec» (la liste que Bourassa présentera au lac Meech fait figure de codicille par rapport à celle de 1967!). C'est le «minimum de pouvoirs qui ne peuvent être laissés à une autorité extérieure sans mettre en danger la personnalité collective» du Québec, précisera Gérin-Lajoie. Rien de moins!

Le parti propose donc de récupérer toutes les compétences qui, par la voie des institutions d'enseignement et des arts, touchent directement à la langue et à la culture individuelle de même que celles qui ont trait à la diffusion de la culture de masse (cinéma, radio et télévision), à l'immigration, à la sécurité et à l'assistance sociales, à la main-d'œuvre (y compris l'éducation des adultes et la formation professionnelle), au mariage et au divorce, enfin aux domaines de l'assurance et des sociétés commerciales et financières. À cette longue liste de revendications s'ajoute la reconnaissance du nouvel État en tant que personnalité politique internationale, capable par conséquent de négocier elle-même des ententes et la participation directe à l'élaboration des politiques monétaire et tarifaire. Ouf!...

Le Canada va-t-il s'y retrouver? «Ce nouveau fédéralisme prévoit que l'un de ses États membres jouirait d'un régime distinct et différent des autres.» C'est déjà plus direct que les propositions de Daniel Johnson à la conférence de Toronto. Sans trop insister, les libéraux du Québec y vont même de quelques opinions sur la réforme des institutions fédérales, le Sénat et la Cour suprême en particulier, et suggèrent timidement de remplacer la monarchie par une «République fédérale canadienne».

Bourassa coincé!

Malheureusement pour les réformistes du parti — parmi lesquels figure tout de même encore Bourassa —, le congrès du 14 octobre 1967 tourne au règlement de comptes. «Nous ne venons pas discuter de la *thèse* de René Lévesque, nous venons discuter de la *tête* de René Lévesque[25]», lance un groupe de délégués du Nord-Ouest.

C'est effectivement ce qui survient. Avant que le congrès rejette, par mille cinq cents voix contre quatre, sa proposition «indépendantiste», René Lévesque s'en va «avec sa part de souvenirs et le regret que ça finisse ainsi». Après son départ, le Parti libéral décide, *pro forma,* de «rejeter le séparatisme sous toutes ses formes». Le correspondant du *Devoir,* Paul Cliche, raconte en ces termes la fin du congrès:

> Pour marquer le nouveau climat qui règne dans le Parti libéral, un congressiste se leva à la fin de l'assemblée pour demander que des drapeaux canadiens, absents jusque-là, pavoisent la salle en compagnie des drapeaux québécois. Son vœu fut exaucé et hier matin les unifoliés flottaient à la place d'honneur aux côtés des fleurdelisés. Le même délégué demanda que l'assemblée soit close par le chant de l'hymne national. M. Kierans s'exécuta avec fierté. Et c'est sur les dernières strophes du «Ô Canada» que le Parti libéral du Québec s'engagea vers son nouveau destin.

Les Anglo-Québécois, qui ont réussi à repousser le Parti libéral aux limites du fédéralisme, triomphent avec ostentation. À qui songerait alors à conquérir la direction du Parti un message très clair vient d'être remis en même temps que l'argent de la caisse électorale: ne pas faire peur au Canada anglais! En somme, la diaspora se fait vigilante... Tout n'est pas perdu cependant puisque le rapport Gérin-Lajoie est quand même renvoyé à la commission politique du parti, dont Robert Bourassa est le président.

> Le départ de René Lévesque a changé complètement la dynamique à l'intérieur du parti. Une polarisation s'est produite. Critique financier, j'ai pensé que la seule question qui pouvait maintenir l'unité du parti, c'était l'économie[26].

On peut se demander si Bourassa était en accord, à ce moment-là, avec les orientations d'un rapport qui réclamait, dans le moindre détail, que soient reconnus les attributs d'une société québécoise vraiment distincte? Quelques semaines après l'échec de l'Accord du lac Meech, il répond sans hésiter:

> Oui. Mais je ne suis pas sûr que le Parti libéral fédéral, qui était quand même très présent dans la politique québécoise, l'était, lui. Il ne faut pas oublier la popularité de Trudeau... Donc la marge de manœuvre, pour s'en tenir à un programme comme celui-là, n'était pas grande. Il faut dire que Gérin-Lajoie est parti quelques mois après René Lévesque[27].

En réalité, Gérin-Lajoie fut plutôt «conscrit», par Pierre Elliott Trudeau lui-même, pour participer à la Commission fédérale des prix et des revenus. Une belle façon de lui changer les idées!

«Je dois dire qu'entre Johnson, Lévesque et Trudeau, il ne me restait pas grand place... La seule façon de nous singulariser, nous, les libéraux provinciaux, c'était de parler d'économie», confiera Bourassa. Le rapport Gérin-Lajoie rejoindra finalement la plus haute tablette de son bureau de critique financier à l'Assemblée nationale du Québec.

L'économie, ce sera aussi, pour Bourassa, un bon moyen de se différencier de Pierre Laporte et de Claude Wagner, ses futurs concurrents dans la course à la direction du parti. «Une fois candidat au leadership, on est bien obligé d'être réaliste[28]!» explique-t-il avec un discret sourire aux lèvres.

Au Québec, les enjeux sont de plus en plus clairs. Trudeau, Johnson et Lévesque se livrent à une guérilla constitutionnelle. Il ne reste plus au Parti libéral qu'à choisir un autre thème.

> Je dois dire que, dans les années 1968 et 1969, les trois quarts de mes discours portaient sur l'économie. Je ne dis

pas qu'il n'y avait pas un élément stratégique là-dedans: entre «égalité ou indépendance», «souveraineté-association» ou «Canada bilingue», l'espace politique qui restait au Parti libéral sur les questions nationales était plutôt étroit! Comment se distinguer de Johnson, qui était un fédéraliste conditionnel, de Trudeau et de Lévesque? Je me suis dit: On ne renie rien, on garde nos objectifs, mais on tient compte de la conjoncture[29].

Une grande parenthèse va donc s'ouvrir, qui ne se refermera que le 22 juin 1990. Robert Bourassa vantera désormais les vertus du «fédéralisme rentable».

Une ascension fulgurante

Au printemps de 1969, Jean Lesage reçoit d'une firme de Chicago, la Social Research Inc., une volumineuse étude sur l'humeur de l'électorat de la province. Il sera alors le seul, avec Paul Desrochers, son organisateur en chef, à avoir en main tous les éléments qu'il faut pour choisir son successeur. Or le portrait-robot que la firme a dressé du chef idéal semble correspondre tout à fait au profil de Robert Bourassa lui-même: le peuple québécois rêve en effet d'un chef plutôt jeune, qui fasse le pont entre les générations, mais qui ait l'envergure nécessaire pour traiter d'égal à égal avec Ottawa et les représentants du milieu financier, tout en étant bien au fait des problèmes du monde moderne.

Bourassa correspond tellement aux besoins du parti que Paul Desrochers se met à son service avant même qu'on ait fixé la date du congrès. Il dresse la liste des soixante-dix-sept mille membres du parti et, dès septembre, les «Amis de Robert Bourassa» envoient à tous les militants une carte-réponse leur demandant s'ils sont favorables à sa candidature. Quand celui-ci se lance enfin dans la course à la succession de Lesage, seize mille noms sont déjà entrés dans le IBM 1130 de son organisation.

Vingt-quatre heures avant que la course ne soit officiellement ouverte, et plus d'un mois avant l'annonce de la candidature de Bourassa, l'organisateur de talent, mais sans pitié pour les adversaires, qu'est Desrochers réserve une soixantaine de panneaux publicitaires aux grands carrefours de la capitale, monopolise l'antenne du poste de télévision le plus populaire pour la nuit du 16 janvier 1970, veille du vote, et met la main sur les deux mille deux cent soixante-quatre chambres d'hôtel et de motel de la ville de Québec.

Un jeune ingénieur-conseil qui s'est fait remarquer lors de la construction des installations de l'Exposition universelle de 1967 à Montréal, Claude Rouleau, gratte de son côté, pour le candidat les fonds de tiroir des «contracteurs de routes» dont Bourassa trouvait, en 1953, qu'ils avaient beaucoup plus d'influence que les étudiants sans le sou.

Quant à Jean Lesage, il a de l'estime pour sa jeune recrue de 1966, ce dont sont tout à fait conscients les députés et les militants qui lui sont restés fidèles. «C'est Lesage qui avait décidé que ce serait moi[30]», prétend Bourassa.

L'avocat Antoine Geoffrion, qui fait la pluie et le beau temps sur la Grande-Allée de Québec, se charge, quant à lui, de convaincre les fédéralistes orthodoxes: «Laporte est un doctrinaire et Wagner un illuminé. Bourassa est un nationaliste d'occasion. Une fois au pouvoir, il se conduira comme un libéral[31]!»

Malgré ses trente-six ans, et quoi qu'on dise de ses adversaires, plus âgés et surtout plus expérimentés que lui, Bourassa est tout à fait prêt intellectuellement à se lancer dans la course à la direction de son parti. Dès 1969, articulant un programme en quatre points qui s'appuie sur les acquis de la Révolution tranquille, il propose, à partir de ce tremplin, de faire un autre bond, comparable à celui du début des années soixante. Ce programme accorde notamment beaucoup de place à la jeune génération, fraîchement émoulue des nouvelles institutions d'enseignement dont le Québec vient de se doter.

Bourassa sait fort bien que les cégeps et les universités produisent cinquante mille diplômés par année. Mais la restructuration industrielle qui s'amorce entraîne des milliers de mises à pied dans les secteurs traditionnels. Comme si déjà se formait dans son esprit le futur slogan des «100 000 emplois», le jeune candidat s'indigne:

> Quand je pense que des milliards ont été investis pour former des gens compétents! Il est essentiel que ces derniers puissent profiter au Québec et non à des provinces ou à des pays plus riches que le nôtre. Il est difficile de concevoir qu'avec une structure industrielle plus faible que celle de nos voisins de l'Ouest et du Sud, nos propres taxes contribuent encore à élargir l'écart. C'est ce qui arrivera si nos jeunes quittent la province, faute de débouchés[32].

Quant au «nouvel ordre social» qu'il propose alors, il s'agit tout au plus d'un ramassis de vœux pieux situés à mi-chemin entre le capitalisme sauvage des Américains et l'expérience soviétique de la révolution socialiste; ce ne sont pas tant les objectifs qui importent pour Bourassa que «l'efficacité gouvernementale», dont il se porte garant, en s'appuyant sur son expérience de fiscaliste et sur le rapport Bélanger, «que Lesage s'apprêtait à mettre en œuvre et qui dort sur les tablettes des officines gouvernementales».

Premières escarmouches avec Ottawa

De la réforme fiscale aux batailles de pouvoir avec Ottawa, il n'y a qu'un pas, que Bourassa franchira très vite. La redistribution des pouvoirs entre les deux paliers de gouvernement lui paraît «plus que jamais nécessaire», en particulier dans le domaine des allocations familiales et des pensions de vieillesse.

Bourassa peut ainsi faire un clin d'œil à ses amis de l'aile nationaliste du parti — du moins à ceux qui n'ont pas suivi Lévesque dans le sous-sol de l'hôtel Victoria de Québec! — en se montrant intéressé au pouvoir de dépenser du gouvernement fédéral, véritable boîte de Pandore que monsieur Trudeau a eu l'audace d'ouvrir... «Les libéraux du Québec doivent être prêts, ajoute-t-il sur le ton du défi, à pousser la logique du fédéralisme jusqu'à ses conséquences ultimes, et certaines d'entre elles pourraient fort bien prendre au dépourvu leurs vis-à-vis fédéraux[33].»

Il ne faut pas s'étonner alors, considérant ces paroles, que la plus sérieuse opposition à la candidature de Bourassa lui vienne de ses propres cousins fédéraux. «Je ne suis pas sûr que Trudeau était enthousiaste à propos de ma candidature, reconnaît Bourassa. Il y avait mes liens avec René Lévesque qui soulevaient des points d'interrogation sur la profondeur de ma foi fédéraliste[34].»

Les libéraux fédéraux sont tellement inquiets de voir ce jeune gringalet mettre la main sur le parti provincial qu'ils décident de s'en mêler. Le sénateur Louis de Gonzague Giguère, «chasseur de têtes» officiel du parti fédéral, demande même à Jean Marchand de retourner dans sa province. «Robert est un peu trop jeune, c'est un étudiant», argumente-t-il.

L'ancien héros des grandes batailles syndicales contre le régime Duplessis et nouveau ministre fédéral jouit certes encore d'une très grande popularité au Québec. Mais comme les sondages de la Social Research l'ont prédit, les libéraux québécois veulent un leader plus jeune, moderne, montréalais de préférence, et capable de garder ses distances par rapport à Ottawa.

> Les sondages confirmaient que je menais facilement devant Pierre Laporte et aussi devant Jean Marchand. Les fédéraux se sont rendu compte que cela ne donnerait rien et qu'ils couraient à l'échec. Jean [Marchand] me l'a avoué plus tard: «Robert, on a essayé mais on s'est aperçus qu'on n'avait pas de chances[35]».

Le 17 janvier 1970, c'est presque un couronnement pour Robert Bourassa qui l'emporte dès le premier tour de scrutin avec 843 voix (53 % des délégués) contre 455 voix à Claude Wagner et 288 à Pierre Laporte.

Pierre Trudeau, beau joueur, le félicite de sa victoire. «C'était cordial, mais sans plus», se souvient Bourassa. Les élections approchent de toute manière et, à tout prendre, les fédéraux préfèrent encore la tiédeur des libéraux provinciaux à l'hostilité ouverte dont font preuve les unionistes de Jean-Jacques Bertrand.

Depuis 1967 Robert Bourassa est en quelque sorte «condamné» à être fédéraliste, parfois malgré lui, et souvent de façon peu convaincante. Trop peu au goût de Pierre Trudeau qui voudrait l'entendre chanter les vertus de la centralisation des pouvoirs à Ottawa, mais beaucoup trop pour René Lévesque, qui l'a quitté — à moins que ce ne soit Bourassa qui l'ait poussé dehors? — pour fonder le mouvement Souveraineté-Association.

Entre Lévesque et Trudeau, Bourassa va désormais, plus que jamais, se sentir à l'étroit...

NOTES ET RÉFÉRENCES

1. Robert Bourassa, *Le Québec dans le Canada de demain*, Montréal, Le Jour, p. 168.
2. René Lévesque, *Attendez que je me rappelle...*, Montréal, Québec-Amérique, 1986, p. 299.
3. Daniel Johnson, *Égalité ou indépendance*, Montréal, L'Homme, 1965.
4. Voir en particulier le livre de Pierre Godin, *Les frères divorcés*, Montréal, L'Homme, 1986.
5. Charles de Gaulle, conférence de presse, in *La politique étrangère de la France*, Paris, (édition officielle) 1967, p. 178.
6. Charles de Gaulle, déclaration du Conseil des ministres, 31 juillet 1967, *op. cit.*, p. 56.
7. Daniel Johnson, déclaration officielle du 29 juillet 1967.
8. Daniel Johnson, *La confédération de demain*, allocution d'ouverture, 27 novembre 1967.
9. Charles de Gaulle, *op. cit.*, p. 179.
10. Lester B. Pearson, déclaration du Conseil des ministres, 25 juillet 1967.
11. Voir la chanson thème de la campagne d'octobre 1973 du Parti libéral du Québec, interprétée par Jean Lapointe.
12. Robert Bourassa, entretien avec l'auteur, juillet 1990.
13. René Lévesque, *op. cit.*, p. 288.
14. André Laurendeau, *Journal*, Montréal, VLB Éditeur et Succession André Laurendeau, 1990, p. 67.
15. *Ibid.*
16. Robert Bourassa, entretien avec l'auteur, juillet 1990.
17. *Ibid.*
18. Robert Bourassa, in *Le Devoir*, 3, 4 et 5 octobre 1967.
19. Charles de Gaulle, *op. cit.*, p. 46.
20. René Lévesque, *op. cit.*, p. 297.
21. René Lévesque, in *Le Devoir*, 5 octobre 1967.
22. Robert Bourassa, entretien avec l'auteur, juillet 1990.
23. *Ibid.*
24. Le rapport du Comité des affaires constitutionnelles du PLQ a été publié dans *Le Devoir* des 11, 12 et 13 octobre 1967.
25. Rapporté par Michel Roy et Paul Cliche, in *Le Devoir*, 16 octobre 1967.
26. Robert Bourassa, entretien avec l'auteur, juillet 1990.
27. *Ibid.*
28. *Ibid.*

29. *Ibid.*
30. Ian MacDonald, *De Bourassa à Bourassa*, Montréal, Primeur/Sand, 1985, p. 236.
31. Jean-Louis Gagnon, *Apostasies, Tome III: Les palais de glace*, Montréal, La Presse, 1990, p. 167.
32. Robert Bourassa, *Bourassa Québec*, Montréal, L'Homme, 1970.
33. *Ibid.*
34. Robert Bourassa, entretien avec l'auteur, juin 1989.
35. *Ibid.*

Chapitre 4

Le résistant

> *Les chefs du gouvernement québécois ont toujours eu à combattre, beaucoup plus que les autres chefs de gouvernement du Canada... À cinq millions contre deux cent cinquante, je pense que nous sommes nés pour nous battre*[1].
>
> Robert Bourassa

Pour «se singulariser», comme il le dit lui-même, Robert Bourassa promet à ceux qui l'éliront chef du Parti libéral de s'en tenir à l'économie; le 29 avril 1970, la province lui donne effectivement le mandat de créer «100 000 emplois»... Au nombre de ceux qui détiendront l'un de ces emplois figureront quelques experts constitutionnels!

Prenant le pouvoir à peu près en même temps que Pierre Elliott Trudeau, qui est bien déterminé à «décoloniser le Canada», Bourassa n'aura d'autre choix au cours des années à venir que d'opposer une résistance passive à une opération «rapatriement» qui risque fort de mettre en péril le droit du Québec à son autodétermination. Il devra aussi composer avec les événements qui entoureront la crise linguistique qu'il aura lui-même déclenchée.

Pour un premier ministre qui a promis de donner la priorité au développement économique et à la modernisation de l'appareil de l'État, cela s'annonce plutôt mal!

Ces cinq années d'agitation sur le front constitutionnel lui donneront une leçon dont il se souviendra longtemps — d'autant mieux que Trudeau ne se gênera pas pour la lui rappeler. En 1970, avec les «100 000 emplois», et en 1973, avec «Bourassa construit», le Parti libéral obtient d'écrasantes majorités. Mais quand Bourassa fait campagne sur la Constitution, comme en 1976, il échoue lamentablement...

La paix constitutionnelle contre le progrès économique

Pour Robert Bourassa, la stabilité politique et le progrès économique ne vont pas sans la paix constitutionnelle et le calme linguistique. Traumatisé par le schisme que la question constitutionnelle a provoqué au sein de son parti en 1967, inquiet devant la montée de la violence terroriste au Québec, conscient que les questions linguistiques constituent une véritable «poudrière[2]», il se met à développer une véritable obsession de la «paix sociale».

Le jeune chef du gouvernement tentera donc, avec un acharnement jamais vu chez les dirigeants québécois précédents, de courtiser les capitaux étrangers. Le «coup de la Brinks» (convoi de camions blindés qui se met en route vers la frontière de l'Ontario à la veille des élections d'avril 1970) n'est rien d'autre, en fin de compte, qu'un aveu de vulnérabilité de sa part face à la fuite des capitaux. Il sait bien qu'Hydro-Québec aura bientôt besoin des courtiers de New York pour financer son «projet du siècle»... Il lui faut donc éviter toute crise politique et soigner son image de jeune économiste prudent.

La Constitution? «C'était un problème important, sans être urgent, avouera Bourassa quelques années plus tard. Je ne voyais pas pourquoi le nouveau gouvernement, aux prises avec la situation économique et la situation financière, devait immédiatement se lancer dans cette question[3].»

L'élection du 29 avril est aussitôt interprétée à Ottawa comme un début de normalisation. Finie l'agitation des années soixante! L'élite fédérale attache la plus grande signification à la victoire de Robert Bourassa.

En 1965, la Commission royale d'enquête sur le bilinguisme et le biculturalisme avait déjà alerté le pays: «Tout ce que nous avons vu et entendu nous a convaincus que le Canada traverse la période la plus critique de son histoire depuis la Confédération. Nous croyons qu'il y a crise[4]...» En février 1971, les membres de la même Commission se demanderont si leur rapport final doit maintenir le diagnostic de «crise» ou même seulement prononcer le mot. Seul Paul Lacoste insiste encore pour que Trudeau reconnaisse l'urgence de la situation.

Comment expliquer ce revirement? Il y a eu, bien sûr, la mort d'André Laurendeau, en 1968, mais cet événement ne saurait suffire, à lui seul, à justifier pareil changement de cap. «À la lumière des résultats de l'élection provinciale du 29 avril dernier, lit-on dans le compte rendu de la dernière réunion de la Commission, Royce Frith exprime une réticence à soutenir brièvement ou succinctement l'existence ou le maintien de la crise[5].» Pour les commissaires, comme pour la majorité des Canadiens anglais, la Crise d'octobre n'a été qu'un conflit intérieur, strictement québécois. Quant à *la* crise qu'évoquait André Laurendeau en 1965 — celle des rapports politiques entre les deux majorités, l'une française au Québec, l'autre anglaise dans le reste du Canada —, on semble croire maintenant que la reprise du dialogue entre Ottawa et Québec y mettra fin.

L'arrivée du nouveau premier ministre du Québec à la table des conférences fédérales-provinciales se déroule néanmoins dans la plus totale ambiguïté. Est-ce la jeunesse de

Bourassa — il n'a alors que trente-sept ans —, son manque d'expérience? Ou l'entêtement de Pierre Trudeau à réaliser son opération «rapatriement»? Ou seraient-ce plutôt les profondes divergences de vues entre le chef québécois et plusieurs de ses collègues des autres provinces?

On le croit conciliant, il ne fait que louvoyer. On l'accueille en partenaire, et il se comporte en empêcheur de tourner en rond. D'échec en échec, une profonde méfiance s'installera peu à peu au Canada anglais à l'égard de Bourassa — méfiance qu'il devra supporter d'ailleurs toute sa vie.

Il a beau vouloir reléguer les affaires constitutionnelles au second plan, il ne peut tout de même pas empêcher le Canada anglais et le gouvernement fédéral d'avoir hâte d'en finir avec la série de conférences constitutionnelles dans laquelle ils sont engagés depuis trois ans! Chaque année, de surcroît, le Canada anglais se voit forcé de reprendre le dialogue avec un nouveau représentant du Québec: Daniel Johnson en 1968, Jean-Jacques Bertrand en 1969 et Robert Bourassa en 1970. Chaque fois, on scrute le moindre signe d'un changement d'attitude, le moindre indice d'un recul.

Bourassa a tant insisté pendant sa campagne électorale sur le «fédéralisme rentable» que le Canada anglais se croit en droit d'attendre de lui qu'il entérine sa profession de foi. Trudeau, quant à lui, reporte à plus tard tout examen de la rentabilité de ce système! La position du premier ministre du Québec devient alors intenable et l'héritage qu'ont laissé les deux représentants de l'Union nationale — et quatre conférences constitutionnelles — très lourd à porter. Après les affrontements sur le concept des «deux nations», la barre est haute pour le Québec. Il ne reste plus alors à Bourassa qu'à retraiter. Ou à donner raison à René Lévesque.

Élu le 29 avril, il forme son conseil des ministres le 12 mai et convoque l'Assemblée nationale pour le 9 juin. L'été tire à peine à sa fin qu'il se retrouve à Ottawa pour sa première conférence constitutionnelle. Mais tout va un peu trop vite pour celui qui a pris le pouvoir sans programme constitutionnel bien défini.

Des faux pas

Bourassa, qui n'est pas à l'aise dans les conférences constitutionnelles, d'autant plus que les réunions se déroulent exclusivement en anglais, langue qu'il ne maîtrise pas parfaitement, tient des propos plutôt évasifs. Il faut dire qu'il est le dernier venu à la table et ne peut s'appuyer sur un plan précis. On le croyait prudent; il est plutôt confus, et ouvre malgré lui des portes aux négociateurs fédéraux.

John Robarts, de l'Ontario, propose qu'on donne «priorité, et de façon immédiate» à la rédaction d'une formule d'amendement. Mesure de diversion concoctée avec le pouvoir fédéral? Qui saurait dire?...

Quant à Bourassa lui-même, il ouvre trois fronts sur lesquels l'autorité fédérale est particulièrement chatouilleuse: les communications, l'immigration et les relations extérieures. Il trouve même le moyen de s'allier le vieux «Wacky» Bennett de la Colombie-Britannique, un créditiste, pour réclamer un droit de regard sur les activités de la Banque du Canada!

Mais le premier ministre du Québec appuie en même temps le projet d'adoption d'une charte constitutionnelle des droits et des libertés mis de l'avant par Ottawa. Songeant lui-même à doter le Québec d'un acte semblable, il n'a aucune raison de s'opposer au projet fédéral. Pierre Trudeau n'en demandait pas plus.

On se dit assez satisfaits à Ottawa du déroulement de la première visite du chef québécois. Les vieux sages du Parti libéral fédéral, Jean-Louis Gagnon et Royce Frith en particulier, avaient donc tout à fait raison de rassurer le Canada anglais: ce «jeunot» ne s'embarrasse pas «des questions idéologiques qui troublent l'ordre public». Tout va donc pour le mieux... «L'attitude du nouveau gouvernement du Québec représente un choix non équivoque du fédéralisme, ce qui est très souhaitable[6]», conclut Trudeau à la suite de sa première séance de négociations constitutionnelles avec Bourassa.

Depuis l'été de 1967, pendant que les libéraux du Québec jonglaient avec les appellations de «statut particulier» et de «souveraineté-association», Trudeau, alors ministre de la Justice, a mis au point son propre plan. Très simple: une déclaration des droits — «rédigée de façon à restreindre les compétences de tout gouvernement, tant fédéral que provincial» —, une formule d'amendement et une réforme de la Cour suprême[7].

En endossant le principe d'une charte des droits et libertés et en ne protestant pas trop contre la proposition de Robarts de rapatrier la Constitution au Canada *avant* de renégocier le partage des pouvoirs, Bourassa a ouvert une porte qui, jusqu'à la fameuse nuit du 5 novembre 1981, ne se refermera plus. Forts de ce «Noui, peut-être...», les experts fédéraux se lancent alors à corps perdu dans la réforme constitutionnelle.

Deux semaines plus tard, le vendredi 2 octobre 1970, Pierre Trudeau tend une branche d'olivier aux Québécois:

> Le Canada, ce n'est ni un piège, ni une trahison, ni un marché de dupes. C'est un espoir, c'est une promesse, c'est un défi ambitieux que nous pouvons relever si nous y croyons, si nous trouvons en nous assez d'ardeur et assez d'assurance, assez d'énergie pour mettre fin à des querelles et à des animosités séculaires[8]...

De la Crise d'octobre...

Le lundi suivant, à 6 h 30 du matin, un homme se présente à une station de taxi Diamond, au coin de la rue Saint-Denis et du boulevard Saint-Joseph. Les «événements» d'octobre 1970 viennent de commencer.

Pendant près de trois mois — soit jusqu'au 28 décembre, jour de l'arrestation des membres de la cellule Chénier du Front de libération du Québec — une crise sans précédent paralyse le gouvernement Bourassa.

À la suite de l'assassinat du ministre Pierre Laporte, l'armée s'installe dans les rues de Montréal et de Québec: quatre cent soixante-cinq Québécois sont alors arrêtés et détenus sans mandat. Aux yeux des siens, le premier ministre de la belle province prend le visage de l'homme faible, du chef incapable de protéger la souveraineté du peuple du Québec contre les coups de force d'Ottawa.

Le 5e groupement de combat est à peine rentré dans ses casernes de Valcartier que Bourassa doit retourner à Ottawa, le 8 février 1971, pour une autre conférence constitutionnelle. Malgré la Crise d'octobre, les fonctionnaires fédéraux n'ont pas chômé! À Québec non plus on n'a pas perdu de temps. Le ministre des Affaires sociales, Claude Castonguay, a commencé à mettre de l'ordre dans ses programmes sociaux; il réalise que les questions primordiales de la sécurité du revenu et de la politique familiale peuvent difficilement échapper aux contraintes des normes nationales.

«Le rapatriement de la Constitution représente un geste tellement fondamental pour l'équilibre des forces au sein du Canada qu'il ne peut se faire sans des concessions majeures, dit Bourassa en arrivant à Ottawa.

— Rapatrions d'abord, puis mettons-nous à table pour partager les pouvoirs, répond Trudeau.

— Mon gouvernement ne peut pas faire preuve d'angélisme, réplique alors Bourassa. On ne peut permettre que l'on rapatrie la Constitution et attendre de voir jusqu'à quel point le gouvernement fédéral est sincère en voulant redonner des pouvoirs aux provinces[9]!»

... au coup de Victoria...

À la conférence de février 1971, le gouvernement du Québec réclame, au minimum, la priorité législative et, dans certains cas, la compétence exclusive en matière de politique sociale: sécurité du revenu, formation de la main-d'œuvre, services sociaux, administration de la justice, services de santé, financement de l'assurance-hospitalisation et de l'assurance-maladie, logement, activités récréatives!

Plusieurs des homologues de Bourassa, tels Joe Smallwood de Terre-Neuve et Ross Thatcher de la Saskatchewan, vitupèrent: «Bourassa veut réduire le gouvernement fédéral à un rôle de percepteur d'impôts, de fournisseur de la Défense nationale, de surveillant de la politique commerciale et rien de plus[10]!» Vingt ans exactement avant l'hystérie provoquée par le rapport Allaire, on croirait entendre Clyde Wells ou Sharon Carstairs...

Les Anglais commencent à pointer du doigt certains fonctionnaires québécois qu'ils ont connus du temps de l'Union nationale, Claude Morin en particulier, dont ils croyaient s'être débarrassés lors de l'élection du 29 avril. Conseiller de Lesage, de Johnson et de Bertrand, ce vétéran des grandes chicanes Ottawa-Québec est perçu comme un trouble-fête dans l'entourage de Pierre Trudeau. «Il n'était pas la personnalité la plus populaire auprès des hauts fonctionnaires, reconnaît poliment Bourassa. Mais son expérience m'inspirait confiance[11].»

La conférence n'est tout de même pas un désastre complet. Chacun rentrera même chez soi avec l'impression d'être — après quarante-quatre ans de discussions — à la veille d'un règlement de la question constitutionnelle. «Après une certaine grossesse, il était temps que l'accouchement vienne et il en est bien ainsi[12]», dit Trudeau, tout triomphant: les premiers ministres se sont enfin entendus sur une formule d'amendement qui, à toutes fins pratiques, reconnaîtra un droit de veto au Québec; pour la plupart des modifications apportées à la Constitution, elle exige en effet l'accord d'une majorité de provinces, dont deux provinces des Maritimes, deux de l'Ouest, ainsi que l'Ontario et le Québec. C'est la fameuse «formule de Victoria» dont Trudeau est si fier — à juste titre d'ailleurs, puisque le Québec ne s'en verra jamais offrir de meilleure.

On a même réussi à faire avaler à l'Alberta l'idée d'ouvrir des écoles pour sa minorité française, tout en enrobant la pilule de la douce réserve suivante: «... là où la langue d'enseignement est choisie par un assez grand nombre de personnes pour justifier l'offre des installations nécessaires»!

Trudeau paraissant plutôt satisfait, on convient de se retrouver à Victoria, le 14 juin, pour signer tout ça.

Robert Bourassa semble tellement complaisant que le premier ministre fédéral interprète d'avance ses intentions sur les ondes de Radio-Canada: «Permettez-moi de vous rappeler que la formule d'amendement a été acceptée par monsieur Bourassa, que ce dernier a été élu par une forte majorité de la population du Québec et qu'il occupe la grande majorité des sièges[13].» C'est-à-dire, en termes clairs: «Il est maintenant temps de livrer la marchandise, Robert!»

Mais ce n'est pas si simple. Bourassa ne peut s'empêcher de se rappeler le débat autour de la formule Fulton-Favreau qui a finalement acculé Jean Lesage à la retraite. Son ancien collègue René Lévesque s'en donne alors à cœur joie dans les colonnes du *Journal de Montréal:*

> C'est un plat de lentilles: donnez-moi un gros morceau de sécurité sociale et j'avalerai la formule d'amendement. Cette dangereuse tentation de bonasserie politicienne, aucun citoyen le moindrement conscient des intérêts fondamentaux du Québec ne saurait la cautionner[14].

Par ailleurs, Bourassa vient à peine de sortir de la Crise d'octobre et la province est plongée dans une grave crise économique. Peu sûr de lui, il croit préférable alors de vérifier l'humeur du Comité parlementaire de la Constitution: on lui suggère fortement de ne rien signer à Victoria sans un transfert important de pouvoirs — et l'argent qui va avec, bien sûr!

Quand il arrive en Colombie-Britannique, le chef du gouvernement du Québec n'a d'autre choix que de durcir le ton. Ses collègues, eux, passent, avec un certain agacement, le plus clair de leur temps à discuter de politique sociale. On s'en serait douté… Québec ne cède pas et réclame toujours la priorité législative sur la sécurité du revenu.

Entre deux réunions, probablement pour détendre l'atmosphère, les chefs provinciaux partent en croisière dans le fjord Juan de Fuca. Sur le pont du traversier, fonctionnaires et ministres du Canada anglais observent d'un air méfiant les airs conspirateurs des deux Claude: Castonguay et Morin. Jean Chrétien interprétera ultérieurement la situation dans les termes suivants:

> Le ministre des Affaires sociales se laissa convaincre par Claude Morin de revoir la distribution des pouvoirs dans le domaine de la politique sociale, par exemple les allocations familiales. Ensemble, ils finirent par ébranler le premier ministre Bourassa et l'amenèrent à rejeter l'accord[15].

«Ce Bourassa, il n'a pas de c...[16]!» chuchote depuis la Crise d'octobre Marc Lalonde dans les réunions du parti. C'est un chef sans parole, tente de faire croire Jean Chrétien, à son tour. Pour ce qui est du «sombre complot» de Morin, son patron lui-même le blanchit.

> Morin sentait lui-même, parfois, que sa présence pouvait nuire au ton des discussions. On sentait que Trudeau et lui n'étaient pas des hommes qui s'entendaient le mieux du monde et il a pu arriver que Morin s'abstienne de participer pour faciliter la discussion[17].

... l'étau se resserre

Le matin du 16 juin, Robert Bourassa demande à réfléchir. «Deux mois», propose-t-il. Trudeau, pressé, lance un ultimatum: «Douze jours: c'est à prendre ou à oublier!» À ceux qui l'auront accusé de n'être qu'une marionnette entre les mains des séparatistes, Bourassa expliquera plus tard:

> Le fait que j'aie demandé un délai montre bien que je n'avais pas pris ma décision à Victoria. Je leur ai dit: il faut que j'évalue la situation. Il y a six mois qu'on est sortis de la Crise d'octobre. Il y a encore une certaine effervescence nationaliste au Québec; c'est dormant. Je ne peux pas prendre le risque de repartir pour sept ou huit ans de violence politique[18].

De l'effervescence, il y en aura de toute façon! L'opposition péquiste, les intellos, le directeur du *Devoir* en particulier, Claude Ryan et même Trudeau se mettent de la partie. «Vous savez qu'un peu partout au Canada, on en a marre de la question constitutionnelle, ironise Pierre Trudeau. Les gars vont se retrouver encore autour d'une table de négociation dans vingt ou dans cent ans[19]!»

Le 22 juin, la moitié du groupe parlementaire libéral à Québec et un bon nombre de ministres suggèrent à Bourassa de refuser l'offre d'Ottawa. C'est Marc Lalonde qui recevra le coup de téléphone, à 23 heures. Après avoir raccroché, il exprime, dans ce langage de troupier que ses intimes connaissent si bien, ce qu'il pense du premier ministre du Québec.

Le lendemain, veille de la Saint-Jean-Baptiste, Bourassa est ovationné par tous les membres de l'Assemblée nationale. Face au Canada anglais, le Québec, dans un moment de trêve, retrouve son unanimité... Comme le 22 juin 1990.

En fait, si le premier ministre du Québec a refusé le «plat de lentilles», c'est d'abord à cause de sa méfiance à l'égard de la bureaucratie fédérale et de l'Ontario:

> Il est évident que les liens, au niveau des hommes politiques et des fonctionnaires, sont forts. Il y avait une volonté commune de l'*establishment* fédéral et des gens de l'Ontario pour le rapatriement de la Constitution[20].

Pourtant, le gouvernement du Québec ne manque pas d'appuis à Victoria. L'Alberta et la Colombie-Britannique, en particulier, ne voient pas pourquoi le gouvernement fédéral tient tant à se mêler de politique sociale. Mais, plus le Québec insiste, plus on le soupçonne de se livrer au chantage, ce que confirmera Bourassa:

> Il y avait beaucoup de sympathie pour les thèses du Québec. Là où j'étais isolé, c'est que nous devions refuser le rapatriement si nous n'obtenions pas immédiatement les changements sociaux que nous réclamions. L'appui des provinces nous a été offert, mais de là à refuser le rapatriement pour autant, il y avait une marge[21].

Le Canada n'aura donc pas sa «grande charte»: pour la deuxième fois (en 1965, il est vrai, Jean Lesage avait fait volte-face), prétendent les historiens d'allégeance trudiste, le Québec est le grand coupable! On aurait pu poursuivre les négociations sur la politique sociale et tenter de sauver l'entente... C'est ce que Bill Davis viendra proposer à Robert Bourassa au cours de l'été, lors d'une rencontre secrète à Montréal.

Mais, le 23 juin, jour même où l'on apprend que le Québec dit non à l'entente, des élections ont lieu en Saskatchewan: le néo-démocrate Allan Blakeney renverse le gouvernement Thatcher et se garde bien de se prononcer sur l'accord de Victoria. Le premier ministre de l'Ontario a sans doute oublié de lui rendre visite!... Bourassa se rappellera s'être senti alors pris dans un carcan.

> Victoria fut bien plus pénible que la Crise d'octobre. Je sentais l'étau qui se refermait sur le Québec. D'un côté, nous voulons rester dans le régime fédéral, nous voulons en profiter. Mais d'un autre côté nous voulons garder notre fierté, nous affirmer, avoir le maximum de pouvoirs. Le gouvernement du Québec est toujours pris entre les deux[22]...

Au milieu de cette incroyable saga constitutionnelle, il réussit quand même à lancer le «projet du siècle». Après une tournée en Europe, en France en particulier où il va s'incliner, seul, devant la tombe du général de Gaulle, le premier ministre confie à Claude Masson, de *La Presse,* qu'il profitera du premier anniversaire de son élection pour annoncer le développement du bassin hydro-électrique de la baie James.

C'est l'ère des grands travaux. Bourassa a le génie — ou la chance — de déclencher des élections avant que les effets du choc pétrolier de 1973 ne se fassent sentir. Les grues tendent les bras au-dessus des rues du centre-ville de Montréal, des convois de bétonneuses se dirigent vers la baie James et les pelleteuses mécaniques ouvrent des autoroutes.

Le slogan «Bourassa construit!» fait des malheurs. Le 29 octobre 1973, la province lui donne une écrasante majorité: 102 députés sur 110!

Ce sont maintenant les provinces de l'Ouest, riches en pétrole et en gaz naturel, qui croisent le fer avec Trudeau. Une véritable fièvre de l'or noir s'est emparée du monde entier. Peter Lougheed, en particulier, qui vient de prendre le pouvoir en Alberta, et Allan Blakeney commencent à trouver que le grand «redistributeur» de la richesse, d'une mer à l'autre, leur coûte un peu cher.

Pierre Elliott Trudeau, minoritaire depuis le 30 octobre 1972, n'en mène plus très large à Ottawa.

En 1971, à Victoria, Robert Bourassa avait prévenu ses homologues que s'il avait, «personnellement, à choisir entre le secteur social et le secteur culturel, il accorderait la priorité au secteur culturel[23]». Il profite donc de sa popularité au Québec et de la faiblesse du gouvernement fédéral pour ouvrir un nouveau front.

Un mois après sa réélection, il revendique la souveraineté culturelle et des pouvoirs sur la radiodiffusion, la câblodistribution et le téléphone. Cette fois, c'est Jean-Paul L'Allier qui mène, contre Gérard Pelletier, la «guerre du câble».

Le tournant décisif de 1974

Le 21 mars 1974, les troupes de «Dédé» Desjardins, de la FTQ-Construction, saccagent le chantier de la baie James. Les événements vont indirectement conduire à l'entrée, sous les phares de l'actualité, de deux hommes qui marqueront la deuxième étape de la carrière de Bourassa.

Le gouvernement du Québec met alors sur pied la Commission d'enquête sur la violence dans l'industrie de la construction, dont l'un des membres, Brian Mulroney, surtout connu pour ses parties de bras de fer avec les délégués syndicaux du Port de Montréal et des périodiques sous la propriété de Paul Desmarais, va se révéler un astucieux politicien. Mulroney sera secondé dans sa tâche par un jeune avocat de Chicoutimi, Lucien Bouchard, qui agira à titre de procureur en chef; ce dernier, qui vient de se faire expulser par ses associés de son bureau d'avocat (on lui reprochait ses discours en faveur du candidat du Parti québécois, Marc-André Bédard), n'en mène pas large à l'époque. «Je suis sorti de là plus connu que je ne l'étais avant, admettra-t-il plus tard. Je me suis mesuré avec tous les grands avocats de Montréal et j'étais à la télévision tous les soirs[24].» Pour les gros bonnets du Parti conservateur du Canada, Mulroney apparaîtra alors comme un futur candidat intéressant. Quant à Bouchard, il vient enfin de trouver l'occasion de sortir de son «village». Dans dix ans, en 1985, c'est eux qui accueilleront Bourassa à sa sortie du «désert».

L'année 1974 marque aussi le moment où, pour la première fois, un chef de gouvernement proclame le français langue officielle du Québec, audace que ne lui pardonneront ni Pierre Trudeau ni les anglophones de Montréal. «On ne naît pas impunément un 14 juillet, remarque Jacques Godbout. Quand on fête son anniversaire le jour de la prise de la Bastille, ça marque non seulement l'inconscient, mais le conscient[25]!»

«Si encore on avait dit la principale langue, ou la langue de travail, la langue nationale, si on y tient, comme l'Assemblée "nationale"[26]», grogne Trudeau. Bourassa avoue lui-même avoir été étonné par l'ampleur de ce ressentiment:

Je m'attendais bien à ce que le fait de décréter le français langue officielle suscite du ressentiment ou de l'opposition au sein de la minorité anglophone et au Canada. Mais j'ai été franchement étonné[27].

La loi 22, adoptée le 30 juillet, institue des tests d'aptitude linguistique pour certains enfants désireux de fréquenter les écoles anglaises. La poudrière linguistique vient une fois de plus de sauter.

Le français étant devenu langue officielle, les pilotes québécois réclament alors qu'on parle français dans le ciel du Québec. Au Canada anglais, la réaction de la Canadian Airlines Pilot Association (CALPA) tient de l'hystérie. Pour faire bonne mesure, on provoque délibérément des incidents. Grève, injonction, commission d'enquête: le gouvernement fédéral finit par plier devant la CALPA. L'anglais restera la langue du ciel. «Trudeau recule devant une bande de racistes anglophones[28]», accuse René Lévesque. Le lendemain, Jean Marchand, alors ministre de l'Environnement, quitte le cabinet fédéral. C'est la panique dans les rangs du groupe parlementaire libéral à Ottawa. Francis Fox dit alors:

> Ta démission va prendre, que tu le veuilles ou non, des proportions significatives. Gérard Pelletier vient de partir [il a été nommé ambassadeur à Paris]. Et toi, tu t'en vas. Des «trois colombes», il ne reste plus que Pierre: cela a l'air d'une débandade[29].

Robert Bourassa, lui, interprète un peu différemment la démission de Jean Marchand: l'affaire des Gens de l'air fait souffler un vent de nationalisme sur la province, le Parti québécois décolle dans les sondages, et peut-être Trudeau lui-même a-t-il sacrifié son vieux compagnon d'armes pour calmer le Québec?

> Ce sont deux vieux copains. Je ne suis pas sûr que Trudeau ne lui a pas dit: «Écoute, Marchand, pour calmer le

Québec, démissionne là-dessus.» Je n'ai pas de preuve de ça, mais je suis convaincu qu'ils ont dû en discuter. Marchand m'a lui-même avoué: «Écoute, Robert, c'est une *rough* celle-là[30].»

De fait, la loi 22 est tellement *rough,* en effet, que le Parti libéral du Québec est en chute libre dans les sondages. En signe de protestation, les anglophones de Montréal passent à l'Union nationale. Le Mouvement Québec français, nonobstant le fait que ce soit tout de même Bourassa qui a fait du français la langue officielle du Québec, crie à la trahison. Le 15 novembre 1976, les nationalistes voteront cette fois pour le «vrai» parti des Québécois. Bourassa devra ensuite attendre dix ans pour que René Lévesque «se rappelle» enfin:

> Si l'on songe [...] au fait que les libéraux sont «le parti des Anglais» et que son gouvernement le reflétait amplement, je considérai pour ma part que le premier ministre montrait pour une fois un courage certain[31].

Bourassa parie...

Pierre Trudeau met, quant à lui, la défaite de Bourassa sur le compte de l'affaire des Gens de l'air. Piètre excuse, pour ne pas dire hypocrisie de la part de celui qui a le plus contribué à son affaiblissement! Car Trudeau n'a toujours pas renoncé à son rêve de faire couler dans le béton d'une constitution canadienne une charte proclamant la suprématie des droits de l'individu sur les droits collectifs d'une société, fût-elle distincte. Au printemps de 1976, fort de sa majorité reconquise en juillet 1974, il pense que c'est «le temps d'agir».

La hâte du premier ministre fédéral s'explique d'abord par son désir de se retirer de la politique. En outre, son mariage avec Margaret a tourné plutôt mal. Il refuse cependant d'envisager le divorce; l'éloignement de la politique, pense-t-il, pourrait peut-être éviter la séparation. «Je sentais bien que le temps qu'il lui restait pour réaliser sa raison d'être en politique était limité pour des raisons familiales[32]», explique Bourassa en évoquant les pressions de Trudeau pour rouvrir le dossier constitutionnel.

Le 3 mars 1976 est une date que le pauvre Bourassa n'oubliera sans doute jamais. Quelques jours plus tôt, il a le malheur de se laisser photographier, pour la page couverture de *L'Actualité,* alors qu'il mord à belles dents dans un énorme hot-dog! Trudeau a aperçu la couverture du magazine à l'aéroport de Québec. En arrivant au bureau de Bourassa, sur la Grande-Allée, le chef fédéral n'est pas d'humeur à discuter du «menu» de la réunion. «Paraît qu'y mange des hot-dogs, celui-là!» laisse-t-il tomber en écartant les journalistes importuns. Comme la presse est en appétit de nouvelles sensationnelles ce jour-là, Bourassa devient, du coup, «le mangeur de hot-dogs» — ce que Trudeau n'a pas vraiment dit, en fait, mais que tout le monde a envie d'entendre.

Les bureaucrates d'Ottawa sont convaincus à ce moment-là qu'il sera plus facile à un premier ministre fédéral québécois de faire accepter le rapatriement de la Constitution à ses compatriotes. Cependant, le Québec n'est plus seul à résister en 1976; les provinces de l'Ouest viennent d'ajouter, à la liste de Victoria, la question des ressources naturelles et, au nom de tous ses collègues des provinces, Peter Lougheed se prépare à soumettre au premier ministre canadien une longue liste de pouvoirs que les provinces veulent exercer elles-mêmes.

Trudeau, impatient, murmure alors à la Chambre des communes: «C'est non seulement possible mais peut-être souhaitable d'agir unilatéralement.

— Mon gouvernement va être tourné en ridicule, proteste Bourassa.

— C'est ben d'valeur, réplique Trudeau, mais pour moi c'est fondamental et c'est pas parce que l'histoire va mal te juger que je vais me sacrifier[33].»

Bourassa, qui n'est pourtant pas joueur habituellement, tente un vrai coup de poker. S'il gagne les élections, juge-t-il, il a le mandat nécessaire pour tenir tête à un Trudeau usé par huit ans de pouvoir et une véritable débandade dans son cabinet: sept démissions de ministres en quelques mois!

Et si le Parti québécois est élu? «Il le bloque lui aussi[34].» Pense-t-il...

... et perd lamentablement!

Amateur de base-ball à ses heures, Bourassa rassure ceux qui, parmi ses ministres, s'opposent à la tenue d'élections précipitées, Jean-Paul L'Allier en particulier: «En 1970, c'était la première prise; la deuxième en 1973; et le *strike-out* le 15 novembre 1976[35]!» Mais... on aura droit plutôt à un coup de circuit du Parti québécois!

Si Bourassa a perdu ses élections, le Québec, lui, n'a pas reculé. Pas encore, du moins... En 1990, le premier ministre commentera ainsi les conséquences du geste qu'il a posé à Victoria:

> Voilà un retour de l'histoire assez exceptionnel. Celui qui a dit non à Victoria se trouve à assumer, vingt ans après et dans la même fonction, les conséquences historiques de cela. Car c'est parce que j'ai dit non que Trudeau a rapatrié la Constitution unilatéralement. Et c'est parce qu'il l'a rapatriée unilatéralement que j'ai tenté de réparer cela avec les cinq conditions négociées au lac Meech. Les cinq conditions ont été rejetées et me revoilà avec les conséquences de mon geste de Victoria. Vingt ans après[36]!

Triste retour de l'histoire, en effet, pour cet homme qui a passé les cinq années de son premier mandat à résister. Sans obtenir quoi que ce soit... Bien mince consolation, pour le chef d'un État en voie d'affranchissement, que celle de n'avoir point accepté de nouvelles servitudes.

En fait, Robert Bourassa est revenu au même point où René Lévesque l'a laissé, en 1967, dans son sous-sol de la rue Britanny: à la case «départ»...

NOTES ET RÉFÉRENCES

1. *Les années Bourassa,* entretiens avec Raymond Saint-Pierre, *op. cit.,* p. 64.
2. Pierre Godin, *La poudrière linguistique,* Montréal, Boréal, 1990.
3. *Les années Bourassa, op. cit.,* p. 50.
4. Commission royale d'enquête sur le bilinguisme et le biculturalisme, *Rapport préliminaire,* Ottawa, Approvisionnements et Services-Canada, 1965.
5. Commission royale d'enquête sur le bilinguisme et le biculturalisme, *Compte rendu* de la 83e réunion du 27 février 1971, Ottawa, Information Canada.
6. Stephen Fogarty, *Résumé* des conférences fédérales-provinciales (1927-1980), Ottawa, Bibliothèque du Parlement, 1980.
7. Sur le premier mandat de Robert Bourassa et ses rapports avec Pierre Trudeau, voir Michel Vastel, *Trudeau le Québécois,* Montréal, L'Homme, 1989.
8. *La Presse,* 3 octobre 1970.
9. *Les années Bourassa, op. cit.,* p. 53-55.
10. Stephen Fogarty, *op. cit.*
11. *Les années Bourassa, op. cit.,* p. 53.
12. La *Presse canadienne,* 10 février 1971.
13. *Le Devoir,* 13 mai 1971.
14. *Journal de Montréal,* 19 mai 1971.
15. *Les années Trudeau,* collectif, Montréal, Le Jour, 1990, p. 307.
16. Voir *Trudeau le Québécois, op. cit.,* p. 203.
17. *Les années Bourassa, op. cit.,* p. 60.
18. Robert Bourassa, entretien avec l'auteur, juin 1989.
19. *La Presse,* 21 juin 1971.

20. *Les années Bourassa, op. cit.,* p. 52.
21. *Ibid.,* p. 61.
22. *Ibid.,* p. 64.
23. *Ibid.,* p. 65.
24. Lucien Bouchard, entretien avec l'auteur, février 1990.
25. *Châtelaine,* septembre 1988.
26. *La Presse,* 8 mars 1976.
27. *Les années Bourassa, op. cit.,* p. 152.
28. La *Presse canadienne,* 29 juin 1976.
29. Francis Fox, entretien avec l'auteur, août 1989.
30. Robert Bourassa, entretien avec l'auteur, juin 1989.
31. René Lévesque, *Attendez que je me rappelle..., op. cit.,* p. 357.
32. Robert Bourassa, entretien avec l'auteur, juin 1989.
33. *Ibid.*
34. *Les années Bourassa, op. cit.,* p. 265.
35. *Ibid.*
36. Robert Bourassa, entretien avec l'auteur, juillet 1990.

Chapitre 5

La traversée du désert

> *Sur le plan de la stratégie politique, quand on fait un référendum sur l'avenir d'un peuple, on le fait de telle façon qu'on puisse le gagner.*
>
> Robert Bourassa

Le 15 novembre 1976, Bourassa ne se contentera toutefois pas de reconnaître son échec et d'en rester là. Le bilan du «plus jeune premier ministre de l'histoire du Québec» n'est pas si mauvais après tout.

Après le pétage de bretelles du «Maîtres chez nous» et les coups de gueule à Ottawa du genre «Égalité ou indépendance», on a assisté au tranquille progrès du «Québec sait faire». Les travaux de la baie James avancent rapidement et, en dépit de regrettables tâtonnements, on a fini par y associer sérieusement des firmes québécoises d'ingénierie, Lavalin en particulier, qui vont bientôt se tailler une réputation internationale. C'est encore le gouvernement Bourassa qui, profitant de l'expansion du métro de Montréal, a forcé littéralement Bombardier à délaisser quelque peu ses motoneiges et à se lancer dans le secteur du transport en commun, première étape vers la transformation de l'entreprise en multinationale intégrée du secteur des transports.

Sur le plan social, Robert Bourassa n'a pas seulement été plus ambitieux que les gouvernements de bien d'autres provinces dans la mise en place des régimes de santé et d'hospitalisation, il a offert en prime des soins dentaires gratuits aux enfants, des médicaments gratuits aux personnes âgées, l'aide juridique aux personnes dans le besoin. Il a réalisé le vieux rêve du syndicalisme agricole dont on palabrait depuis si longtemps et créé l'assurance-récolte. On n'a jamais autant construit de cégeps, et l'Université du Québec a ouvert des constituantes dans tous les coins de la province.

Même si cela s'est fait à un prix exorbitant, les Jeux olympiques ont tout de même eu lieu! «La réputation internationale du Québec est sauve[1]», confiera Bourassa avec soulagement à son chef du protocole, Gilles Loiselle. Les Américains surnomment effectivement la province «The Texas of the North[2]». Cinq ans après la Crise d'octobre, trois ans après l'emprisonnement des chefs des trois grandes centrales syndicales, douze mois après le saccage de la baie James, ils vantent sa stabilité politique. Tout un renversement de situation!

Et il ne faut pas oublier que Robert Bourassa a fait du français la langue officielle du Québec.

Ce n'est donc qu'une question de temps avant que l'histoire ne le réhabilite. Là-dessus, son vieil ami Godbout l'a toutefois mis en garde contre l'ingratitude de ceux qui l'écrivent. Des grandes réformes de son oncle, Adélard Godbout, premier ministre de la province pendant la Seconde Guerre mondiale — droit de vote des femmes en 1940, instruction obligatoire en 1942, première nationalisation de l'électricité en 1944 —, on n'a rien retenu; on n'a mis en relief que sa complaisance à l'égard de la conscription.

«L'homme le plus haï du Québec»

Pour l'instant donc, tout ce qu'on retient de Bourassa, c'est son échine un peu molle sous les coups de bâton du «père fouettard» fédéral, Marc Lalonde. Et la «corruption» de son régime.

Battu dans son propre comté de Mercier par un poète — Gérald Godin — dont il a approuvé l'emprisonnement en octobre 1970, Bourassa est vu comme un paria, le «mouton noir» du parti; il est «l'homme le plus haï du Québec», disent les députés, qui lui doivent pourtant plus de six ans de pouvoir.

Les libéraux fédéraux, refusant d'admettre que Pierre Trudeau lui-même a généreusement contribué à cette défaite humiliante, la mettent au compte de la tiédeur fédéraliste de Bourassa. Ah! que n'a-t-il écouté Marc Lalonde plutôt que Claude Morin, à Victoria en 1971! Que n'a-t-il renoncé à son infâme «*bill* 22». Car, «en marquant son opposition à la politique fédérale du bilinguisme, il [a déplacé] le débat politique sur le seul terrain où le parti séparatiste avait l'avantage sur lui[3]», interprète Trudeau lui-même.

Revenant avec une hypocrisie sans vergogne à ses vieux démons, le Canada anglais évoque la corruption endémique des régimes politiques québécois: l'«affaire de la Société des alcools du Québec», que le directeur du *Devoir,* Claude Ryan, ressortira de ses classeurs en pleine campagne électorale, le «bon patronage» avec les «contracteurs de routes» et les syndicats, autant qu'avec les entrepreneurs du chantier de la baie James, l'enquête sur le crime organisé... Robert Bourassa est maintenant tenu responsable de tous ces problèmes!

«*It smells Quebec garlic*[4]» («Ça pue le Québec!»), raille le chroniqueur de la *Gazette,* à qui la CBC tend immédiatement ses micros.

En fait, une affaire surtout touche directement Bourassa, ou plutôt sa belle-famille: les Formules mécanographiques Paragon, dont Andrée Simard, sa femme, et Claude Simard, son beau-frère et ministre du Tourisme, sont propriétaires. Cette entreprise, en situation de quasi-monopole d'ailleurs, aurait obtenu, semble-t-il, de généreux contrats du gouvernement libéral. Elle en avait déjà obtenu, en fait, du temps de l'Union nationale. Comme elle en décrochera aussi bientôt du Parti québécois! «Un homme doit être inattaquable sur le plan de l'intégrité personnelle, mais on ne peut quand même pas le censurer, proteste Bourassa, parce que sa femme a une fortune personnelle[5].»

Robert Bourassa corrompu? Imprudent plutôt, comme il le reconnaît d'ailleurs aujourd'hui.

«Un jour, je reviendrai.»

Le 15 novembre 1976, Bourassa se sent donc blessé, humilié, abandonné de tous — mais pense déjà à sa revanche... «Je voudrais m'adresser, au nom de tous les Québécois, aux milieux économiques, notamment aux milieux d'affaires et syndicaux, et leur demander d'avoir une réaction réfléchie vis-à-vis des événements de ce soir», lance-t-il depuis le quartier général de son parti, rue Gilford, à Montréal.

René Lévesque trouve le message «extrêmement approprié et courageux[6]». La voix brisée par l'émotion le nouveau chef du gouvernement du Québec clame alors: «Je n'ai jamais été aussi fier d'être Québécois! On n'est pas un petit peuple, on est peut-être quelque chose comme un grand peuple.» Le peuple, justement, venu de tous les coins de la métropole et même d'un peu plus loin pour entonner, au centre Paul-Sauvé, «À partir d'aujourd'hui...», la chanson thème du Parti québécois, a envie de descendre dans la rue, de remonter vers le *West Island,* symbole de l'aliénation dont il vient enfin de se libérer, et, au passage, de fracasser quelques vitrines.

Un petit groupe bifurque vers l'avenue des Pins et remonte, au pied du mont Royal, l'avenue Maplewood jusqu'à la résidence de Robert Bourassa. Les agents de la Sûreté du

Québec, qui l'appellent encore «monsieur le premier ministre» (il n'a tout de même pas encore démissionné), lui conseillent d'aller dormir ailleurs. Tel un despote déchu, Bourassa doit se cacher!

Sa décision est prise: dans dix jours il sera parti. Pour Bruxelles, où il étudiera le fonctionnement de la Communauté économique européenne et des formes de «souveraineté-association» dont on parlera tant à partir de ce moment-là. «Je serai de retour pour le référendum promis par le PQ», dit-il seulement à sa femme. «Un jour, nous reviendrons au pouvoir, murmure-t-il à son confident, Ronald Poupart. Un jour *je* reviendrai.»

Le lendemain, il prévient le Conseil de direction du parti que sa démission entrera en vigueur le 1er janvier 1977. Certains de ses collègues, au Conseil des ministres du mercredi matin, tentent de le retenir; Gérard D. Lévesque, en particulier, qui a vu Maurice Duplessis être «enterré» en octobre 1939, pour revenir ensuite en août 1944 encore plus puissant — et pour quinze ans! — tente de convaincre Bourassa. Mais, sans hésitation, celui-ci tranchera:

> Battu dans mon comté, responsable d'une élection précipitée, gouvernement majoritaire du Parti québécois, campagne personnalisée sur moi: dans ces conditions, on tire ses conclusions et on se retire[7].

Le jeudi après-midi, quand René Lévesque lui rend visite à son bureau du dix-septième étage de l'édifice d'Hydro-Québec, Bourassa lui confirme son départ pour Bruxelles et ses projets d'études.

> Je ne pus que l'y encourager fortement, mais je doutais tout aussi fort qu'il fût capable de s'en tenir à ce studieux exil. Toute sa vie était rivée à l'ambition politique. Toute

sa carrière ne s'était jamais orientée que dans ce sens unique[8].

Lévesque a raison: quoi qu'il en dise, Robert Bourassa ne se résigne pas vraiment à sa défaite. Et puisque c'est la sienne après tout, lui seul peut se réhabiliter.

L'école de Bruxelles

Pendant les trois années qui suivront, Bourassa observera de très loin les grandes manœuvres qui conduiront le gouvernement du Québec au référendum, puis à l'ultime coup de force d'Ottawa pour rapatrier la Constitution. Avec toute la partisanerie dont il est capable, il livrera à son nouvel ennemi — le Parti québécois — une lutte sans merci, nonobstant la légitimité de ses causes. Dans le petit bureau de la Délégation du Québec à Bruxelles, que René Lévesque fera mettre à la disposition de Bourassa, ce dernier passera autant de temps à dévorer les journaux qui arrivent du pays qu'à fouiller dans les chapitres du traité de Rome.

Ce qui l'intéresse en Europe, ce n'est pas tant le système de fédéralisme, dont la construction s'accélère justement à ce moment-là, que l'évolution historique qui s'y amorce, laquelle va dans le sens inverse — il se fera fort de le démontrer — du mouvement que le Parti québécois veut mettre en branle au Québec.

«Le meilleure façon d'apprendre, c'est de donner des cours[9]!» dira plus tard Bourassa, en riant. De Bruxelles à Fontainebleau, à Washington, à Los Angeles, à New Haven, à Québec, à Montréal, et même à Ottawa, il court les instituts et les universités, comme s'il répétait en coulisse les discours qu'il tiendra pendant la campagne référendaire. À travers son enseignement, il approfondit tellement la question de la communauté économique européenne qu'il finit par en savoir davantage sur le sujet qu'aucune autre personnalité politique québécoise.

Ce séjour à Bruxelles constitue aussi un retour aux sources puisque Bourassa se trouvait à Londres au moment de l'entrée en vigueur du traité de Rome, le 1er janvier 1958. Jeune étudiant en sciences économiques et politiques à Oxford, il avait assisté alors, de très près, à la naissance de l'Europe. Il s'était intéressé aussi avidement aux débats qui faisaient rage parmi les intellectuels de Grande-Bretagne. Bourassa avait alors acquis deux convictions qui allaient être au cœur de tous ses discours «fédéralistes»: (1) les grands ensembles économiques contribuent à la stabilité politique et à la prospérité économique des pays qui en font partie; (2) ils s'inscrivent dans un mouvement universel qu'il ne faut surtout pas manquer.

Encore aujourd'hui, il critique ouvertement le général de Gaulle de n'avoir pas saisi l'occasion que la construction européenne représentait alors pour la France. C'est en effet l'époque de «la politique de la chaise vide» et de Gaulle, mauvais coucheur, boude les institutions communautaires.

> Ce fut une erreur pour lui de refuser le fédéralisme européen. Dans les années soixante, on offrait à de Gaulle une Europe fédérale au sein de laquelle la France aurait joué un rôle prédominant. L'Allemagne, à ce moment-là, à cause de la guerre, ne pouvait pas s'affirmer sur le plan politique[10].

Inconsciemment peut-être, le jeune étudiant qui préparait en 1958 sa carrière politique imaginait de grands desseins pour le Québec. Dans les années cinquante en effet, bien que déjà amorcé, le mouvement de transfert des grands centres de décision de l'économie canadienne vers Toronto n'était pas vraiment perceptible. Sans se prendre pour de Gaulle, Bourassa était convaincu que le Québec pourrait encore «jouer un rôle de leader» dans une fédération canadienne modernisée.

Quand il revient en Europe, à la fin de 1976, l'évolution de la situation ne fait que confirmer ses impressions de 1958. Après des débuts difficiles, l'Europe s'est élargie à neuf membres — avec l'adhésion du Royaume-Uni, de l'Irlande et du Danemark en 1973. De simple union douanière, elle est passée à une association économique et monétaire d'États, pourvue d'une unité monétaire commune, l'écu, et envisageant déjà l'élection d'un Parlement au suffrage universel.

La coïncidence de ce congé sabbatique en Europe et du débat sur la souveraineté-association au Québec tient du miracle pour Robert Bourassa. Puisant dans l'actualité européenne, il va alors contrer, un à un, tous les arguments du livre blanc du gouvernement Lévesque intitulé *Une nouvelle entente Canada-Québec*. «Somme toute, lancera-t-il en pleine campagne référendaire, on paraît proposer une situation où les Québécois seraient moins canadiens que les Français sont européens!»

En 1990, quelques semaines après l'échec de l'Accord du lac Meech, Robert Bourassa n'aura même pas encore déterminé le mandat de la Commission sur l'avenir politique et constitutionnel du Québec qu'il relira encore une fois ses notes de cours de l'Institut des affaires européennes de Bruxelles. Comme s'il préparait déjà les débats sur la Commission Bélanger-Campeau, il lancera alors:

> L'Europe constitue une référence pertinente. J'ai étudié cela avec beaucoup d'intérêt, de 1977 à 1980, parce que je me suis dit: Peut-être qu'au Québec, à un moment donné, on va en être là[11]...

Un retour peu triomphal

Robert Bourassa avait promis d'être de retour au Québec pour le référendum. De fait, après son passage à l'Institut européen d'administration des affaires de Fontainebleau, en 1977, et à l'École d'études internationales supérieures Johns-Hopkins de Washington, en 1978, des contrats providentiels de l'Université Laval et de l'Université de Montréal le ramènent au Québec en 1979.

Peut-être était-ce un peu trop tôt cependant. Car le temps des humiliations ne semble pas terminé. Il assiste alors, impuissant, à la défaite de Raymond Garneau, qu'il considérait un peu comme son dauphin. Il doit supporter en outre l'ingratitude de certains députés — tel Raymond Mailloux — qu'il a nommés ministres à la demande même de Garneau.

C'est maintenant devant Claude Ryan que se met à genoux le Parti libéral du Québec; celui-ci ne lui a-t-il pas pourtant préféré le Parti québécois en 1976? Bourassa proteste timidement quand ses anciens organisateurs font preuve d'un empressement quasi indécent à se rallier au nouveau chef. «On n'a pas le choix, lui dit l'un d'eux. S'il est élu, on va être "pognés" avec mais, rassure-toi, Ryan ne sera sans doute jamais premier ministre[12].»

Au cours d'un congrès politique, où il est d'usage de rendre hommage au chef sortant (il faut dire que la rancune est encore bien tenace au sein des militants, et la froideur de Claude Ryan des plus visibles...), Bourassa doit se faufiler à la sauvette dans un spectacle à grand déploiement organisé en l'honneur de tous les anciens chefs du parti, de Georges-Émile Lapalme à Gérard D. Lévesque (alors chef intérimaire), en passant par Jean Lesage. C'est dans la demi-obscurité et le brouhaha d'un diaporama que regagne la scène celui qui, cinq ans plus tôt, a mené le Parti libéral à un balayage sans précédent. Quand les lumières se rallument, il a l'air d'une ombre échappée d'une fresque historique. Si on ne hue pas les ombres, on ne les applaudit pas non plus!

Bourassa espère au moins que la campagne référendaire qui s'annonce va lui fournir l'occasion de reprendre du service et d'amorcer sa rentrée politique au Québec. «Vous devriez vous taire pendant encore dix ans!» lui dit Ryan d'un ton cinglant.

À l'automne 1979, nouvelle humiliation: Bourassa doit insister pour qu'on l'invite aux cérémonies d'inauguration du complexe La Grande, à la baie James. Mais il encaisse l'affront d'autant plus facilement que, spontanément, les ouvriers du chantier l'applaudissent. Plus chaleureusement même que René Lévesque.

Quand la campagne référendaire s'organise enfin, il ne semble pas y avoir de rôle pour lui. De toute façon, il n'y tient pas tellement... «À ce moment-là, l'affaire des hot-dogs était encore très proche et je ne souhaitais pas être vu sur la même tribune que Trudeau[13]!» (En fait, le 7 mai 1980, à Québec, Bourassa fera une discrète apparition aux côtés de Pierre Trudeau, de Claude Ryan, de Jean Chrétien et des vedettes du camp du Non. Mais, comme en 1978, ce sera à titre d'«ancien premier ministre de la province», et aux côtés d'un Jean Lesage miné par la maladie.)

Claude Ryan dirige le camp du Non avec une poigne de fer, et ses incessantes bisbilles avec Jean Chrétien ne laissent pas beaucoup de place à Bourassa. En fait, on ne sait trop quel rôle lui faire jouer. Il va donc se contenter des «jobines» dont personne ne veut.

Ses débats avec Pierre Bourgault devant les étudiants, mais davantage encore ses discours devant les clubs Rotary et les chambres de commerce locales, lui permettent de se rappeler discrètement au souvenir des notables, aux quatre coins de la province.

Les réseaux de télévision et les grands journaux de la province suivent les grands rassemblements, accompagnant Ryan et Lévesque, courent les trois discours de Trudeau. Personne ne s'aperçoit que Bourassa commence à «refaire surface».

Son discours, longuement préparé à Bruxelles et poli par des heures et des heures d'échanges avec ses étudiants, est en fait un exposé très technique de trente et une pages[14] dont on se demande bien comment des chefs de petites entreprises et des étudiants pouvaient en supporter la lecture. Surtout que Bourassa partage souvent le micro avec les envolées oratoires de Pierre Bourgault!

> J'ai fait des débats avec tout le monde, avec Pierre Elliott Trudeau, avec Gérard Pelletier, avec Jean-Luc Pépin, enfin avec tout le monde [...] je peux écraser ces gens-là assez facilement — sauf Robert Bourassa! [...] Pendant la campagne référendaire, d'ailleurs, d'un commun accord on avait arrêté d'en faire parce que ça devenait un *freak-show* [...] On savait tellement ce que l'autre allait dire, on connaissait ses faiblesses, ses forces [...] nous avons toujours fait match nul. Il est diabolique! Ce que je ne suis pas: moi, je m'arrête en chemin. À un moment donné, j'arrête; je dis non, c'est trop, mes amis vont rire de moi. Lui [...] que ses amis rient de lui ou pas, il va jusqu'au bout quand même. C'est comme ça qu'il gagne. Il est diabolique[15]!

Un discours bien rodé...

Le référendum de 1980, c'est une sorte de *remake* du débat de 1967 qui a conduit à la rupture avec René Lévesque. Une deuxième manche, en somme. Cette fois, cependant, l'exemple européen donne du poids aux arguments de Bourassa. Les technocrates du Parti québécois — Jacques Parizeau et Bernard Landry, en particulier — ont, de leur côté, raffiné la thèse un peu brouillonne de René Lévesque.

Depuis l'automne de 1978, le Parti québécois a renoncé au projet de créer une monnaie québécoise. Dans le même sens, Bourassa brandit devant les Québécois, «qui voyagent de plus en plus à l'étranger», la menace de l'instabilité, de la dévaluation, des marchés de change difficiles. «Ah! si le Québec n'était pas situé en Amérique du Nord, et si son commerce était moins important, soupire Bourassa, peut-être pourrait-il envisager de créer une monnaie québécoise. Mais la réalité est tout autre!»

Bourassa sait très bien que la question monétaire a toujours constitué le talon d'Achille de la thèse souverainiste. Et il ne se gêne pas pour étaler, paragraphe après paragraphe, les contradictions du livre blanc[16] préparé par le gouvernement de René Lévesque. «Le gouvernement s'emprisonne dans une logique néo-fédéraliste», ricane Bourassa en sortant ses notes de cours.

Le Parti québécois a renoncé à confier à la Banque centrale son indépendance: les taux d'intérêt s'envolent au printemps de 1980 et le pauvre gouverneur de la Banque du Canada, Gerald Bouey, fait l'objet de telles attaques que la Gendarmerie royale songe à lui offrir une escorte! René Lévesque propose maintenant une formule hybride qui prévoit à la fois une gestion paritaire de la Banque du «Québec-Canada» et un statut minoritaire du Québec pour les questions moins importantes.

La cogestion, explique d'abord Bourassa, n'est pas très pratique au sein d'une institution qui doit prendre des décisions sur-le-champ lorsque les cours s'effondrent, qu'un vent de spéculation bouscule les marchés monétaires ou, tout simplement, lorsque les intérêts du Québec et du Canada divergent. Par exemple, le Québec peut vouloir lutter contre le chômage et envisager de baisser la valeur du «dollar» commun pour favoriser ses exportations. Au même moment, l'Ontario pourrait choisir plutôt de lutter contre l'inflation et de hausser la valeur du même «dollar» pour réduire le coût de ses importations. Bourassa conclut:

> Une gestion paritaire est irréaliste, puisque le Québec réclame cinquante pour cent des voix avec le quart de la force économique et du poids démographique de la nouvelle union. Cette option mènerait à l'impasse chaque fois que les deux pays n'auraient pas les mêmes orientations.

Dès 1980, donc, il tourne en dérision les difficultés d'une union à deux. Il rejoint l'argument traditionnel de Jean Chrétien pour qui, à dix, il suffit de rechercher le consensus, alors qu'à deux on est condamné à l'unanimité. Ou au divorce!

Reste l'hypothèse d'un Québec qui accepterait de participer à titre minoritaire à l'organisme qui gérerait la politique monétaire, ce à quoi s'oppose catégoriquement Bourassa:

> Le Parti québécois ne peut sérieusement se rallier à une situation aussi contraignante qui, non seulement consacrerait le statut minoritaire du Québec, mais aboutirait, ô paradoxe! à une vassalisation institutionnalisée, dans un secteur clé de l'activité économique.

Lorsqu'il ne trouve pas d'os à ronger dans le livre blanc du gouvernement, il en invente! Il prétend alors en effet — l'Europe lui donnant raison, qui pourrait le lui reprocher? — qu'on ne peut dissocier la politique monétaire de la politique fiscale:

> Or, si on admet qu'un même pouvoir doit posséder l'outil de la politique monétaire et des pouvoirs fiscaux, on doit admettre que ce pouvoir ne peut être responsable qu'à des élus du peuple... «*No taxation without representation!*» cite-t-il lui-même.

Justement — ça tombe bien! — en juin 1979, six mois avant le lancement de la campagne référendaire, les Européens décidaient d'élire, au suffrage universel, les parlementaires européens. Bien sûr, ce Parlement n'a pas vraiment de pouvoir. En fait, c'est le Conseil européen, l'équivalent de la Conférence des premiers ministres au Canada, qui prend les décisions importantes. Mais ce qui intéresse Bourassa, c'est la tangente que prend l'Europe à la fin des années soixante-dix et sa démonstration que la thèse souverainiste va à l'encontre d'un grand courant universel.

... et toujours d'actualité!

Ce discours montre à quel point le niveau du débat soutenu à l'époque par Robert Bourassa est de beaucoup plus élevé que celui de ses collègues du camp du Non. Il contraste — c'est peut-être pour cela qu'on en a si peu parlé — avec les protestations outrées des Yvettes, avec les menaces à peine voilées mais bien chiffrées de Marc Lalonde qui annonce un déficit énergétique de seize milliards pour le Québec, avec les propos alarmistes de Monique Bégin sur les pensions et avec les paroles enfin, entendues par René Lévesque dans un centre d'accueil: «Prenez garde, si les séparatistes l'emportent, on n'enverra plus jamais d'oranges au Québec!»

Le Parti québécois prend tout de même les «notes de cours» de Bourassa assez au sérieux pour les soumettre à la critique d'un vieil allié européen, Michel Rocard, membre influent du Parti socialiste français et futur premier ministre de François Mitterrand.

Analyse extrêmement utile. Rocard contredisait les interprétations un peu trop schématiques de Bourassa qui avait ou bien mal compris l'évolution européenne, ou bien décidé d'en traduire la portée à sa façon[17].

Cette critique de Rocard à l'égard des thèses de Bourassa sur l'union européenne devait être refilée à *La Presse* en plein débat référendaire, «ingérence étrangère» dont le camp du Non s'était d'ailleurs scandalisé. Morin soupçonne Bourassa d'être responsable de la fuite, ce qui n'est pas impossible: le professeur d'université peut bien apprécier les débats d'idées, il n'en demeure pas moins partisan!

En 1990, Bourassa prétendra que ce discours est toujours d'actualité. Au moment où il négociera avec Jacques Parizeau la composition de la Commission Bélanger-Campeau, il parlera une fois de plus de la possibilité de transposer le modèle de la Communauté européenne.

> Il y a des choses qui sont intéressantes et que j'ai étudiées: c'est toute la question des liens entre l'intégration économique et l'intégration politique. On parle en Europe d'une monnaie commune, d'une sécurité commune, d'une défense commune, d'une politique étrangère commune. Ces gens-là qui sont nos ancêtres, les Français, les Britanniques, les Allemands, les Italiens, ces gens-là décident de mettre en commun de plus en plus de choses, sous une structure politique commune. Moi, je regarde ça et il me paraît assez incontournable d'avoir une base politique qui soit relativement intégrée[18].

La «superstructure» que Bourassa évoquera, au beau milieu d'un autre voyage en Europe, serait donc élue au suffrage universel, comme le Parlement de Strasbourg. Bourassa serait-il en train de prendre un virage souverainiste? se demanderont alors tous les observateurs.

Il a déjà laissé entendre à Claude Morin, en 1979, qu'il ne répondrait pas forcément non à la question du Parti québécois si le projet qu'il s'apprêtait à proposer lui convenait. En mars 1979 toujours, Robert Bourassa avait même confié à l'un de ses étudiants de l'Université Laval, Jacques Noël, le texte de la question qu'il aurait lui-même posée:

> Voulez-vous remplacer l'ordre constitutionnel existant par deux États souverains associés dans une union économique, laquelle union serait responsable à un parlement élu au suffrage universel[19]?

On comprend alors que Claude Ryan lui ait demandé de se taire pendant dix ans! Si Claude Morin et ses collègues du Parti québécois étaient tombés sur cette question, le camp du Non aurait pu vivre des moments difficiles!

Dans un tel état, ce n'est pas vraiment le fond de la question qui intéresse alors Bourassa. Le politique qui s'agite en lui s'intéresse d'abord à l'ampleur du Oui qu'il reçoit. Il y a du «gaullien» chez lui!

> L'erreur fut de faire un référendum que l'on n'était pas sûr de gagner. Sur le plan de la stratégie politique, quand on fait un référendum sur l'avenir d'un peuple, on le fait de telle façon qu'on puisse le gagner[20].

Qu'on se le tienne pour dit! Bourassa ne tiendra pas de référendum qui ne lui garantisse au moins 75 % de Oui. «Là, on peut faire un bond en avant!» promet-il.

Il partage ainsi les ambitions de René Lévesque, qui espérait, lui aussi, obtenir une nette majorité du Québec français, «quelque chose comme 75 %[21].» Le 20 mai 1980, le Non l'emporte avec 59,6 % des suffrages exprimés, le Oui obtenant, pour sa part, 40,4 %.

C'est un recul de cent treize ans que le Québec s'apprête maintenant à subir. Dès le lendemain du référendum, en effet, Pierre Trudeau envoie Jean Chrétien sonder les provinces sur un plan de réforme constitutionnelle bien à lui. Trois semaines plus tard, les chefs de gouvernement se retrouvent à la résidence officielle du premier ministre à Ottawa.

Le Québec verrouillé

Le grand timonier fédéral sait maintenant de quel côté tourner la barre; il a son plan de navigation depuis 1967 et il ne prend pas de détours. Très vite, Ottawa sépare les revendications des provinces, une «liste d'épicerie» que le gouvernement du Québec ne cesse d'allonger, des aspirations du peuple, le *people's package,* qui comprend évidemment la Charte fédérale des droits de la personne et la formule d'amendement de Victoria.

Entre-temps, le moment des élections générales approchant au Québec, Robert Bourassa aimerait bien participer au débat. «Après tout, j'avais regagné mes galons pendant la campagne référendaire[22].» Mais, une fois de plus, Claude Ryan lui claque la porte au nez. «J'aimerais mieux perdre sans vous que de gagner avec vous», tranche-t-il. Il ne saurait viser plus juste!

L'histoire du rapatriement, jusqu'à la nuit du 4 au 5 novembre 1981[23], finira mal pour le Québec. En voulant jouer au plus fin avec le gouvernement de Pierre Trudeau, René Lévesque et ses ministres vont pactiser avec l'«ennemi», la Saskatchewan et le Manitoba en particulier, qui les laissera tomber à la première occasion.

Le secrétaire du cabinet fédéral pour les relations fédérales-provinciales, Michael Kirby (aujourd'hui sénateur, sondeur officiel du Parti libéral du Canada et organisateur de Jean

Chrétien), a bien montré, dès le lendemain du référendum, dans quel dilemme le gouvernement Lévesque se trouvait plongé: le Parti québécois doit songer à préparer la prochaine campagne électorale; tout en restant fidèle à son idéal souverainiste, il doit prouver qu'il peut aussi être un bon négociateur, surtout face à un pouvoir fédéral plus déterminé que jamais. Le cynisme du mémorandum que Kirby adresse aux ministres fédéraux choque un haut fonctionnaire du ministère des Affaires extérieures, qui en fait déposer une copie dans la boîte aux lettres de Claude Morin lui-même! L'impact d'une telle fuite, en pleine conférence constitutionnelle, provoque son échec en septembre 1980. Le gouvernement Lévesque se trouve plus justifié que jamais de résister à une telle stratégie!

Pierre Trudeau tente alors de poursuivre son projet de rapatriement auquel seules adhèrent les provinces du Nouveau-Brunswick et de l'Ontario. Les autres provinces, dont le Québec, se lanceront dans une guérilla judiciaire où elles risqueront fort de perdre, «la Cour suprême, comme la tour de Pise, [penchant] toujours du même côté», comme le prétend René Lévesque.

Sur le plan politique, le Québec, en «bon négociateur» qu'il est — ce qu'avait prévu Kirby d'ailleurs —, forme avec la Saskatchewan un noyau de huit dissidents. «La bande des huit», comme on l'appelle à Ottawa, se dit prête à discuter, à ses propres conditions cependant, de la réforme constitutionnelle.

Le 16 avril 1981 (ce n'est sans doute pas un hasard si le gouvernement Lévesque attend le lendemain de sa réélection pour signer et rendre public l'accord des «huit»), le gouvernement du Québec revient au point où il en était en 1964, avant que Daniel Johnson sonne l'alarme. L'accord prévoit, en effet, que les provinces abandonnent la guérilla judiciaire, qu'elles s'engagent à entreprendre un programme de réformes constitutionnelles pour les trois années suivantes et propose une nouvelle formule d'amendement, dont rêvaient depuis longtemps les provinces de l'Ouest, l'Alberta en particulier. Le communiqué officiel annonce:

> La plupart des modifications [constitutionnelles] nécessiteront l'approbation des assemblées législatives des deux tiers des provinces (sept) représentant au moins 50 % de la population des dix provinces. Cette formule consacre l'égalité juridique de toutes les provinces.

Le seul progrès, par rapport à la formule Fulton-Favreau, que René Lévesque avait lui-même défendue au sein du gouvernement Lesage, c'est la promesse d'obtenir une «indemnisation satisfaisante» si une province refuse un amendement proposé par les deux tiers des provinces.

Bourassa se tait

À cette époque-là, Bourassa vit à Los Angeles, où il partage avec ses étudiants de l'Université de la Californie du Sud, ses réflexions sur «les besoins d'un Parlement élu au suffrage universel direct dans un système d'intégration économique avancée». «Je ne me suis pas trop prononcé parce que j'étais un peu en retrait de la politique, dit-il, mais je fus estomaqué quand je vis le Parti québécois accepter cette formule 7/50 qui plaçait le Québec dans une position très vulnérable[24].»

Vulnérable, le Québec l'est en effet. La Cour suprême ordonne à Pierre Trudeau de retourner négocier avec les provinces, jugeant que l'appui de deux d'entre elles n'est pas suffisant, mais elle n'exige pas pour autant l'unanimité. Sous-entendu: l'accord du Québec, qui a toujours cru posséder un droit de veto — Bourassa ne s'est pas gêné pour l'exercer en 1971 —, n'est plus indispensable.

Par ailleurs, ayant ratifié le principe de «l'égalité juridique des provinces», le Québec serait bien malvenu de protester contre un rapatriement qui obtiendrait l'assentiment «des deux tiers des provinces (sept) représentant au moins 50 % de la population des dix provinces», comme le disait le communiqué.

Car ce n'est pas tant le fait d'avoir «joué» avec le droit de veto qui fut dangereux pour le gouvernement du Québec que celui d'avoir signé une entente interprovinciale reconnaissant que le Québec est une province «comme les autres». René Lévesque aura beau prétendre, dans une lettre à Pierre Trudeau (datée du 25 novembre 1981), que son gouvernement n'a pas vraiment renoncé au droit de veto, l'effet sera le même.

On connaît la suite...

La formule d'amendement adoptée le 16 avril 1981 par le Québec et ses alliés de la «bande des huit» est amputée de sa «compensation raisonnable», que Trudeau dénonce comme une «prime à la séparation». L'accord du 5 novembre donne enfin à ce dernier la fameuse Charte canadienne des droits dont il rêve depuis 1967. Le seul compromis qu'il accepte, c'est une clause dérogatoire «dont la malignité va éclater au grand jour, à la fin de décembre 1988, quand le premier ministre Bourassa va l'invoquer pour valider la loi 178[25]...» Enfin, l'accord de 1981 ne prévoit plus de négociations sur le partage des pouvoirs, objectif qu'avaient poursuivi tous les gouvernements du Québec depuis 1967. On promet par contre aux peuples aborigènes trois conférences constitutionnelles sur les questions qui les intéressent.

Pour le Québec: rien! Pas même un lot de consolation pour Claude Ryan, le chef du camp du Non en mai 1980, glorieuse épopée qu'on semble déjà avoir oubliée; on a plutôt gardé en mémoire le fait qu'il a encouragé l'élection du Parti québécois en 1976. Tout le monde sait ça au Canada anglais!

L'année 1981 se termine donc sur un désastre, dont le gouvernement Lévesque ne se remettra pas. Il ne peut tout de même plus se servir de l'argument du «bon négociateur» pour sauver sa peau! Et, comme l'avait prédit Pierre Trudeau, il n'y a pas non plus de «brasse-camarade en Landerneau».

Pendant que René Lévesque met les drapeaux du Québec en berne, les professeurs de l'Université de Montréal font la grève... «Pour une question de salaires», raille Bourassa. La classe intellectuelle, la tête encore vidée par le débat référendaire sans doute, ne proteste pas beaucoup. «Le ciel ne nous est pas tombé sur la tête, loin de là[26]», déclare Gil Rémillard à *L'Actualité*. Celui que Robert Bourassa va nommer, quelques années plus tard, responsable du dossier constitutionnel et négociateur en chef de l'Accord du lac Meech, voit alors, dans la Constitution de 1981, «la possibilité d'un statut particulier». «Une conférence constitutionnelle doit être convoquée d'ici un an par Ottawa, ajoute-t-il. Il est certain qu'on mettra à l'ordre du jour le partage des compétences législatives et la réforme des institutions fédérales!»

Certain? Le Québec attend toujours... Bourassa n'a d'ailleurs jamais caché les craintes que lui inspirait le rapatriement de 1981.

Ce qui est juste au Canada anglais...

D'abord, la Charte des droits et libertés, qui cerne toutes les lois de l'Assemblée nationale comme une camisole de force, le préoccupe grandement. Allan Blakeney, de la Saskatchewan, a eu, au moins, quant à lui, la bonne idée d'insister, d'ailleurs, pour que certains articles de la Charte canadienne soient soumis à une clause dérogatoire. Pour éviter que revienne aux tribunaux le soin d'interpréter des termes flous au départ («dans des limites raisonnables»... «dans le cadre d'une société libre et démocratique»), la Saskatchewan et ensuite les quatre gouvernements de l'Ouest ont revendiqué le droit explicite de suspendre les libertés civiles et les garanties juridiques. À aucun moment n'ont été mises en doute cependant les intentions de ces premiers ministres provinciaux qui tiennent tant à cette clause dérogatoire. Car c'est la social-démocratie qu'ils cherchent à protéger...

> Pour Blakeney, l'insertion de cette clause était nécessaire pour éviter que ne soient déclarés inconstitutionnels certains droits syndicaux durement acquis. D'autres craignaient qu'on ne puisse, par exemple au nom de la liberté d'expression, déclarer inconstitutionnelles les lois prohibant la pornographie ayant des enfants pour objet[27].

On a fait beaucoup de cas de cette «clause nonobstant» alors qu'elle appartenait à la tradition canadienne depuis un quart de siècle. John Diefenbaker ne l'avait-il pas inscrite dans sa Déclaration canadienne des droits, en 1960, et le seul gouvernement qui s'en soit jamais servi n'est-il pas précisément celui de Pierre Trudeau, pour justifier a posteriori, en 1970, le recours à la Loi sur les mesures de guerre? Il fallait bien, en effet, garder quelques dizaines de Québécois en prison, même après que la Crise d'octobre se soit résorbée et qu'on se soit rendu compte qu'elle avait été amorcée par une poignée de militants du FLQ!

Tous les premiers ministres qui ont eu eux-mêmes à faire adopter de pareilles chartes — Peter Lougheed en 1972 et Robert Bourassa en 1975 — les ont assorties d'une clause dérogatoire. Tout cela paraît donc tellement normal que Pierre Trudeau lui-même ne s'en émeut guère en 1981.

> Je dois avouer franchement que je ne crains pas vraiment la clause dérogatoire. On peut en abuser comme de toute

chose mais il suffit de se reporter à la Déclaration canadienne des droits adoptée par Diefenbaker en 1960: elle comporte une clause dérogatoire qui n'a pas fait grand scandale[28].

... ne l'est pas forcément au Québec!

On peut comprendre que le premier ministre fédéral ait pu oublier, à onze ans de distance, la réaction du Québec à sa Loi sur les mesures de guerre! Mais on s'étonne de voir à quel point le ton serein de Trudeau en 1981 contraste avec la hargne dont il fera preuve dans ses mémoires en 1990.

> Je me dois de déclarer d'emblée qu'à mon avis cette clause se pose en flagrante contradiction avec l'essence et l'existence même de la Charte [...] J'ai accepté cette clause la mort dans l'âme et en exhortant qui voulait m'entendre de faire pression sur les provinces pour que nous puissions nous en débarrasser lors de négociations futures[29].

Que va-t-il donc se passer entre novembre 1981 et mars 1990? L'insupportable Robert Bourassa aura le malheur d'édicter une loi qui exige que l'affichage à l'extérieur des commerces demeure unilingue français, tout en permettant l'affichage en d'autres langues à l'intérieur des mêmes commerces. Quelle loi «maligne»! Quelle tyrannie! Quelque *Montrealer* en quête d'une pinte de lait entrera peut-être par mégarde dans un magasin de chaussures...

Chaque fois que le gouvernement du Québec, en toute légalité — pour ne rien dire de la légitimité de cet acte —, tente de préserver le visage français du Québec, le Canada anglais s'inquiète des faiblesses de sa propre constitution. Ce qui confirme que, dans son esprit, ladite constitution peut servir, entre autres choses, à éviter les abus de l'État du Québec à l'égard de ses citoyens. Ceux-ci ne se sont pourtant jamais attendus à tant de sollicitude! En 1976, ils n'ont d'ailleurs pas eu besoin du parapluie constitutionnel d'Ottawa pour faire savoir à Robert Bourassa combien sa politique linguistique leur déplaisait...

Ce dernier s'habituera finalement à vivre avec la Charte fédérale des droits, sans avoir pour autant systématiquement recours, comme René Lévesque à partir de 1982, à la clause dérogatoire. Ni Pierre Trudeau ni le Canada anglais n'avaient d'ailleurs protesté contre la décision du gouvernement du Parti québécois, ce qui tend à confirmer qu'ils sont plus exigeants pour les «fédéralistes» que pour les «souverainistes». Dont acte!

«Supposons qu'il y ait un référendum...»

Bourassa s'inquiète aussi, en second lieu — à juste titre, d'ailleurs — de la formule d'amendement «canadienne». En fait, la Charte des droits et libertés ne représente une contrainte qu'aussi longtemps que le Québec fera partie du Canada. Est-ce donc le rapatriement lui-même et la formule d'amendement l'accompagnant qui empêchent d'ores et déjà le Québec de sortir de la fédération, sinon par un coup de force politique?

> Supposons qu'il y ait un référendum et que le résultat soit positif. Le gouvernement peut l'accepter, en théorie, et demander au gouvernement britannique d'adopter une loi en fonction de ce référendum. Mais après qu'on a rapatrié la Constitution, avec sa formule d'amendement, il faudrait obtenir — puisque cela représenterait un changement radi-

cal à la Constitution — l'assentiment de plusieurs provinces. Si l'une de ces provinces s'oppose à l'acceptation du référendum, cela peut signifier que le gouvernement fédéral sera constitutionnellement tenu de prendre tous les moyens pour faire respecter l'intégrité du territoire[30].

Un scénario à la lituanienne, en somme: Après avoir menacé le gouvernement du PQ de couper les pipelines et les gazoducs de l'Alberta, l'armée canadienne investirait cette fois le territoire pour protéger les ponts, les voies maritimes, les aéroports, les gares, les ministères, les banques à charte fédérale, bref tout ce qui appartient à Ottawa ou s'abrite sous sa juridiction?

«Cette fois on prendra le maquis[31]!» menace Lucien Bouchard le plus sérieusement du monde.

Il n'est pas étonnant que Bourassa utilise un tel langage. Il cite en fait, sinon la lettre, du moins l'esprit d'un mémoire qu'a présenté le sénateur Maurice Lamontagne au cabinet fédéral[32], dont il a reçu une copie en mars 1971, trois mois avant de se rendre à Victoria. Selon l'ancienne constitution, il appartenait au Parlement britannique d'accepter le résultat d'un référendum approuvant la séparation d'une province sur simple recommandation du Parlement fédéral. Ottawa n'était même pas tenu de consulter les autres provinces. Car, expliquait Lamontagne, «le mode de sortie de la Confédération doit être logiquement le même que le mode d'entrée»! Il n'y a pas si longtemps (en 1949, en fait) qu'Ottawa et Londres approuvaient, sans l'accord des autres provinces, l'entrée de Terre-Neuve dans la confédération.

En 1971, Maurice Lamontagne affirmait que «le cadre constitutionnel [...] rend difficile *mais possible* la séparation du Québec dans la légalité». Malheureusement — c'est justement l'objet de son mémoire au cabinet fédéral —, la formule d'amendement proposée à Victoria (celle que retiendra Ottawa en 1981 aura le même effet) enlève au gouvernement fédéral sa prérogative en matière de négociation de la séparation du Québec.

> La séparation devra être obligatoirement approuvée non seulement par le Parlement, mais aussi par au moins six législatures provinciales. Cette nouvelle formule (d'amendement) contient une bombe à retardement qui éclatera inévitablement si le Québec se prononce majoritairement un jour en faveur de l'indépendance. Le gouvernement fédéral aurait l'obligation constitutionnelle de la combattre par tous les moyens.

Était-il possible au gouvernement du Québec de rejeter cette double camisole de force que sont la Charte fédérale des droits et libertés et la formule d'amendement de 1981, peut-on se demander rétrospectivement? Non, pense Robert Bourassa...

> Jamais n'est-il arrivé, dans l'histoire du gouvernement fédéral, qu'il pose un geste réduisant ainsi les pouvoirs d'une province sans son consentement. Le rapatriement de 1981 constitue un premier exemple d'amendement qui impose une réduction des pouvoirs à une province sans son consentement [...] Et il ne pouvait tout de même pas prendre prétexte qu'il avait affaire à un gouvernement indépendantiste: monsieur Ryan n'est pas allé à la fête à Ottawa lui non plus[33]!

Un indésirable

On peut tout de même se demander ce qu'il serait arrivé si Robert Bourassa avait été présent à l'Assemblée nationale au cours de cette période et s'il était intervenu dans le débat. Que serait-il advenu si le vétéran de Victoria, l'apôtre du fédéralisme rentable, avait protesté publiquement? Son silence l'a rendu, jusqu'à un certain point, complice du coup de force d'Ottawa. Et cela arrangeait tout le monde, Trudeau autant que Ryan.

Mais l'opposition des libéraux fédéraux, comme celle de Claude Ryan au retour de Bourassa, finit par l'avantager: on ne peut plus dire qu'il est la marionnette de Trudeau! Au contraire, sa réhabilitation auprès des militants est en quelque sorte le premier coup de semonce du tir de barrage qui balaiera les candidats de John Turner deux ans plus tard. Quand il démissionne, le 10 août 1982, Claude Ryan, abandonné par la base de son parti et détesté par ses organisateurs, qu'il a toujours traités avec arrogance, n'a même plus les moyens d'influencer sa succession, encore moins de couronner son dauphin. Un vent de panique souffle alors sur la capitale fédérale...

Car ce Bourassa, on le craint encore à Ottawa! Au point de lui offrir un emploi plutôt que de le laisser tenter un retour sur la scène politique provinciale. Après tout, l'homme est en bonne voie de réhabilitation au Canada anglais... Son ancien collègue Bill Davis, encore premier ministre de l'Ontario, répand dans les réceptions mondaines son opinion de connaisseur: «Bourassa a mûri[34].» «Marc Lalonde m'a appelé, confirme Bourassa. Il m'a dit: "Écoute, si tu es intéressé à des postes, on est prêts à discuter." J'avais apprécié, mais j'ai refusé[35].»

Puisqu'ils ne peuvent l'acheter, les libéraux fédéraux vont tenter de le neutraliser. Ils constatent d'abord que tous les parachutés d'Ottawa se casseront les reins sur un terrain plutôt hostile. «Après ce qui s'est passé en 1981...», se font-ils répéter sur un ton menaçant.

Ottawa reporte alors ses espoirs sur Raymond Garneau, dont on juge qu'il est sans doute le seul à pouvoir battre Bourassa. Pierre Trudeau se donne même la peine d'inviter l'ancien ministre des Finances et son épouse à sa résidence officielle pour tenter de le convaincre de se présenter contre son ancien patron. «J'ai trouvé inhabituel le zèle manifesté personnellement par monsieur Trudeau d'avoir convoqué un candidat et son épouse, dira plus tard Bourassa. J'en ai conclu qu'il voulait vraiment me bloquer[36]!»

Que craignaient donc les libéraux fédéraux?

Ils savaient que j'aurais les mains totalement libres, que je ne leur devrais rien. Ils savaient fort bien qu'il pouvait y avoir un Accord du lac Meech. En fait, ils savaient qu'il y aurait un prix à payer pour l'adhésion du Québec à leur Constitution de 1981. Un prix qui ne leur plaisait pas[37].

Quand Bourassa revient enfin à la tête du Parti libéral, le 15 octobre 1983, Pierre Bourgault, exprimant alors l'avis de plusieurs, déplore que le Québec ne soit pas capable de renouveler ses élites politiques. Trudeau, Lévesque, Bourassa: cela fait treize ans que ça dure!

Moins d'un an plus tard, le brassage tant souhaité par Bourgault survient. Alors Brian Mulroney remplace Pierre Elliott Trudeau; ensuite c'est Robert Bourassa qui prend la place de René Lévesque. L'intérim de John Turner à Ottawa, et celui de Pierre-Marc Johnson au Québec n'auront duré qu'un temps. Le temps de tourner la page.

Quand Bourassa reprend du service, le Québec qu'il retrouve est cadenassé à double tour. Mais l'homme a le goût d'une revanche...

Le Québec ne pouvait pas placidement, que ce soit dans un an, dans trois ans ou dans quinze, le Québec ne pouvait pas accepter de voir son pouvoir de négociation annulé, gaspillé, mis de côté, sans réagir[38].

NOTES ET RÉFÉRENCES

1. Gilles Loiselle, entretien avec l'auteur, janvier 1991.
2. *Forbes*, mars 1975.
3. *Les années Trudeau*, Montréal, Le Jour, 1990, p. 390.
4. Charles Lynch, *Morningside*, CBC.
5. *Les années Bourassa, op. cit.*, p. 282.
6. Graham Fraser, *Le Parti québécois*, Montréal, Libre Expression, 1984, p. 14.
7. *Les années Bourassa, op. cit.*, p. 265.
8. René Lévesque, *Attendez que je me rappelle..., op. cit.*, p. 374.
9. Robert Bourassa, entretien avec l'auteur, juillet 1990.
10. *Ibid.*
11. *Ibid.*
12. Entretien confidentiel.
13. Robert Bourassa, entretien avec l'auteur, juin 1989.
14. Robert Bourassa, *L'union monétaire et l'union politique sont indissociables*, Montréal, PLQ (textes référendaires), 1980.
15. Pierre Bourgault, entretien avec Claude Lévesque, au réseau FM de Radio-Canada, 21 octobre 1988.
16. Gouvernement du Québec, *La nouvelle entente Québec-Canada*, Éditeur officiel du Québec, 1979.
17. Claude Morin, *L'art de l'impossible*, Montréal, Boréal, 1987.
18. Robert Bourassa, entretien avec l'auteur, juillet 1990.
19. *L'Actualité*, 15 septembre 1990.
20. Robert Bourassa, *Forces*, printemps 1987.
21. Corinne Côté-Lévesque, Jean-Roch Boivin, entretiens avec l'auteur, juillet 1989.
22. Robert Bourassa, entretien avec l'auteur, juin 1989.
23. Voir *L'Actualité*, janvier 1982 et *Trudeau le Québécois, op. cit.*, p. 257-274.
24. Robert Bourassa, entretien avec l'auteur, juillet 1990.
25. *Les années Trudeau, op. cit.*, p. 395.
26. *L'Actualité*, mai 1982, p. 15.
27. *Les années Trudeau, op. cit.*, p. 324.
28. Pierre Trudeau, entrevue télévisée avec Jack Webster, Vancouver, CHAN-TV, novembre 1981.
29. *Les années Trudeau, op. cit.*, p. 394-396.
30. *Les années Trudeau, op. cit.*, p. 58.
31. Lucien Bouchard, entretien avec l'auteur, juillet 1990.
32. Reproduit dans Jean-Louis Gagnon, *Les Apostasies*, tome III, document G, Montréal, Les Éditions La Presse, 1990, p. 237-246.

33. Robert Bourassa, entretien avec l'auteur, juillet 1990.
34. Bill Davis, entretien avec l'auteur, mars 1983.
35. Robert Bourassa, entretien avec l'auteur, juin 1989.
36. *Ibid.*
37. *Ibid.*
38. Robert Bourassa, entretien avec l'auteur, juillet 1990.

Chapitre 6

Le mariage de raison

> *Je voulais la paix constitutionnelle...
> [L'Accord du lac Meech] nous permettait de nous rendre en l'an 2000, peut-être, dans un climat de relative stabilité.*
> Robert Bourassa

Bourassa II aura alors beaucoup à faire: terminer son «projet du siècle» avec une deuxième baie James; profiter du tremplin du libre-échange avec les États-Unis pour lancer la «garde montante» à la conquête du monde; remettre de l'ordre dans les finances de la province; mais, avant tout, tenter d'instaurer la paix linguistique et constitutionnelle sans laquelle il ne peut y avoir de stabilité politique au Québec.

Toutefois, depuis le 11 juin 1983, le train constitutionnel est déjà en marche. Convaincu que le Québec n'est pas en position de force, Bourassa réduira ses demandes au minimum, jouera sur les mots... C'est encore trop pour le Canada anglais qui accouchera en quelques heures d'un enfant mort-né.

«Le Lazare de la politique québécoise»

Le 2 décembre 1985, Robert Bourassa rate sa rentrée politique. Avec 80 % des sièges de l'Assemblée nationale, il peut préparer son retour, le 12 décembre, dans son bunker de la Grande-Allée. Mais, battu dans le comté de Bertrand, sur la rive sud de Montréal, où il avait remporté une élection partielle plus tôt en 1985, c'est de la tribune d'honneur qu'il assiste à la lecture de son premier programme. Ce n'est que le 20 janvier 1986 qu'il pourra se faire élire dans le comté de Saint-Laurent — situé «dangereusement» à proximité du *West Island,* qui a rejeté son parti et sa politique linguistique en 1976...

Bourassa II, comme on l'appelle maintenant, n'a encore, en 1985, que cinquante-deux ans; à cet âge-là, René Lévesque n'était même pas député. Il a déjà à son compte la direction du gouvernement pendant près de sept ans. Les années de traversée du désert, la lente reconquête du pouvoir, la reprise en main du parti, tout cela l'a mûri plutôt que vieilli; il est toujours le même, peut-être un peu plus pragmatique, cependant... Il confiera, quelques années plus tard:

> On est élu, on est entouré, flatté, courtisé. On est défait, ça équivaut à la mort! J'ai eu la chance de connaître le pouvoir, de le perdre et de le reprendre et ça m'a donné une petite leçon de philosophie... Je ne suis pas devenu misanthrope pour autant mais j'ai appris qu'il y avait beaucoup de calcul en politique, beaucoup d'opportunisme. Je n'ai gardé de rancune vis-à-vis personne. Force ou faiblesse, je n'en sais rien, mais on dort mieux quand on n'a pas de rancune[1].

Pas de rancune, mais un brin de cynisme, tout de même! Quand il nomme Claude Ryan au prestigieux, mais délicat, portefeuille de l'Éducation, ses amis protestent. «S'il réussit, rassure-t-il, mon gouvernement va en tirer profit. S'il échoue, j'en serai débarrassé, mais on dira que j'ai tout de même essayé[2]!»

Au Canada anglais, on soupire de soulagement. «Le séparatisme n'est peut-être pas mort, mais il est certainement banni de la province pour un certain temps», conclut le *Vancouver Sun*. L'Ontario salue, la première, la résurrection de celui qu'elle surnomme déjà «le Lazare de la politique québécoise». La province va enfin pouvoir revenir à la belle époque du *business as usual*.

David Peterson, premier ministre de l'Ontario, se frotte déjà les mains: «La géographie a fait de nous des voisins; l'économie nous a rendus partenaires; et l'histoire a fait de nous des amis.» Le 6 décembre, il est à Montréal, en tête à tête avec Bourassa: on y discute de ventes d'électricité et de «droits de passage» pour les lignes d'Hydro-Québec à travers l'Ontario.

Les Anglo-Québécois, les «réfugiés politiques de la loi 22», reprennent, quant à eux, la 401 en sens inverse. Sur le panneau routier qui souhaite la bienvenue aux visiteurs, à la frontière Ontario-Québec, ils ont griffonné à la main: *Under New Management!*

«Cet homme-là a réalisé sa propre indépendance.»

Le nouveau Bourassa sait qu'il ne doit rien à personne. Après avoir assumé seul la défaite de 1976, c'est seul aussi qu'il a patiemment entrepris sa réhabilitation. Son assurance est inébranlable. Quand les libéraux fédéraux tordront le bras de Raymond Garneau pour le convaincre de se présenter contre Bourassa, il lancera à son ancien ministre des Finances:

> Prouve-moi que je nuis au parti! J'aime la politique, je suis libre, j'ai de l'expérience, j'ai été premier ministre sept ans et je peux l'être encore: ne me demande pas de

me retirer. Prouve-moi que tu es plus utile au parti que je ne le suis et je ne resterai pas cinq minutes de plus[3].

Raymond Garneau n'insiste pas. Et les manœuvres de Pierre Trudeau et de Marc Lalonde vont indirectement accélérer la réhabilitation de Bourassa! «Plus personne ne peut dire qu'il est une marionnette, admettra Pierre Bourgault. Cet homme-là a réalisé sa propre indépendance[4].»

Maître incontesté de son parti, miraculé du pouvoir, en somme, le premier ministre gouvernera seul. Pour le meilleur et pour le pire. Il sait qu'après neuf ans de batailles constitutionnelles, les Québécois veulent plutôt entendre parler d'économie. «Les gens disaient: "Avec Bourassa on était bien, sur le plan économique on travaillait, on avait des jobs[5]"», reconnaîtra-t-il lui-même quelques années après.

De fait, il arrive au bon moment, alors que s'amorce un long cycle de croissance économique qui durera plusieurs années. Le gouvernement fédéral vient en outre d'entamer des négociations sur le libre-échange avec les États-Unis. «Si on manque cette occasion-là, on sera des sous-développés à la fin du siècle», se dit-il. Bourassa promet de gérer l'État-Provigo avec la poigne d'un P.d.g. à la fine pointe de la gestion moderne: virage technologique, dégraissement de l'État, privatisation des canards boiteux non rentables, réforme fiscale, négociation d'un grand marché commun pancanadien de l'agriculture, comme en Europe... Celui que l'on a accusé d'avoir une conception un peu trop élastique de la morale publique s'empresse de se débarrasser des ministres de réputation douteuse. Au premier soupçon de conflit d'intérêt, en 1987, il vire ainsi son solliciteur général, Gérard Latulippe.

Ayant pressenti, sans doute dès 1983, le départ de Pierre Trudeau, il laisse présager l'avènement de la paix constitutionnelle: «Je m'accorderai avec Ottawa d'ici 1986 sur la

Constitution, et dans une atmosphère sereine», assure-t-il, au lendemain de son retour à la tête du parti.

Comme son électorat anglophone n'a pas oublié l'affront du projet de loi 22, Bourassa se laisse même aller à promettre des assouplissements à la loi 101. «Il faut revenir au bon sens, dit-il. Pour l'affichage, le français pourrait être obligatoire et toutes les autres langues facultatives.»

Toujours aussi prudent

L'homme est prêt. Il sait ce qu'il veut. On s'attend donc à une avalanche de décisions importantes pendant les «cent jours» de Robert Bourassa. C'est oublier que, puisqu'il gouvernera désormais seul, rien ne peut le protéger de ce louvoiement chronique dont il a toujours souffert une fois accroché au pouvoir. Comment un homme aussi solide face à l'adversité peut-il faire preuve d'autant de mollesse dans les moments difficiles!... Voilà un mystère que même ses plus proches amis n'arrivent pas à expliquer.

Sa défaite électorale, dans un bastion nationaliste de la banlieue montréalaise, lui rappelle cruellement que les Québécois ne sont pas tous prêts encore à lui faire confiance. La peur de déclencher une nouvelle bataille linguistique le paralyse.

Pendant la campagne qu'il mène en vue des élections partielles du 20 janvier 1986, Bourassa rencontre un groupe d'hommes d'affaires influents avec qui il discute des priorités de son gouvernement; tous appartiennent à ces nouveaux entrepreneurs québécois qui ont grandi dans l'atmosphère agitée des grandes batailles du McGill français, de la loi 63 et du projet de loi 22. «Laisse faire les Anglais, suggère l'un d'eux. La paix sociale, il n'y a que cela qui compte[6].»

Bourassa est d'autant plus sensible à ce conseil que les sondages révèlent un durcissement de l'opinion nationaliste. Lorsque les Québécois se disaient prêts à un assouplissement de la Charte de la langue française, la présence au pouvoir de l'équipe de René Lévesque les rassurait et leur inspirait peut-être une certaine générosité à l'égard de la minorité anglaise. Une fois Bourassa revenu au pouvoir, la vigilance s'impose plus que jamais...

Brian Mulroney lui suggère, pour sa part, de régler cette question de la langue d'affichage, quitte à donner le change aux Québécois en mettant sur pied quelque programme spectaculaire pour la promotion du français, dans les sciences et la technologie par exemple; le premier sommet de la francophonie, à Paris, lui en offre d'ailleurs l'occasion. Mais la Cour suprême fournit à Robert Bourassa l'excuse dont il a besoin pour reporter sa décision à plus tard. Bourassa II vient à peine d'entamer son nouveau mandat que, déjà, il glisse une bombe à retardement sous son fauteuil de premier ministre.

Une fois de plus, le fort en thème, le fiscaliste, le spécialiste des grands ensembles économiques — celui dont les Québécois disaient qu'avec lui «ils étaient bien sur le plan économique» et qui avait promis de s'entendre «de façon sereine» avec Ottawa «avant 1986» va se laisser entraîner dans les sables mouvants de la Constitution et de la politique linguistique.

Trudeau lui conseille pourtant, lors d'un déjeuner discret dans un restaurant de la rue Saint-Denis à Montréal, de ne pas rouvrir le «panier de crabes» de la réforme constitutionnelle: «Si tu ne veux pas avoir de problèmes, Robert, occupe-toi d'économie[7].»

Lucien Bouchard lui-même, associé à la contestation du rapatriement en Cour suprême, lui suggère de ne pas se presser. Au moment de son départ pour l'ambassade canadienne à Paris, à la fin de l'été 1985, celui-ci se laisse aller à la confidence dans le bureau du directeur du *Devoir* de l'époque, Jean-Louis Roy, qui va d'ailleurs bientôt le rejoindre en France comme délégué général du Québec:

> L'absence de la signature au bas de la Constitution est une donnée explosive. C'est peut-être pour ça que [la relance des négociations] ne presse pas trop. Avec le temps, la signature s'alourdit en poids et en importance. Peut-être ne faut-il pas la donner trop vite. Peut-être faut-il la laisser désirer un peu. Il y a là un tison, une braise sous la cendre[8]...

Au bureau de Brian Mulroney, mécontent de cette déclaration, on somme le nouvel ambassadeur de s'abstenir de toute intervention publique sur les affaires intérieures canadiennes[9]. Ayant, depuis le 11 juin 1983, mis en marche la machine qui devrait mener à l'Accord du lac Meech, Mulroney ne veut surtout pas que quiconque la fasse dévier de sa trajectoire. Robert Bourassa sera irrésistiblement entraîné dans l'aventure...

La filière québécoise

Dans l'atmosphère surchauffée du Centre civique d'Ottawa, après dix heures de suspense et quatre interminables tours de scrutin, 1584 militants conservateurs viennent d'élire Mulroney à la direction du Parti progressiste-conservateur. Son mandat est très clair: «livrer le Québec», mettre fin au quasi-monopole des libéraux sur la province (ils ont raflé 74 des 75 sièges aux élections de 1980). Car tout le monde prévoit le départ éventuel de Pierre Trudeau et son remplacement — alternance oblige! — par un Canadien anglais.

Les conservateurs sont sûrs d'avoir enfin trouvé la combinaison gagnante. Mais, pour bien des Québécois, Mulroney vient de loin! En 1981, se rangeant derrière Pierre Trudeau, il a appuyé le rapatriement de la Constitution et ne s'est pas gêné, pendant sa campagne en vue de la direction du parti, pour critiquer les ouvertures que Joe Clark a faites au Québec. «Avant que je ne demande au Canada de donner une cenne noire à René Lévesque, lance-t-il à Toronto au cours d'un débat télévisé, je vais lui demander ce qu'il est prêt à faire pour le Canada.» Pierre Trudeau lui-même reconnaît que le nouveau chef du Parti conservateur est «plus près de ses positions» que Joe Clark.

Rien ne prédestine donc Brian Mulroney à s'entendre avec Robert Bourassa, sauf peut-être le fait que les deux hommes se connaissent depuis 1974 et que l'un et l'autre ont élevé le réalisme politique au rang de doctrine.

Quand John Turner déclenche des élections, c'est la panique au quartier général du Parti conservateur: on n'a pas de programme politique en français!

Lucien Bouchard, lui, soigne sa morosité à Chicoutimi. Il a connu Brian Mulroney au moment de leurs études de droit à l'Université Laval et a déjà travaillé pour son équipe en 1976, lors de la première tentative du «petit gars de Baie-Comeau» de prendre la direction du parti. Après le référendum, les rapports entre les deux hommes se font plus distants. Bouchard semble souffrir de dépression post-référendaire. Mulroney, de son côté, épouse si bien les idées de Trudeau que celui-ci lui offre un portefeuille de ministre! «On n'était pas sur la même longueur d'onde mais comme on ne voulait pas se chicaner, alors on se parlait moins, voilà tout[10]», se rappelle Bouchard.

La campagne électorale de 1984 précipite les choses et favorise un rapprochement entre les deux hommes. L'organisateur en chef des conservateurs du Québec, Bernard Roy — un autre collègue de la faculté de droit — engage Bouchard pour la durée de la campagne. Comme son passé de péquiste effarouche un peu les dirigeants du parti, Jean Bazin en particulier, on l'installe discrètement dans une suite d'hôtel, et il travaille dans un petit bureau réservé au chef de l'Opposition, sur la rue Wellington à Ottawa.

Pour préparer le programme du Parti conservateur, Marcel Masse donne à Bouchard une liasse de documents de réflexion qu'ont rédigés les membres québécois au cours des deux dernières années. Il découvre alors le rapport d'un comité sur la Constitution qu'avait rédigé le sénateur Arthur Tremblay à la demande de Joe Clark. «J'avais trouvé ça bon!» se souvient Bouchard. Rappelons qu'Arthur Tremblay avait été le sous-ministre de Paul Gérin-Lajoie dans les années soixante, puis de Robert Bourassa dans les années soixante-dix. La filière québécoise vient de rejoindre, enfin, le bureau du premier ministre du Canada. Robert Bourassa n'échappera plus à son destin!

Vers le milieu de la campagne électorale, Brian Mulroney doit, une fois de plus, visiter son comté de Manicouagan. Bernard Roy commande à Bouchard un discours sur l'économie. «C'est pas tellement chromé de faire un discours sur l'économie à Sept-Îles!» bougonne ce dernier. Bouchard n'a jamais été très à l'aise avec la matière. Et les idées du Parti conservateur sur la question ne favorisent pas beaucoup les envolées oratoires. Il tente tout de même d'obtenir la collaboration de quelques économistes montréalais bien connus, mais personne n'accepte de travailler pour les conservateurs. Découragé, il retourne au document du sénateur Tremblay...

«Qu'est-ce que tu penserais de faire un discours sur la Constitution? propose-t-il à Mulroney. À Sept-Îles, il me semble que ce serait bon.» À la direction du parti, on fronce les sourcils, car les sondages indiquent que les Canadiens ne veulent absolument pas entendre parler de la Constitution. Maintenant que Trudeau est parti, ils ont envie de respirer un peu!

Au Québec, Raymond Garneau vient d'entrer en scène. Et de façon fracassante. Ignorant la présence de Jean Chrétien — pourtant vice-premier ministre! — et se posant en lieutenant de John Turner, Garneau promet rien de moins que «d'aller à Ottawa récupérer le droit de veto du Québec». «L'arrivée de Garneau dans le portrait énervait bien du monde à Ottawa: cela m'a aidé», se souvient Bouchard.

Mulroney décide finalement de traiter de réconciliation nationale à Sept-Îles, le 6 août, un mois avant le scrutin. Bouchard s'enferme dans son bureau d'avocat à Chicoutimi avec le rapport du comité Tremblay. Il profite d'une visite de Mulroney à Roberval pour lui en montrer une ébauche; le chef conservateur aime le texte, comme il apprécie d'ailleurs tous les discours de Bouchard.

Autant Mulroney peut écrire de très beaux textes en anglais, autant il est mal à l'aise en français. Lucien Bouchard lui prête un style passionné, bourré d'émotions, avec lequel le Québécois qui vibre toujours en Brian Mulroney peut réaliser des prouesses.

La dette électorale de Mulroney

«À Ottawa, ce discours-là a énervé bien du monde. Ils l'ont travaillé. Ils ont joué avec, l'ont un peu dilué. Mais l'idée de la réparation était là. Et elle y est restée...» C'est ainsi que de l'aréna municipal de Sept-Îles le futur premier ministre du Canada va offrir au gouvernement du Québec de préparer la liste d'amendements à la constitution de 1982 qui emporteraient l'adhésion de celui-ci:

> Si vous élisez des députés québécois et me donnez la majorité au Parlement d'Ottawa, nous redonnerons au Québec la place qui lui revient dans la Confédération. Nous modifierons la Constitution pour que le Québec puisse signer — avec dignité et fierté — le document qu'il a rejeté en 1982.

Il a bien dit le Québec, et non pas René Lévesque! Celui-ci a beau lui donner un coup de pouce en le comparant à un «beau risque», Mulroney est assez réaliste pour savoir que le Canada anglais ne veut pas retourner à la table des négociations constitutionnelles avec le gouvernement du Parti québécois.

Quant à Robert Bourassa, il fait preuve d'une neutralité tellement bienveillante qu'on parle ouvertement de «coalition arc-en-ciel», où le rouge des libéraux provinciaux domine! Les ouvertures de Raymond Garneau au Québec n'y changeront rien. Trudeau a beau être parti, les Québécois ont encore un compte à régler avec le Parti libéral du Canada, en particulier avec ceux qui se sont pressés aux côtés de la reine, sur la photo officielle du 17 avril 1982, et dont la signature apparaît au bas de la Constitution: André Ouellet et Jean Chrétien. Lorsque Garneau promet de monter aux barricades pour le droit de veto du Québec, Gil Rémillard, qui exprime alors le point de vue de bien des intellectuels québécois, lance sur un ton cinglant: «Une perte de temps et d'énergie!»

L'arrivée des conservateurs au pouvoir à Ottawa ajoute du concret à la promesse de réconciliation nationale. S'il n'est pas question de relancer des négociations constitutionnelles avec René Lévesque, le gouvernement conservateur veut tout de même prouver que quelque chose a changé à Ottawa. En quelques mois, Mulroney et Lévesque vont régler un contentieux vieux d'un quart de siècle sur la participation du Québec au Sommet de la francophonie.

Cette idée d'un Commonwealth des pays francophones flotte dans l'air de quelques pays africains, du Sénégal de Léopold Senghor en particulier, depuis la fin des années cinquante. La France gaulliste considère que la participation du Québec est nécessaire, mais le Canada revendique un siège pour lui seul. Déjà, en mars 1970, à Niamey, au Niger, le Québec a glissé un pied dans la porte de la nouvelle Agence de coopération culturelle et technique des pays francophones. Membre participant, il occupe en quelque sorte un strapontin qu'on lui a offert à côté du fauteuil de «membre» du Canada.

Mais le Sommet des pays francophones, comme le Commonwealth, doit réunir des chefs d'États souverains, qui traiteront exclusivement de politique internationale. Pendant seize ans, Trudeau a résisté aux pressions des présidents français; en moins de neuf mois, René Lévesque et Brian Mulroney règlent les détails de la participation du Québec au premier sommet de Paris. Le message à la bureaucratie fédérale et au corps diplomatique installé à Ottawa est assez clair.

L'accord convainc l'élite politique que Brian Mulroney est sérieux. Lors d'une rencontre avec René Lévesque, le 25 juin 1985, il ouvre d'ailleurs lui-même le dossier constitutionnel et annonce que les deux gouvernements vont entamer à l'automne des pourparlers formels «visant à garantir l'adhésion du Québec à la Constitution de 1982». Robert Bourassa eût-il voulu attendre, «laisser couver les braises sous la cendre», comme le lui conseillait Bouchard, qu'il n'aurait pu le faire.

Jouer sur les mots

Quelques semaines avant de tirer sa révérence, René Lévesque prend soin d'obliger le Parti québécois à énumérer les «Conditions d'adhésion du Québec à la Constitution canadienne»: une liste plutôt ambitieuse, qui reprend les vingt et une exigences de 1981, mais dont les grandes lignes réitèrent les revendications de tous les gouvernements québécois depuis 1960. La première condition exige «que soit explicitement reconnue par la Constitution l'existence du peuple québécois».

Non seulement Robert Bourassa est-il plus modeste — il se contente de cinq conditions —, mais il choisit ses mots avec le plus grand soin. En juin 1985, le programme politique du PLQ réclame donc «l'inscription dans un préambule de la nouvelle Constitution d'un énoncé reconnaissant explicitement le Québec comme foyer d'une société distincte et pierre d'assise de l'élément francophone de la dualité canadienne».

Au moment où le Parti libéral met au point sa stratégie, Gil Rémillard, futur ministre de Robert Bourassa et négociateur de l'Accord du lac Meech, rédige la conclusion de son deuxième traité sur le fédéralisme canadien, texte qui ne passe pas inaperçu à Ottawa puisque Mulroney lui-même «s'invite» au lancement du livre, à l'édifice de la Presse nationale!

Rémillard s'oppose toutefois carrément au concept de «peuple» pour désigner les Québécois, terme qu'il faudrait plutôt réserver, selon lui, à l'ensemble des Canadiens français, «liés par des affinités d'ordre socio-politique mais qui n'ont pas de territoire ou de gouvernement spécifique»:

> On peut parler de nation québécoise, enchaîne-t-il, puisque les Québécois vivent sur un territoire donné et ont un gouvernement. Cependant, le terme de nation peut porter à controverse, alors que celui de société, tout en étant juste, pourrait être plus acceptable à l'ensemble de la communauté canadienne[11].

«Peuple», «nation», «société», ce qui importe surtout, c'est de trouver le mot qui n'effarouchera pas trop le Canada anglais! Voilà qui est sage de la part de Robert Bourassa qui ne cache pas sa double préoccupation de se montrer modeste et de ne pas s'empêtrer dans les questions de sémantique.

> Quand je suis redevenu chef, j'ai mis au point un programme qui tienne compte de l'échec du référendum et du rapatriement unilatéral. Comme je ne pouvais pas demander tout sur tout, j'ai résumé cela à tout ce qui me paraissait essentiel. Mais «statut particulier», «États associés»,

«société distincte», ce sont des concepts qui se recoupent d'une certaine façon[12].

Effectivement, il y a vingt ans que le Parti libéral joue avec le concept de société distincte. En 1967, le rapport de Paul Gérin-Lajoie ne proclamait-il pas: «S'il veut demeurer une société distincte, le Québec ne peut plus accepter le cadre constitutionnel de 1867»? Mais Bourassa, «coincé entre Trudeau et Lévesque», avait alors mis le rapport de côté.

En pleine campagne référendaire, le 9 janvier 1980, la Commission constitutionnelle du Parti libéral de Claude Ryan développait le même concept:

> Le Québec forme à l'intérieur de l'ensemble fédéral canadien une société distincte par la langue, la culture, les institutions et le style de vie. On trouve au Québec une importante communauté anglophone et de nombreuses communautés ethniques concentrées principalement dans la région de Montréal. Ces communautés et leurs institutions sont une dimension essentielle de la vie québécoise. Mais, de manière générale, le Québec se perçoit et s'exprime comme une société de langue et d'esprit français. Au sein de la famille politique canadienne, la société québécoise possède tous les attributs d'une communauté nationale distincte[13].

Le livre beige de Claude Ryan s'est empoussiéré sur les tablettes du ministre de la Justice du Canada de l'époque, Jean Chrétien; Pierre Elliott Trudeau ne devait même pas lui faire l'honneur d'une lecture rapide.

Pourtant, le concept de société distincte a gagné ses lettres de noblesse dans la capitale fédérale elle-même. En 1979, la Commission de l'unité canadienne, coprésidée par Jean-Luc Pépin et John Robarts, «exprim[ait] sa conviction avec force

[que] le Québec est différent et devrait détenir les pouvoirs nécessaires à la préservation et au développement de son caractère distinct au sein d'un Canada viable[14]».

La Commission envisageait deux voies. L'une qui aurait accordé au Québec des compétences législatives particulières «dans des matières reliées à la culture, la langue, l'immigration, la politique sociale, les communications et à certains aspects des affaires internationales». L'autre voie, «qui [lui semblait] de beaucoup préférable», aurait accordé à toutes les provinces les mêmes compétences que celles dont le Québec avait besoin pour préserver sa culture et son héritage particuliers; libre à elles de s'en prévaloir ou non.

C'est finalement à cette deuxième voie — qui ne fait pas d'envieux, en somme! — que Bourassa va se résigner dans la journée du 30 avril 1987, au lac Meech.

Plus près encore de Pierre Elliott Trudeau, puisque c'est lui qui l'a créée et l'a confiée à son héritier spirituel, Donald Macdonald, la Commission royale d'enquête sur l'union économique et les perspectives de développement du Canada consacre cinq pages de son volumineux rapport au «Québec en tant que société distincte». On y lit, entre autres:

> Une chance inespérée se présente de sceller une nouvelle entente entre le Québec et le reste du Canada. Ce qui est exigé, au niveau des principes d'abord, c'est une déclaration, dans le préambule de la Constitution, qui pourrait se lire de la façon suivante:
>> «Reconnaissant le caractère distinct de la société québécoise, foyer principal mais non exclusif des francophones au Canada, et acceptant comme une donnée essentielle de la fédération canadienne son caractère dualiste...»
>
> Lors des négociations constitutionnelles de 1980, conclut la Commission Macdonald, des discussions serrées sur

cette question avaient presque abouti à un consensus. Nous croyons qu'en 1985, sur la base d'un texte comme celui qui est proposé ici, un tel consensus devrait pouvoir se réaliser assez rapidement[15].

Ainsi, comme on discute de la question de la reconnaissance du caractère distinct de la société québécoise depuis vingt ans et qu'elle a été endossée par des commissions fédérales importantes, personne ne se surprend de la voir relancée par Robert Bourassa. En fait, elle laisse l'opinion publique québécoise plutôt indifférente. Le Parti québécois, quant à lui, interprète la position de Bourassa comme un recul. C'est seulement lorsque le Canada anglais la rejettera qu'elle deviendra un symbole intouchable au Québec.

Se contenter du «minimum»

Ce qui surprend le Canada anglais, et même Pierre Elliott Trudeau qui le trouve alors «bien mauvais négociateur», c'est le nombre restreint de conditions que pose Bourassa.

> Je voulais régler. Mais je ne pouvais pas tourner la page sans qu'il y ait une entente sur quelque chose de significatif. Les cinq conditions, c'étaient les demandes traditionnelles du Québec, qui ont varié en nombre et dans leurs modalités depuis trente ans. On aurait pu les tripler, mais on n'aurait eu aucune chance de réussite. Il faut quand même se souvenir que lorsqu'on a fait ces demandes, le Québec n'était pas en position de force, pas dans une position pour demander le maximum. Il était dans une position pour demander le minimum, en tout cas pour être raisonnable et faire des représentations modérées[16].

En mai 1986, à la demande de Bourassa, le ministre des Relations internationales, Gil Rémillard, participe à un colloque au Mont-Gabriel sur le thème «Une collaboration renouvelée: le Québec et ses partenaires dans la Confédération». Un sujet pareil a de quoi faire bâiller d'ennui l'opinion publique, qui prête d'ailleurs fort peu d'attention au colloque. Les fonctionnaires fédéraux et ceux de quelques provinces anglaises sont néanmoins présents et prennent des notes.

Le Canada anglais est d'autant plus attentif que le gouvernement «fédéraliste» de Robert Bourassa a commencé à donner des assurances concrètes que «les choses [avaient] changé à Québec». Deux mois plus tôt, il a officiellement renoncé au recours systématique à la clause «nonobstant» et reconnu la primauté de la Charte canadienne des droits et libertés.

> La Charte est, somme toute, après quatre ans d'interprétation par nos tribunaux, un document dont nous pouvons être fiers comme Québécois et comme Canadiens [...] Nous voulons que les Québécois soient aussi bien protégés quant à leurs droits fondamentaux que les autres Canadiens.

Le ton de Gil Rémillard est plutôt conciliant: «La loi constitutionnelle de 1982 s'applique au Québec malgré son désaccord.» Le gouvernement du Québec ne s'objecte donc plus à ce que le Canada ait repris de Londres l'entière juridiction sur sa propre constitution.

> Ce à quoi nous nous objectons, c'est que ce rapatriement ait servi de prétexte pour modifier substantiellement la Constitution canadienne sans tenir compte des droits historiques du Québec [...] Le gouvernement du Québec souhaite donc la reprise de discussions constitutionnelles.

À certaines conditions cependant. L'ex-professeur d'université explique avec brio comment les «cinq conditions» du Québec, qui s'imbriquent les unes dans les autres, sont indissociables.

«La reconnaissance explicite du Québec comme société distincte» est le préalable à toute reprise des négociations et à toute adhésion du Québec à la Constitution de 1982. Et de une!

De la reconnaissance de la spécificité québécoise découle la nécessité d'obtenir des garanties réelles pour notre sécurité culturelle. Cela se traduit notamment par le pouvoir du Québec de planifier entièrement son immigration pour maintenir son caractère francophone en faisant contrepoids ou même en renversant les tendances démographiques qui laissent présager une diminution de son importance relative au Canada.

Et de deux!

La sécurité culturelle signifie aussi la possibilité pour le Québec d'agir exclusivement dans ses champs de compétence; il réclame donc «la limitation du pouvoir fédéral de dépenser». Et de trois!

Le Québec n'a pas à se plaindre du pouvoir de dépenser d'Ottawa: la péréquation rapporte, tout de même! Mais Ottawa vient justement d'en changer les principes d'application en 1986. «Inacceptable», proteste Rémillard, qui veut les enchâsser dans la Constitution. Comme il faudra recourir à la formule d'amendement pour les modifier, le Québec veut, «en passant», récupérer ce droit de veto qu'il prétend avoir perdu en 1982. Et de quatre!

Enfin, puisque les changements à la Constitution ne se font pas toujours par amendements mais par de simples arrêts de la Cour suprême, le Québec réclame une «participation à la nomination des juges». Et de cinq!

Dans les confortables fauteuils de cuir en première classe d'un Boeing 747 qui survole l'Atlantique, entre Paris et Montréal, Lucien Bouchard commente, pour Jean-Louis Roy, le discours du Mont-Gabriel: «C'est très... trop faible! Bourassa est en train de brader le petit avantage qui nous restait pour des peanuts, des peccadilles[17]!»

Le nouveau délégué général du Québec à Paris s'empresse de faire rapport à son ministre, Gil Rémillard, qui relaie l'information à Ottawa. À partir de ce moment-là, on décide de laisser Lucien Bouchard «en dehors du coup». Avec lui, ce sont tous les parlementaires, les plus nationalistes, comme Benoît Bouchard et Monique Vézina, qui seront coupés de toute information sur le déroulement des négociations entre Québec et Ottawa. Les seuls ministres encore associés à l'opération seront Jean Charest et Marcel Masse, deux hommes dont la foi fédéraliste n'a pas été ébranlée par la campagne référendaire ni par le rapatriement unilatéral de 1982.

Premier recul

Après son discours du Mont-Gabriel, Rémillard entreprend une tournée des provinces anglaises en compagnie d'une poignée de conseillers, dont l'homme de confiance de Bourassa, Jean-Claude Rivest. Pendant la «traversée du désert» de l'ancien premier ministre, Rivest a profité de la démission de Claude Morin dans le comté de Louis-Hébert pour faire un court séjour à l'Assemblée nationale et veiller ainsi d'un peu plus près aux intérêts de son patron. Rémillard emmène en outre dans sa tournée un austère et discret professeur de l'Université de Montréal, André Tremblay, et une fonctionnaire de carrière, Diane Wilhelmy, peut-être la plus fédéraliste du groupe, que les Anglais surnommeront affectueusement «Madame Meech».

Deux mois seulement avant la «rentrée» officielle de Robert Bourassa, à l'occasion de la 27e conférence interprovinciale des premiers ministres à Edmonton, ses envoyés spéciaux constatent qu'il sera difficile de limiter l'opération aux seules revendications du Québec: Brian Peckford, de Terre-Neuve, veut discuter de juridiction sur la pêche au large des côtes atlantiques; l'Ontario de David Peterson, où règnent de nombreux conseillers politiques hérités du régime de Pierre Trudeau, souhaite, de son côté, reprendre le débat sur la clause «nonobstant», en le liant peut-être à la reconnaissance du caractère distinct de la société québécoise; le néo-démocrate Howard Pawley, du Manitoba, à qui la Cour suprême vient d'ordonner de rétablir tous les droits de sa minorité francophone, ne veut tout simplement pas entendre parler de Constitution; l'Albertain Don Getty, qui doit présider la conférence du mois d'août, tient, quant à lui, à la réforme du Sénat; enfin, le créditiste Bill Vander Zalm, de la Colombie-Britannique, exige, comme le rapport Pépin-Robarts l'a suggéré, que les conditions réclamées par le Québec soient offertes à toutes les provinces, en particulier les pouvoirs accrus en matière d'immigration.

C'est un départ plutôt difficile, mais, pendant les trois ans que va durer la saga du lac Meech, le charme rassurant de Robert Bourassa fera la différence. Il jouit en outre du prestige d'être doyen de la conférence; sa première conférence constitutionnelle remonte, en effet, à septembre 1970. Mis à part Richard Hatfield qui, en tant que premier ministre du Nouveau-Brunswick en novembre 1970, a participé à la conférence de Victoria en 1971, les huit autres premiers ministres que Bourassa retrouve à Edmonton le soir du 11 août 1986 en sont, pour la plupart, à leurs premières armes dans le domaine constitutionnel. Ils observent donc Bourassa avec grand intérêt.

Depuis l'élection de Mulroney, le climat avait changé autour de la table. C'en était fini des affrontements qu'on avait connus avec Trudeau et Lougheed. Brian était du genre à dire: «Vous vous êtes battus pour ça? Vous pouvez pas mettre votre partisanerie de côté et essayer de faire quelque chose de bien pour une fois[18]?»

Autour de la table des premiers ministres, le mot d'ordre est maintenant: *Let's fix it!*

Et Robert Bourassa nous est arrivé comme une bouffée d'air frais. Quel contraste avec Lévesque! Un gars raisonnable, qui sait parler un langage que comprennent les *ranchers* et les prospecteurs de pétrole de la Saskatchewan, et qui adore traiter de dossiers économiques. Comme nous, dans l'Ouest...

Le premier ministre du Québec peut compter sur quelques alliés dans la salle: Richard Hatfield, qui se sent obligé d'aider son collègue de l'époque Trudeau, Don Getty — à qui Bourassa a promis que la signature du Québec ouvrirait la porte à une série de conférences sur la réforme du Sénat; — et David Peterson qui, sur le thème de «Robert, Brian et moi», laisse entendre que de vieilles amitiés permettront de reconstituer le triangle d'or de la Confédération, Toronto-Québec-Ottawa.

La «déclaration d'Edmonton», comme on va surnommer pompeusement le court communiqué de deux paragraphes signé le 12 août, représente à la fois une victoire et un recul pour le gouvernement du Québec. Une victoire: parce que les premiers ministres des provinces commencent à parler d'un *Quebec round;* Bourassa pourra rentrer à Québec en donnant l'impression qu'il les a tous «mis dans sa poche». Un premier recul aussi, du fait que les premiers ministres ont réussi à glisser en appendice aux cinq conditions du Québec d'autres sujets comme la réforme du Sénat, la question des pêches et les droits de propriété. Et, surtout, on ne dit pas *quand* ces autres sujets — le communiqué se termine par un dangereux «et cætera» — seront abordés. Quatre ans à l'avance, les premiers paragraphes du rapport Charest et de sa «liste d'épicerie» se trouvent ainsi déjà décrits.

«Si c'est bon pour l'un, ce l'est pour tous!»

Ce que le communiqué ne dit pas, c'est que les provinces de l'Ouest rechignent à accorder le droit de veto au Québec. Déjà!...

Si quelqu'un ici réclame un droit de veto, on l'aura tous! lance Grant Devine. Que le Québec l'ait déjà ou non, en particulier sur la réforme du Sénat, c'est pas ça qui est important. Si le droit de veto est bon pour l'un d'entre nous, il l'est pour tous[19]...

À l'automne, la petite équipe de Gil Rémillard reprend sa tournée des provinces. Cette fois, elle est suivie à la trace par un groupe parallèle: les envoyés spéciaux du gouvernement fédéral. L'alter ego de Gil Rémillard, Lowell Murray, ministre des Relations fédérales-provinciales, est un vétéran des conférences constitutionnelles. Nommé au Sénat par Joe Clark, il a mené la bataille contre le projet de rapatriement unilatéral de la Constitution en 1980 et 1981. Il a même voté contre le projet, gagnant ainsi quelque crédibilité auprès de Gil Rémillard.

Dans le groupe, ce n'est pas son sous-ministre, Norman Spector (ancien lieutenant du premier ministre de la Colombie-Britannique lors de l'opération rapatriement de 1981), ni le sous-ministre de la Justice, Frank Iacobucci, qui vont rapprocher le point de vue des provinces anglaises de celui du Québec. Ce sera plutôt à l'ancien sous-ministre à la Justice de Jean Chrétien, Roger Tassé, et au sénateur Arthur Tremblay qu'il reviendra de faire le pont entre Mulroney et Trudeau, d'une part, et entre Mulroney et Bourassa, d'autre part. En fait, par leurs contacts avec Diane Wilhelmy, ce sont Tassé et Tremblay eux-mêmes qui, mieux que les nombreux coups de téléphone de Brian à Robert, ou de Bernard Roy à Gil Rémillard, vont faire en sorte qu'Ottawa et Québec avancent au même rythme et dans la même direction.

En novembre, les premiers ministres des provinces retrouvent Mulroney à Vancouver, pour une conférence sur l'économie. Pour la première fois, le chef du gouvernement fédéral peut formellement ajouter son nom au bas de la «déclaration d'Edmonton» et lancer officiellement le *Quebec round*. Mais est-ce vraiment au tour du Québec?...

Au cours des nombreuses séances de discussions entre le Québec et les autres provinces, entre Québec et Ottawa, entre les provinces du Canada anglais et le gouvernement fédéral, la liste des malentendus s'allonge de façon alarmante.

Par exemple, comme Gil Rémillard au Mont-Gabriel quelques mois plus tôt, on pourrait croire que la volonté du Québec de contrôler son immigration tient du plus élémentaire bon sens. Sauf pour l'Ontario, cependant, qui a compris à quel point cette revendication heurte de plein fouet un élément fondamental de la vision de Trudeau. Si la survie du Canada dépend de l'assurance que veulent avoir les Canadiens français de se sentir chez eux dans l'ensemble du pays, la réciproque veut que les Canadiens anglais, à leur tour, puissent «circuler» librement et sans contrainte d'un bout à l'autre du territoire, y compris au Québec. D'où cette clause de la Charte canadienne des droits et libertés — assortie de la «maligne» clause nonobstant — garantissant la liberté de circulation et d'établissement.

Québec ne veut toutefois pas se contenter de contrôler sa juste part de l'immigration; ce qu'il revendique, c'est 5 % de plus. Le Québec pourrait ainsi être assuré de choisir et d'approuver 30 %, soit près du tiers, de toutes les demandes provenant d'immigrants ou de réfugiés. «Et les autres? demande le ministre de la Justice de l'Ontario, Ian Scott. L'immigrant qui choisit de s'établir d'abord à Toronto aura-t-il le droit de "circuler" librement et de "s'établir" au Québec s'il le veut?»

La question embarrasse, bien sûr, les négociateurs québécois. À cette occasion, l'Ontario se trouvera des alliés inattendus dans les autres provinces. Réconciliation nationale ou pas, les chefs de gouvernement vont en effet se comporter comme ces «assoiffés de pouvoir» avec lesquels Trudeau détestait tant négocier: jaloux du moindre gain de l'un de leurs collègues, ils réclament la même chose, même au prix des pires contradictions.

C'est sans doute pour cela que Mulroney leur force discrètement la main: trois semaines avant leur rencontre au lac Meech, il leur adresse une longue lettre de six pages dans laquelle il prend pour acquis «qu'il y a maintenant accord de principe sur la reconnaissance, dans la Constitution, du caractère distinct de la société québécoise et de l'existence de deux grandes collectivités linguistiques au Canada[20].»

Le ton généralement optimiste contraste avec les fuites prudentes, et parfois alarmistes, de son propre ministre, Lowell Murray, et de la bureaucratie fédérale, dans les médias du Canada anglais. Mais la lettre de Mulroney se termine sur une question ambiguë, dont on aura par contre bientôt la réponse.

> Le problème qui se pose maintenant à nous est de trouver le meilleur compromis entre le principe de l'égalité de toutes les provinces et les besoins du Canada et du Québec — seule province ayant une majorité francophone et un

système juridique distinct protégé par la Constitution — afin de protéger et de renforcer la spécificité que le Québec apporte au Canada.

Bâclé en un après-midi

Quand Mulroney accueille, le 30 avril 1987, ses collègues à la maison Willson (au lac Meech), il impose tout de suite son style de négociations. Au temps de Trudeau, les premiers ministres étaient accompagnés de leurs principaux conseillers et les conférences constitutionnelles tournaient rapidement aux débats d'experts, autour d'une table recouverte de documents techniques et d'avis juridiques.

Au lac Meech, Mulroney «enferme» littéralement ses dix collègues. Les deux seuls fonctionnaires présents, Norman Spector et son homologue albertaine, Oryssia Lennie, sous-ministre qui travaille avec Peter Lougheed aux Affaires constitutionnelles depuis l'échec de Victoria, ont tout juste le droit de prendre des notes; ils n'ont pas le droit de participer.

La maison Willson se prête d'ailleurs assez bien à l'isolement tactique des chefs de gouvernement. Mulroney les retient au deuxième étage, où l'on ne trouve qu'une grande salle, une petite cuisine pour préparer les repas et le café, ainsi que les cabines des traducteurs. Les conseillers des premiers ministres sont confinés au rez-de-chaussée, dans un grand salon donnant sur un immense escalier gardé par les agents de la Gendarmerie royale.

Aucun contact n'est donc possible entre les premiers ministres et leurs conseillers. En fait, la vogue des téléphones cellulaires n'ayant pas encore été lancée — le Québec allait s'en charger en juin 1987 —, les chefs des gouvernements provinciaux n'ont accès qu'à une seule ligne téléphonique opérée par des employés du Bureau du premier ministre fédéral! Au lac Meech, ce n'est qu'à l'heure du thé, après cinq heures de discussion, que pourront communiquer entre eux les premiers ministres et leurs conseillers.

C'est à ce moment-là, en prenant une tasse de café après d'intenses négociations sur l'enchâssement de la Cour suprême dans la Constitution canadienne, que Bill Vander Zalm se penchera vers l'un des deux seuls conseillers qui l'auront accompagné à Ottawa, pour leur demander: «Au fait, *enchâssement,* qu'est-ce que cela peut bien vouloir dire au juste[21]?»...

Avec de tels débutants, Robert Bourassa ne prend même pas la peine de se lancer dans un grand plaidoyer en faveur de la spécificité du Québec et de ses droits historiques à la différence. C'est plutôt Mulroney qui fait tout le travail: il négocie lui-même la réforme du Sénat, un peu comme autrefois il négociait le coefficient de prime des heures supplémentaires effectuées un jour de congé férié. À la pièce, par clauses, et au donnant donnant!

Arrivés à 12 h 30 pour un déjeuner de travail, les premiers ministres laissent refroidir leur café sur une de ces longues discussions anarchiques qui font invariablement dérailler les conférences intergouvernementales. Les négociateurs fédéraux ont décidé de commencer avec celle des cinq conditions du Québec qui devrait normalement susciter le moins de questions: l'enchâssement de la Cour suprême, justement.

Mais à quoi bon en discuter puisque bien des experts affirment que la Constitution de 1982 répond déjà aux préoccupations du Québec? Deux articles du *Canada bill* touchent, en effet, à la Cour suprême telle qu'on la connaît aujourd'hui (neuf membres dont trois doivent exercer le droit civil, c'est-à-dire être inscrits au barreau du Québec, ce qui suppose qu'ils soient, selon toutes probabilités, québécois eux-mêmes).

Mais si tel n'est pas le cas, a déjà souligné Gil Rémillard au Mont-Gabriel en mai 1986, «le gouvernement fédéral demeure seul maître de notre Cour suprême... Ce qui est nettement inacceptable.» Personne n'a encore soulevé d'objection à ce qui semble constituer une clarification de la situation plutôt qu'un amendement. Mais aborder les caractères fondamentaux qui définissent une institution fédérale, c'est toucher une corde sensible dans les petites provinces. Car il va de soi que si trois juges viennent du Québec, trois autres viendront de l'Ontario; les huit autres provinces n'ont plus que trois fauteuils à se partager! L'Île-du-Prince-Édouard et l'Alberta en particulier tiennent à obtenir un représentant.

Sans qu'on l'ait prévu, la discussion dévie sur le rôle des provinces dans la nomination des membres des grandes institutions fédérales. Pour couper court à une discussion qui se prolonge dangereusement depuis trois heures, Brian Mulroney garantit à toutes les provinces le même privilège: subtilement, on vient d'établir le principe selon lequel tout gain réalisé par le Québec sera offert aux autres provinces. Le *Quebec round* vient de se changer en «ronde des provinces». Ce faisant, on oublie un peu rapidement que l'objet de cette réunion est d'obtenir réparation pour le traitement injuste subi par le Québec —, et le Québec seul —, dans la nuit du 4 au 5 novembre 1981!

Dans leur désir de mettre toutes les provinces sur un pied d'égalité, les premiers ministres ne se rendent même pas compte du caractère farfelu de certaines de leurs ententes. Dans le domaine de l'immigration par exemple, non seulement le Québec mais chacune des dix provinces se voient assurés d'une proportion du nombre des immigrants qui seront acceptés au Canada, selon leur poids démographique, plus 5 %. On vient ainsi d'enchâsser dans la Constitution le droit des provinces d'accueillir jusqu'à 150 % de tous les immigrants acceptés au Canada!

La seule «condition» du Québec que les autres provinces ne revendiquent pas pour elles-mêmes, c'est la reconnaissance de leur caractère distinct! Devine explique à Vander Zalm:

> *What does Quebec want?* Une clause reconnaissant son caractère distinct? Eh bien, franchement, la plupart des francophones vivent au Québec, et la plupart des anglophones vivent à l'extérieur du Québec. Ils ont une langue, une culture, un Code civil «distincts». Avez-vous un autre mot pour traduire cette situation?
> — Oh, si c'est tout ce que ça veut dire, j'ai pas de problème avec ça[22]!

La seule question qui accroche sérieusement est celle du Sénat. Don Getty a pris son rôle de président au sérieux et est arrivé la veille avec un volumineux rapport dont il souhaite qu'on discute immédiatement. Il ne veut plus se contenter, comme à Edmonton neuf mois plus tôt, d'un vague engagement à traiter de la question dans une deuxième ronde de négociations constitutionnelles: «Il faut préciser tout de suite comment on va réformer le Sénat, en combien de temps, et surtout ce qu'on a l'intention d'y changer», insiste-t-il.

On ne s'entend pas plus sur la réforme du Sénat que sur le sexe des anges au sein des provinces. Robert Bourassa, de son côté, ne détesterait pas escamoter la question tant il craint d'être obligé de dire qu'il s'oppose à toute forme de Sénat élu, où la représentation des provinces serait égale. De fil en aiguille, puisqu'on parle de réforme du Sénat, on en vient à s'inquiéter de la formule d'amendement. Là, Bourassa devient intraitable: la formule de 1981 met le Québec à la merci d'une majorité de provinces anglaises. On pourrait tout aussi bien lui imposer tout de suite la réforme du Sénat, si l'Ontario se rangeait du côté des provinces de l'Ouest.

Pour couper court à une discussion qui s'enlise, Brian Peckford a un trait de génie: on inscrira la réforme du Sénat à l'ordre du jour de conférences constitutionnelles «annuelles» et, entre-temps, les provinces participeront à la nomination des sénateurs, comme dans le cas des juges de la Cour suprême. Un premier ministre ne résiste pas à la perspective de participer à la forme la plus glorieuse du patronage politique!

Au deuxième étage de la maison Willson, tout le monde a hâte d'en finir, Robert Bourassa le premier: à Québec, le correspondant de CFCF a mis la main sur le budget de Gérard D. Lévesque et en révèle les grandes lignes dans son bulletin de début de soirée. N'eût été le calme légendaire de Bourassa, qui autorise immédiatement son ministre à déposer le budget à l'Assemblée nationale, la conférence du lac Meech aurait pu s'arrêter là. Dieu sait quand elle aurait repris!

À 20 heures, tout est donc terminé. Il ne reste plus qu'à laisser entrer les fonctionnaires et à leur confier la rédaction, sous une forme quasi juridique, des ententes conclues. À 22 h 45, les onze premiers ministres se congratulent, échangent des copies autographiées de «l'Accord», applaudissent Brian Mulroney qui, assis seul au milieu d'une longue table, en lit les grandes lignes à la nation.

Le moment est tellement «historique» que Gil Rémillard engage à la hâte un photographe personnel qui fige, pour la postérité, l'image de sa modeste personne serrant la main du premier ministre du Canada.

Mais y a-t-il vraiment raison de célébrer?

Le Québec avait posé cinq conditions. On se retrouve avec un accord en six points. Brian Peckford le confirme d'ailleurs en expliquant pourquoi il a finalement renoncé à ses propres revendications sur les pêches. «Il est déjà assez difficile de passer de cinq à six points à l'ordre du jour, ce serait encore plus difficile, sinon impossible, de passer de six à sept[23]!»

Le Québec venait à Ottawa pour obtenir la reconnaissance de sa propre spécificité. Celle-ci se trouve maintenant diluée dans un Canada éclaté où l'Île-du-Prince-Édouard obtient exactement les mêmes pouvoirs que le Québec.

Et la reconnaissance du caractère distinct de la société québécoise? On nage en pleine ambiguïté! «Le Québec sort gagnant de l'opération», triomphe Bourassa à Québec. «La reconnaissance du caractère distinct de la société québécoise ne change rien au partage des pouvoirs, ne donne au Québec aucun pouvoir qu'il n'ait déjà», déclare le sénateur Lowell Murray à l'émission *Question Period* du réseau CTV.

Faire la paix et passer à autre chose...

Une fois de plus, la bureaucratie fédérale tente de tenir deux discours différents, selon qu'elle s'adresse au Canada anglais ou au Québec. La déclaration de Lowell Murray, deux jours seulement après l'entente historique, provoque une crise à Québec. Bourassa, furieux, téléphone à Brian Mulroney à 8 heures du matin pour se plaindre amèrement des maladresses du ministre fédéral.

En fait, dans la même entrevue télévisée, Lowell Murray résume à la perfection les motivations profondes du Canada anglais, de l'administration fédérale, et peut-être de Robert Bourassa lui-même. «La seule chose qui soit assurée, dit Murray, c'est que l'Accord du lac Meech assène un bon coup au séparatisme et donne un fameux coup de main au fédéralisme dans la province de Québec»!

Je voulais la paix constitutionnelle. Je me suis dit: on ne peut pas tout faire. On répare l'injustice de 1981, on obtient la reconnaissance constitutionnelle qu'on est distinct, on a des pouvoirs clefs dans l'immigration qui nous permettent d'affronter le problème démographique, on a un droit de veto sur les institutions qui peuvent nous affecter, on a un droit de retrait... On verra après. Pourquoi le Québec ne pourrait-il pas obtenir cela? Cela nous permettait de nous rendre en l'an 2000 peut-être, dans un climat de relative stabilité[24].

En somme, tout ce que cherche Bourassa, c'est dix ans de paix constitutionnelle. «Peut-être»! À la réflexion, ce mariage de raison, basé sur trop d'ambiguïtés, et bâclé en un après-midi, n'avait guère de chances de durer.

L'encre de la signature des premiers ministres est à peine sèche que déjà les fédéralistes québécois eux-mêmes s'entre-déchirent. Donald Johnston, député de Westmount, claque la porte du caucus libéral et dénonce un accord «qui s'inspire de la théorie des deux nations et nourrit les germes du séparatisme en assurant l'émergence d'un Québec unilingue français dans un Canada anglais[25]».

«C'est la mentalité des Rhodésiens de Westmount», proteste un André Ouellet maintenant converti aux vertus de la réconciliation nationale.

«C'est la perception d'une vendeuse d'Eaton's il y a dix ans», explique Jean Lapierre.

«Il parle comme Lord Durham et la minorité anglaise du début du siècle!» renchérit Raymond Garneau.

Chez les néo-démocrates et les conservateurs, cela ne va guère mieux. Les premiers songent déjà à des amendements même si l'accord n'a même pas encore de forme juridique et ne constitue qu'une simple déclaration politique! Parmi les seconds, quelques dinosaures déplorent l'absence de débat public. Brian Mulroney vient en effet de leur faire savoir que ce sera «à prendre ou à laisser».

Et, comme toujours lorsque la brouille s'est installée dans le ménage, c'est un petit incident que personne ne pouvait prévoir qui va faire déborder le vase et déclencher la vraie bataille du lac Meech. Un vendredi après-midi, deux semaines après la réunion du lac Meech, Jean-Luc Pépin se présente au bureau du *Devoir* à Ottawa. Cet ancien ministre, coprésident de la Commission de l'unité canadienne, est l'un des meilleurs pédagogues que les facultés de sciences politiques aient produits. Il propose rien de moins que de démontrer que l'Accord «est un texte d'inspiration trudiste[26]»!

> Ce qui est dit sur l'immigration n'est que la continuité de l'accord de 1979 entre Québec et Ottawa. Ce qui est dit sur la Cour suprême est la continuité de 1971 alors que la charte de Victoria prévoyait un mécanisme identique. Ce qui est dit sur le pouvoir de dépenser reprend une autre proposition de 1971 de définir un mécanisme convenable d'exercice du pouvoir de dépenser. Ce qui est dit sur le droit de retrait est la prolongation de la formule de 1982...

Quant à la fameuse clause sur le caractère distinct de la société québécoise, Jean-Luc Pépin sort de sa poche un article du *Devoir* daté du 15 juillet 1980 et signé... Pierre Elliott Trudeau! L'ancien premier ministre évoque alors:

> ... l'existence des deux principales communautés linguistiques et culturelles du pays, dont la française a son premier foyer et son centre de gravité au Québec, quoi qu'elle s'étende dans l'ensemble du Canada. Il s'agit là d'un fait social et politique qu'il faut reconnaître plus explicitement.

C'est plus que Pierre Trudeau ne peut supporter! Déjà, ses fidèles — Donald Johnston, David Berger, Michael Pitfield,

Marc Lalonde et quelques autres —, le pressent de faire quelque chose. Lorsqu'il voit que son ancien ministre, dont il n'a d'ailleurs jamais apprécié les sophismes, lui donne la paternité de l'Accord du lac Meech, il envoie son ami, Gérard Pelletier, rencontrer le rédacteur en chef de *La Presse*. «Trudeau et moi, nous sommes préoccupés par cet Accord du lac Meech, dit Pelletier à Michel Roy. On ne peut pas laisser passer ça. On veut lancer un débat et, pour ça, on veut faire un gros coup[27].»

Pour un gros coup, ce sera un gros coup! Les premiers ministres avaient prévu de se rencontrer à nouveau le 29 mai pour signer formellement l'entente constitutionnelle. Le 27, *La Presse* et le *Toronto Star* citent en manchette: «Sombre jour pour le Canada que ce 30 avril 1987! Comme gâchis total, il serait difficile d'imaginer mieux...»

La lune de miel aura duré exactement vingt-sept jours. Désormais, et pendant trois longues années, Robert Bourassa verra les alliés du Québec l'abandonner, les uns après les autres.

«Avec dignité et fierté», avait promis Brian Mulroney...

C'est plutôt «l'injure et l'humiliation» qui, au-delà de Robert Bourassa, attendent maintenant les Québécois.

NOTES ET RÉFÉRENCES

1. *Châtelaine*, novembre 1988, p. 50.
2. Entretien confidentiel.
3. Robert Bourassa, entretien avec l'auteur, juin 1989.
4. *L'Actualité*, mai 1989, p. 37.
5. Robert Bourassa, entretien avec l'auteur, juin 1989.
6. Entretien confidentiel.
7. Robert Bourassa, entretien avec l'auteur, juillet 1990.
8. Lucien Bouchard, *Le Devoir*, 21 septembre 1985.
9. Lucien Bouchard, entretien avec l'auteur, juillet 1990.
10. Lucien Bouchard, entretien avec l'auteur, février 1990.

11. Gil Rémillard, *Le fédéralisme canadien,* tome II, Montréal, Québec/Amérique, 1985, p. 434.
12. Robert Bourassa, entretien avec l'auteur, juillet 1990.
13. Commission constitutionnelle du Parti libéral du Québec, *Une nouvelle fédération canadienne,* Montréal, PLQ, 1980, p. 13.
14. Commission de l'unité canadienne, *Se retrouver* (Observations et recommandations), Ottawa, Ministère des Approvisionnements et Services, 1979, p. 92.
15. Commission royale d'enquête sur l'union économique et les perspectives de développement du Canada, *Rapport,* vol. 3, Ottawa, Ministère des Approvisionnements et services, 1985, p. 383.
16. Robert Bourassa, entretien avec l'auteur, juillet 1990.
17. Lucien Bouchard, entretien avec l'auteur, juillet 1990.
18. Grant Devine, entretien avec l'auteur, juillet 1990.
19. *Ibid.*
20. *Le Devoir,* 22 avril 1987.
21. Hershel Ezrin (chef de cabinet du premier ministre de l'Ontario), entretien avec l'auteur, avril 1987.
22. Grant Devine, entretien avec l'auteur, juillet 1990.
23. *Le Devoir,* 1er mai 1987.
24. Robert Bourassa, entretien avec l'auteur, juillet 1990.
25. *Le Devoir,* 9 mai 1987.
26. *Le Devoir,* 14 mai 1987.
27. Michel Roy dans *Trudeau le Québécois, op. cit.,* p. 298.

Chapitre 7

Le souffre-douleur

> *Je suis revenu malgré Trudeau. Je ne vois donc pas la nécessité de lui demander des faveurs...*
>
> Robert Bourassa

Les rapports entre Robert Bourassa et Pierre Trudeau constituent l'un des épisodes les plus disgracieux de la politique contemporaine. Victime parfois consentante, souffre-douleur attitré, bouc émissaire, Bourassa encaisse... sans se douter qu'à travers lui, c'est tout le Québec qui prend le coup.

En 1986, c'est sans grand enthousiasme qu'il se rend, à la suggestion de son chef de cabinet de l'époque, Rémy Bujold, déjeuner avec Trudeau pour tâter le terrain. On ne parle pas encore d'accord du lac Meech, mais «le vieux», comme on l'appelle parmi les libéraux du Québec, en sait assez des cinq conditions que pose Bourassa pour montrer son désaccord.

Faut-il donc tenter de le convaincre malgré tout? Ce n'est pas le genre de Bourassa: «Autant il ne veut rien me demander, autant je veux rester indépendant, juge-t-il[1].» D'ailleurs, pour lui, Trudeau appartient au passé. John Turner l'a remplacé, et son parti vient de plébisciter, à la quasi-unanimité, les cinq conditions du Québec. Le fidèle Raymond Garneau, qui vient de déloger Jean Chrétien de la lieutenance du Québec, se fait vigilant.

En somme, le seul qu'il faille avoir de son côté dorénavant, c'est Mulroney, avec qui Bourassa espère, en toute simplicité, mettre à jour le vieux pacte conclu cent vingt ans plus tôt entre deux groupes de politiciens blancs, chrétiens, tous mâles, dont la seule vraie marque distinctive est la langue qu'ils parlent à la maison. Car, entre eux, aux conférences intergouvernementales, ils ne parlent qu'en anglais.

La réunion du lac Meech en 1987 ressemble à s'y méprendre à celle qui avait eu lieu à Charlottetown en 1864. Les onze chefs de gouvernement sont blancs et tous chrétiens: quatre sont catholiques (Mulroney, Bourassa, Devine et le Hollandais Vander Zalm), trois appartiennent à l'Église Unie (Peterson, Peckford et Getty), Buchanan est protestant, Pawley unitarien, Ghiz anglican, et Hatfield non pratiquant. Et il n'y a guère que pendant les apartés entre «Brian» et «Robert» qu'on peut entendre quelques brefs échanges en français.

Trudeau se sent trahi

Mais ce n'est pas comme cela que Pierre Trudeau voit son pays....

> Nous ne sommes plus à l'époque du Haut et du Bas-Canada. Les conquérants anglo-saxons, comme on se plaît à les imaginer au Québec, sont devenus minoritaires depuis un bon moment dans l'ensemble du pays. La chose est évidente dans les provinces de l'Ouest, mais il n'est qu'à observer des villes comme Toronto ou Vancouver pour constater que les *ethnics,* comme on les nomme là-bas, posent de graves problèmes d'intégration culturelle aux Canadiens anglophones de vieille souche[2].

Il est bien vrai que le Canada anglais a changé depuis Charlottetown: non seulement on y pratique des religions plus diversifiées et on y parle de plus en plus de langues différentes, mais de nombreuses conférences constitutionnelles ont permis aux autochtones de prendre la mesure de leur véritable poids politique. Et les femmes n'acceptent plus que les grandes décisions politiques se prennent sans elles. Les groupes ethniques, les peuples aborigènes, les mouvements féministes craignent ainsi le pire de l'Accord du lac Meech, non pour ce qu'il énonce, mais parce qu'ils ont été exclus de sa négociation.

Quant à Pierre Trudeau, son opposition est beaucoup plus profonde. Pour lui, en filigrane de l'Accord du lac Meech se profile une conception du Canada qui contredit sa raison d'être. Non seulement cette entente constitutionnelle permet à cette «engence nationaliste» que Trudeau croyait pourtant bien avoir vaincue en 1980 de relever la tête, mais elle est maintenant embrassée avec enthousiasme par des fédéralistes dont il doutait, tel Robert Bourassa, ou d'autres qu'il croyait fidèles — Brian Mulroney, David Peterson et Richard Hatfield.

Jean-Luc Pépin a sans doute un peu charrié en prétendant que l'Accord du lac Meech est «un texte d'inspiration trudiste». Dans le domaine de l'immigration par exemple, le gouvernement Trudeau a conclu une entente administrative avec celui de René Lévesque. Qu'a donc Bourassa à insister pour obtenir une «sécurité juridique» en plus? «On ne peut pas se fier à un gouvernement qui est responsable devant une autre culture, explique-t-il. Il ne faut pas faire preuve de naïveté[3].»

Cette méfiance chronique de Bourassa à l'égard du pouvoir fédéral, même exercé par des Québécois, a le don d'insulter Pierre Trudeau! Mais tout cela ne serait que peccadilles s'il n'y avait, de surcroît, cette reconnaissance du caractère distinct de la société québécoise, qui remet en cause, de façon explicite, l'intégrité de «sa» Charte des droits et libertés.

C'est que, dans la nuit du 2 au 3 juin 1987, à l'édifice Langevin à Ottawa, sous la pression du gouvernement de l'Ontario, on ajoute à l'Accord de principe du 30 avril l'article 16, qui protège spécifiquement les groupes multiculturels et les peuples aborigènes de toute utilisation, «abusive», doit-on croire, de la clause reconnaissant le caractère distinct de la société québécoise. «*Inclusio unius, exclusio alterius**, lance Pierre Trudeau dans la troisième langue officielle du pays. Pourquoi ne pas avoir simplement déclaré que la Charte aurait préséance[4]?»

Et il a bien raison de s'inquiéter. Pressé de questions par le chef de l'Opposition, Pierre-Marc Johnson, Bourassa finit par avouer que son intention était bien de soustraire, en matière de langue, tout au moins, son gouvernement à la Charte fédérale des droits et libertés.

> Nous devons constater qu'avec la société distincte, nous réalisons un gain majeur qui ne se limite pas à la pure symbolique, car toute la Constitution du pays devra dorénavant être interprétée conformément à cette reconnaissance [...] Il faut souligner que toute la Constitution, y compris la Charte, sera interprétée et appliquée à la lumière de cet article sur la société distincte. L'exercice des compétences législatives est visé et cela nous permettra de consolider les acquis et de gagner du terrain[5].

Entre la réunion du lac Meech, le 30 avril, et celle de l'édifice Langevin, le 2 juin, Robert Bourassa a résisté, «pendant plus de trois heures», précise-t-il, aux tentatives du Manitoba et de l'Ontario de limiter la portée de la reconnaissance du caractère distinct de la société québécoise:

---

* Le fait d'en inclure un exclut tous les autres.

> Il y avait un plancher [de pouvoirs] qu'on ne pouvait nous enlever. Mais il n'y avait pas de plafond. On s'est battu pour qu'il n'y ait pas de plafond, car il y en avait qui voulaient mettre le plafond au niveau du plancher[6]!

Robert Bourassa a tort de pavoiser ainsi. Jalousie ou mauvaise foi, le Canada anglais n'a jamais pu supporter que le Québec obtienne la moindre miette de pouvoir. Et l'Accord du lac Meech pourrait bien en faire une province «vraiment pas comme les autres», puisque nombre de juridictions, créées après 1867, tombent dans le terrain vague des pouvoirs «résiduels». Trudeau n'a-t-il pas prévenu que «les Pères de la Confédération n'avaient pas lu Jules Verne!»

Alors on se déchaîne. L'ancien sénateur Eugene Forsey, originaire de Terre-Neuve, s'alarme:

> Si la législature du Québec décidait d'exploiter pleinement la disposition de la société distincte, elle pourrait légiférer dans les domaines du mariage et du divorce, de la radiodiffusion, du droit d'auteur, des brevets, du téléphone, des chemins de fer, du transport routier ou de l'énergie atomique!

La palme de la paranoïa collective revient aux mouvements féministes du Manitoba, très actifs dans le Fonds d'action et d'éducation juridiques pour les femmes, qui craignent qu'on invoque la disposition sur la société distincte pour justifier l'adoption d'une loi restreignant la garde des enfants ou l'accès des femmes à des cours de formation professionnelle ou à l'avortement, si on pouvait montrer qu'une telle loi est liée à la langue et à la culture...

«Robert Bourassa est un coquin...»

Devant tant de mauvaise foi, Robert Bourassa commet une erreur stratégique. À la demande de Brian Mulroney, il laisse au seul gouvernement fédéral le soin de défendre l'Accord du lac Meech au Canada anglais. Les politiciens fédéraux et quelques premiers ministres provinciaux auront alors le culot de prétendre que la reconnaissance du caractère distinct de la société québécoise est purement symbolique!

> Robert Bourassa et ses conseillers doivent être soit des coquins, soit des imbéciles pour penser que cette disposition permettrait au Québec de réaliser des gains importants, conclut Michael Bliss de l'Université de Toronto. À moins que la disposition sur la société distincte ne représente effectivement un transfert de responsabilités important (comme Bourassa l'affirme), auquel cas on confère à un gouvernement provincial un statut particulier[7].

En somme, le débat sur la société distincte, tel que l'ont mené Robert Bourassa et Brian Mulroney, tient plus que du simple malentendu; il s'apparente dangereusement à de la fausse représentation. Il y a de la naïveté, pour ne pas dire une certaine dose de cynisme de la part de ces deux hommes, à croire qu'ils peuvent ainsi tenir, chacun de leur côté, deux discours différents sans que l'ensemble du pays, et surtout Pierre Trudeau, ne s'en aperçoive!

Préoccupé d'en remettre devant son opposition souverainiste à l'Assemblée Nationale, Robert Bourassa se vante en outre d'avoir récupéré le droit du Québec à l'autodétermination. Rien de moins! Une brèche que Pierre Trudeau pensait pourtant bien avoir colmatée en 1981.

Il y a, dans cette cette démarche libre et volontaire d'adhésion du Québec à la loi constitutionnelle de 1982, une expression particulière du droit du peuple du Québec de disposer de lui-même, comme nous l'avons fait de manière plus explicite en 1980 en choisissant l'option canadienne[8].

Pierre Trudeau n'en revient pas:

[Bourassa] vient d'obtenir l'Accord du lac Meech, l'accord de l'édifice Langevin et tout le tremblement, et il dit: Nous avons encore le droit d'être indépendants. Nous avons signé un contrat de mariage, mais l'article 1 dit que nous pouvons divorcer n'importe quand[9]!

Comment donc la simple reconnaissance du caractère distinct de la société québécoise peut-elle rétablir le droit du Québec à l'autodétermination? En 1982, Bourassa était pourtant convaincu que le Québec avait perdu ce droit avec le rapatriement de la Constitution. Il allait même jusqu'à prétendre que le gouvernement fédéral «[serait] constitutionnellement tenu de prendre tous les moyens pour faire respecter l'intégrité du territoire».

C'est qu'au cours de conversations, tenues secrètes, avec ses collègues de la Saskatchewan et de l'Ontario, Allan Blakeney et Bill Davis, Pierre Trudeau avait prétendu en 1980 que la reconnaissance du caractère distinct du Québec permettrait à la province de demander à l'Organisation des Nations Unies de reconnaître son droit à l'autodétermination[10]. C'est ce qui explique son refus systématique d'inscrire le concept de «nation distincte» ou de «peuple distinct» dans le *Canada bill*. Les Nations Unies reconnaissent pourtant depuis longtemps «le droit des peuples de disposer d'eux-mêmes, c'est-à-dire de déterminer librement leur statut politique, économique, social et culturel».

Trudeau ne se laisse pas prendre au subterfuge. Car cela fait plus de dix ans que le Canada anglais s'est résigné à l'idée que les Québécois constituent un «peuple». Devant la résignation du Canada anglais face à l'éventualité d'une séparation du Québec, Pierre Trudeau sait très bien que le dernier rempart est celui du droit international. Or, dans ce domaine, le Canada glisse maintenant sur une pente dangereuse.

Une affirmation «pas toujours tranquille»

Depuis vingt ans, au moins, la scène internationale donne lieu à des guerres de drapeaux entre Ottawa et Québec. On s'étonne même, dans les milieux nationalistes, de constater à quel point Robert Bourassa est resté fidèle à la tradition québécoise de l'affirmation — pas toujours tranquille! — de sa personnalité internationale.

Gilles Loiselle, aujourd'hui ministre à Ottawa, a vécu bien des changements de gouvernement à la Délégation générale du Québec à Paris. «Le Québec est plus fort que toutes les échéances électorales, expliquait-il aux Français après la mort de Daniel Johnson et la victoire de Robert Bourassa. Si vous pensez qu'on va retourner au petit Québec tranquille, vous allez être déçus[11]!»

Ce même Loiselle souligne un événement unique dans l'histoire de la diplomatie québécoise dont il a été un témoin actif pendant les Jeux olympiques de 1976. Bourassa est en effet le seul premier ministre du Québec à pouvoir se vanter d'avoir présidé un dîner d'État, servi en l'honneur de la reine d'Angleterre au Ritz de Montréal. La table d'honneur était présidée par Robert et Elisabeth II. Andrée Simard, quant à elle, y tenait compagnie au prince Philip. «Et Trudeau, en bout de table avec quelque princesse japonaise, s'est ennuyé toute la soirée[12]», ricane encore Gilles Loiselle!

Au-delà de ces escarmouches protocolaires, et malgré l'agacement de Claude Morin qui trouve que Robert Bourassa insiste un peu trop sur la dimension «économique» de ses tournées internationales, celui-ci a délibérément créé des précédents qu'il juge importants. Mais sans ostentation, comme toujours — au grand désespoir des spécialistes québécois de la diplomatie voyante!

Car depuis les accords sur la participation du Québec au Sommet des pays ayant en commun l'usage de la langue française, Robert Bourassa prend de la place. Dès la première réunion à Paris, il soulève toute une controverse lorsqu'il intervient sur une question internationale sans avoir prévenu la délégation fédérale.

> C'était calculé. C'est le seul Sommet international où on joue un rôle distinct, où on a une place distincte, et donc où il faut que le Québec s'affirme [...] Le précédent est créé maintenant: à chaque Sommet de la francophonie, le Québec peut intervenir en fonction de ses politiques et faire des propositions qui lui sont originales[13].

Voilà qui blesse Pierre Elliott Trudeau!

> En tant que premier ministre, explique-t-il à sa coterie sénatoriale, je peux déclarer que lors des conférences internationales, qu'il s'agisse du Sommet des Sept, des conférences du Commonwealth ou de l'OTAN, je représente le Canada. Toutefois, quand il s'agit de conférences de langue française, bien que je me nomme Trudeau et que je vienne du Québec, je ne peux y aller tout seul. Je dois être accompagné par le premier ministre du Québec, parce que nous avons accordé un statut spécial à la province au chapitre des affaires étrangères[14].

Quel affront, en effet! Mais «l'incident de Paris» n'ira pas plus loin. Certes, Brian Mulroney piquera une belle colère d'Irlandais, mais il se réconciliera rapidement avec Robert Bourassa. Contrairement aux diplomates fédéraux qui bouderont la délégation québécoise pendant plusieurs jours, Mulroney se contentera d'un bon échange «viril» avec Bourassa, et tournera la page.

La fin du régime des «marguilliers»

Le peu de portée de l'incident illustre les rapports très personnels, et fort peu protocolaires, qui se sont installés entre Mulroney et Bourassa. Et cela agace la bureaucratie fédérale. Depuis cinquante ans en effet, celle-ci est habituée à fonctionner dans un système à «niveaux» de gouvernement. Or les mandarins d'Ottawa pensent et se conduisent comme s'ils appartenaient à un ordre supérieur de gouvernement. Ne parle-t-on pas couramment de *senior government* à propos du pouvoir fédéral? Et Trudeau n'avait-il pas coutume d'appeler les premiers ministres des provinces ses «marguilliers de paroisse»?

Normalement, un changement aussi brutal que l'élection d'un gouvernement conservateur à Ottawa en 1984 aurait dû provoquer une relève de la garde tout aussi imposante parmi les cadres supérieurs de la fonction publique fédérale; les organisateurs de Mulroney s'y étaient d'ailleurs engagés. Un «comité de transition», présidé par Peter White — associé de Conrad Black et ami personnel du chef conservateur — a dressé une liste des «Trudeaucrates» à éliminer ainsi qu'une liste des sympathisants du parti susceptibles d'être promus ou placés dans les ministères importants.

Les cas de limogeage, plutôt rares, devaient être provoqués surtout par des relations personnelles difficiles entre ministres et sous-ministres. Ce fut le cas de De Montigny

Marchand, que Marcel Masse endurait mal aux Communications puis à l'Énergie, et celui de Bob Rabinovitch, que Benoît Bouchard ne voulait plus voir au Secrétariat d'État.

Car, il faut bien le reconnaître, la fonction publique fédérale faisait généralement preuve d'un professionnalisme qui impressionnait les nouveaux ministres conservateurs.

C'est le cas de Paul Tellier, en particulier, qui, pendant la campagne électorale et longtemps avant qu'on en devine le résultat, donnait l'ordre à ses collaborateurs du ministère de l'Énergie, des Mines et des Ressources naturelles de préparer un plan de mise en œuvre du programme conservateur préparé par l'économiste Pat Carney — virage à cent quatre-vingts degrés par rapport au Programme énergétique de Marc Lalonde, puis de Jean Chrétien, sous lesquels Tellier avait déjà servi. Mais comme il le disait lui-même: «Les sous-ministres ne sont pas là pour influencer ou décider. Ils sont seulement là pour aider à décider.»

La rapidité avec laquelle Tellier s'était adapté à ses nouveaux patrons politiques impressionnait tellement Brian Mulroney qu'il le citait en exemple à ses collègues et en avait fait, dès le mois d'août 1985, le greffier du Conseil privé. Ce mandarin pouvait ainsi «protéger» ses collègues et limiter les limogeages promis par les conservateurs. En fait, il gagnait tellement de batailles contre Peter White, devenu conseiller spécial du premier ministre pour les nominations aux échelons supérieurs de la bureaucratie fédérale, que celui-ci démissionnait et retournait au secteur privé.

Un an après avoir promu Tellier, Brian Mulroney recrutait, dans le bureau même du premier ministre de Colombie-Britannique, son nouveau secrétaire du cabinet pour les Relations fédérales-provinciales, Norman Spector. L'homme avait été associé aux négociations constitutionnelles de 1981, dans le camp des provinces toutefois, et sa nomination était perçue comme un autre signe de bonne volonté à leur égard.

Spector venait remplacer en effet Gérard Veilleux qui, sous-ministre associé de Jean Chrétien aux Finances au début des années quatre-vingt, avait été un joueur clef dans la même négociation, mais dans l'ombre de Pierre Trudeau et de Michael Kirby. Il avait été l'architecte d'un projet d'union économique qui prétendait renforcer considérablement les pouvoirs d'Ottawa dans les domaines de la main-d'œuvre et du développement industriel, un projet que Roy Romanow et Claude Morin avaient combattu avec acharnement.

Pour Robert Bourassa, ces nominations étaient particulièrement prometteuses. Les trois hommes étaient originaires du Québec. Et Tellier avait travaillé avec lui pendant deux ans, de 1970 à 1972. Adjoint de Julien Chouinard au Conseil exécutif, il avouait lui-même avoir alors pris conscience, à Québec, «du sentiment que les gars des provinces éprouv[aient] à l'égard des fédéraux[15]».

Quant à Norman Spector, il n'était pas non plus un inconnu à Québec: sous-ministre de Bill Bennett en 1980, il avait participé à l'organisation du front commun des huit provinces qui s'opposaient au projet de rapatriement unilatéral de Pierre Trudeau. Mais, selon Claude Morin[16], il a aussi été, avec Roy Romanow de la Saskatchewan, l'un des premiers à préparer, en consultation avec l'Ontario, l'éclatement du même front commun et l'isolement du Québec.

De son côté, Robert Bourassa allait bientôt ajouter à son équipe de conseillers Louis Bernard, ancien sous-ministre adjoint des Affaires intergouvernementales, chef de cabinet du groupe parlementaire péquiste entre 1970 et 1976, et principal conseiller du gouvernement Lévesque. Cela suggérait, en quelque sorte, un *remake* des conférences constitutionnelles des vingt dernières années. Paul Tellier et Jean-Claude Rivest d'une part, Norman Spector et Louis Bernard d'autre part, étaient d'anciens compagnons d'armes. Mais dans les batailles qu'ils avaient menées avec ces alliés d'un jour, les

Québécois avaient toujours fini dans le camp des perdants, et les fédéraux dans celui des gagnants.

Les méthodes de Trudeau...

Graduellement, Brian Mulroney va ainsi s'entourer d'une bureaucratie musclée, héritée de l'époque Trudeau et formé par le tandem des deux Michael, Pitfield et Kirby. Un premier signe du retour au pouvoir de cette «Trudeaucratie» se manifeste avec la réhabilitation de De Montigny Marchand, que Marcel Masse avait tenté d'écarter à deux reprises. Un autre limogé de 1985, Bob Rabinovitch, est associé aux tractations autour du rapport Charest!

Maintenant que Brian Mulroney a les mêmes conseillers que Pierre Trudeau, il recourt aux méthodes de ce dernier pour gérer les relations fédérales-provinciales. La nomination de Gérard Veilleux à la présidence de CBC/Radio-Canada n'est peut-être pas aussi fortuite qu'elle ne le paraît à première vue. Peu de temps après leur arrivée au siège social de la corporation, Veilleux et son collègue, Patrick Watson, réunissent en effet à Toronto les cadres de l'information de la société. Leur message est limpide: la corporation doit coopérer à une ultime tentative de sauvetage de l'Accord du lac Meech.

Comme par hasard, quelques semaines plus tard, le chef de cabinet du premier ministre de l'Ontario, Daniel Gagnier, fait circuler un document de stratégie qui prévoit l'utilisation du réseau d'information CBC-Newsworld qui diffuse vingt-quatre heures sur vingt-quatre. Le document suggère aussi de faire passer les trois premiers ministres réfractaires à la politique fédérale pour des hommes politiques instables, imprévisibles, peu dignes de foi[17].

La stratégie rappelle curieusement celle qui a été utilisée contre le gouvernement du Parti québécois dans les années qui ont mené au référendum. Rien d'étonnant: Daniel Gagnier travaillait à ce moment-là avec Paul Tellier, à qui il a succédé à la direction du Centre d'information sur l'unité canadienne.

Comme il fallait s'y attendre, David Peterson se dissocie officiellement de la stratégie mise au point par son propre cabinet. Mais la manipulation de l'opinion publique, avec la collaboration voyante de CBC-Newsworld, a bel et bien lieu.

Pendant toute la durée de la conférence de sept jours, entre le 2 et le 9 juin 1990, le même scénario va se répéter quotidiennement. Les premiers ministres, enfermés à huis clos, ont très peu de contacts avec leurs délégations. Et les fuites destinées aux quelque six cents journalistes présents, habituelles dans les conférences fédérales-provinciales, sont particulièrement rares.

Chaque soir, un peu avant 22 heures, Norman Spector donne en privé sa propre version des événements de la journée aux animateurs de CBC et de Radio-Canada, Peter Mansbridge et Daniel Lessard. Les manchettes de Radio-Canada et de CBC peuvent ainsi être mises en ondes à la sortie des premiers ministres, avant même donc qu'ils n'aient pu donner leur propre version.

CBC-Newsworld entre ensuite en jeu. Comme par hasard, son chef de bureau à Ottawa, Don Newman, est le seul à avoir un accès direct au système audio fourni par le gouvernement fédéral; Newsworld devient, à toutes fins pratiques, une sorte de «pool» auquel tous les autres réseaux sont forcés de s'alimenter.

Pendant cette conférence de juin 1990, au moins deux premiers ministres se sont officiellement plaints à Brian Mulroney du fait que Don Newman «[posait] toujours les questions les plus embarrassantes, comme si on les lui avait suggérées[18]»!

Les manœuvres quotidiennes pour influencer la couverture de la sortie des premiers ministres connaissent un succès sans précédent dans l'histoire des conférences fédérales-provinciales. À cette heure de la soirée, en effet, tous les réseaux de radio et de télévision étant en ondes, ils se trouvent à transmettre, sans aucun filtrage, les sorties mises en scène par les stratèges fédéraux et le réseau Newsworld. Quant aux journaux, à quelques minutes — une heure au plus — de l'heure de tombée, ils s'abreuvent eux aussi à la même source!

Un seul et unique message est finalement envoyé à l'ensemble du pays, ce qui est très important pour le gouvernement fédéral puisque celui-ci, pendant la nuit, fait réaliser des sondages dans les régions stratégiques du pays, en l'occurrence au Manitoba, à Terre-Neuve et au Québec. En une seule nuit, par exemple, après la nouvelle d'un «déblocage à Ottawa», l'appui à la souveraineté du Québec chute de 63 % à 53 %. Ces sondages seront ensuite utilisés, le lendemain, pour tenter de faire fléchir les premiers ministres récalcitrants.

Robert Bourassa et Frank McKenna confirment que la bureaucratie fédérale et Brian Mulroney ont exercé des pressions énormes sur leurs collègues et brandi la menace des conséquences économiques, pour le Canada, d'une impasse constitutionnelle.

Certains, le fédéral surtout, tenaient des propos très alarmistes. Bourassa aurait pu en remettre, mais j'étais assis à côté de lui et je sais ce qu'il pensait: ce n'est pas du tout ce qu'il a cherché à faire.[19]

Ce que confirme Bourassa lui-même:

Je n'aime pas brandir des menaces. D'ailleurs, d'autres s'en chargeaient pour moi, et parfois d'une façon très simpliste[20].

Bien des conservateurs du Québec, et plusieurs premiers ministres provinciaux, ont froncé les sourcils quand Brian Mulroney, loin de limoger le responsable de la stratégie fédérale après l'échec des négociations constitutionnelles, a fait de Norman Spector son chef de cabinet. En refusant de prendre au sérieux les réserves de tous les adversaires du lac Meech, en les «insultant» à l'occasion, comme on s'en plaint encore au Nouveau-Brunswick et à Terre-Neuve, Spector a pourtant fait preuve d'une arrogance que n'auraient pas reniée ses prédécesseurs au Bureau du premier ministre, Marc Lalonde, Jim Coutts et Tom Axworthy.

Principal conseiller politique du premier ministre, il risque maintenant de faire du Parti conservateur, traditionnellement ouvert aux revendications des régions, un champion du renforcement du pouvoir «central» à Ottawa. Bourassa n'a qu'à bien se tenir!

... et de ses hommes!

Le choix du successeur de Spector au Bureau des relations fédérales-provinciales est encore plus surprenant. Paul Tellier avait, en effet, rapatrié de Bruxelles, à l'automne 1990, Gordon Smith, que peu de ministres conservateurs connaissaient. Recruté par Michael Pitfield, Smith était considéré comme son dauphin en 1984 et aurait probablement pris sa succession si les libéraux n'avaient pas perdu le pouvoir. Brillant, diplômé de McGill et du Massachusetts Institute of Technology (MIT), il avait la responsabilité d'évaluer, pour Pitfield, les performances des cadres supérieurs de la fonction publique fédérale. Dans une large mesure, la moitié des sous-ministres de Brian Mulroney lui doivent leur plan de carrière!

Tellier, Spector et Smith, trois Québécois recrutés par Michael Pitfield pour servir une vision particulièrement centralisatrice du fédéralisme canadien, ont deux fois plus d'années de service avec Pierre Trudeau qu'avec Brian Mulroney, dans le secteur stratégique des relations fédérales-provinciales. On n'aurait pas dû être surpris, en décembre 1990, de découvrir que le Bureau des relations fédérales-provinciales avait envoyé son «espion», Gérald Valiquette, suivre les délibérations de la Commission sur l'avenir politique et constitutionnel du Québec[21]. En soi, il entre tout à fait dans les attributions de ce service fédéral d'obtenir des informations de première main sur les débats qui se tiennent dans les provinces, lesquels peuvent affecter leurs relations avec le pouvoir fédéral. Des observateurs fédéraux ont d'ailleurs été envoyés, à la même époque, suivre les audiences des commissions créées par les législatures du Manitoba et de l'Ontario.

Par contre, le rôle de «conseiller» exercé auprès de deux députés fédéraux membres de la Commission Bélanger-Campeau — le conservateur Jean-Pierre Hogue et le libéral André Ouellet — a quelque chose d'étrange. La bureaucratie fédérale n'agit jamais à ce titre auprès des membres du Parlement, à moins qu'elle ne soit placée sous la responsabilité du Comité de régie interne de la Chambre des communes: la stricte séparation des pouvoirs entre l'exécutif et le législatif l'exige. Si tel avait été le cas, monsieur Valiquette aurait dû se mettre «au service» du troisième député fédéral siégeant sur la commission: Lucien Bouchard!

Le fait que toute l'opération ait été entourée de secret a donc soulevé quelques soupçons. Et pour cause!

Lorsque le Bureau des relations fédérales-provinciales a songé à envoyer cet «observateur» suivre les travaux de la Commission Bélanger-Campeau, il n'a pas consulté la direction de la Commission mais le Bureau de Robert Bourassa lui-même. Celui-ci ayant refusé, on a décidé d'envoyer M. Valiquette et deux autres acolytes comme simples observateurs. Leurs frais de déplacement et de logement ont été pris directement en charge — on ne sait trop comment, du point de vue administratif — par le Conseil privé.

Guy Chevrette, leader parlementaire du Parti québécois à l'Assemblée nationale, ne s'y est pas trompé: «L'État fédéral met ses ressources humaines et financières au service de son option. On est en face de l'engrenage qu'on a connu en 1980», conclut-il.

Quant à Daniel Gagnier, il a été lui aussi récupéré à Ottawa par Paul Tellier, après la défaite du gouvernement libéral de l'Ontario. Promu au rang de sous-secrétaire du Conseil privé pour les Communications, l'auteur du mémorandum sur la manipulation de l'opinion publique pendant la conférence de juin 1990 contrôle maintenant toute la stratégie d'information du gouvernement fédéral, y compris celle du Forum des citoyens présidé par Keith Spicer.

Ces fonctionnaires ont, bien sûr, tendance à se tourner vers d'anciens collègues pour compléter leurs effectifs: le patron des communications du groupe Spicer, Patrick Gossage, est un ancien secrétaire de presse de Pierre Trudeau; la responsable des tournées du même groupe, Sheila Cook, s'occupait, elle, de la logistique au bureau de Pierre Trudeau!

Voilà sans doute qui a inspiré la défiance à l'un des membres de la commission Spicer, Robert Normand. Éditeur du *Soleil,* il devait à ce moment-là se départir de la collaboration de Michel Roy, un commentateur respecté à qui on ne connaît pas d'ennemis. Discrètement, et avec la complicité du ministre Gilles Loiselle, il avait donné à Brian Mulroney l'idée d'engager Michel Roy comme conseiller supérieur sur les questions constitutionnelles, ce qui devait, tout au moins, redonner quelque crédibilité à son équipe auprès des nationalistes de son groupe parlementaire.

Mais la tâche était gigantesque pour Michel Roy: d'autres avant lui, Gil Rémillard et Arthur Tremblay en particulier, se sont fait offrir le même titre prestigieux, sans jamais réussir à infléchir la marche de la puissante bureaucratie fédérale.

Car, discrètement, Tellier et Smith ont aussi camouflé dans l'organigramme du Secrétariat d'État un tout nouveau «Groupe de travail sur l'unité canadienne», dont le nom s'apparente étrangement à celui du «Centre d'information sur l'unité canadienne».

Une trentaine de professionnels, dotés d'un confortable budget de huit millions de dollars par année, interprètent par exemple le rapport Allaire et celui de la Commission sur l'avenir politique et constitutionnel du Québec, conseillent la bureaucratie fédérale, devisent sur des stratégies, préparent des campagnes de publicité. À la tête du groupe figure un certain Richard Dicerni que Jean Chrétien a mis officiellement au service de Claude Ryan et du camp du Non, le 28 mars 1980. Dans la poche du commando fédéral était glissé, ce jour-là, un macaron qui allait vite devenir un slogan: «Non, merci!»

Il n'en manque pas beaucoup pour que le Canada anglais s'exclame: «Mulroney, au fond, c'est Pierre Trudeau!», association qui apparaît surtout crédible lorsque son équipe lui rédige des discours où il s'en prend aux «marchands d'illusions» de la souveraineté.

Avant longtemps, la boucle sera bouclée: quelqu'un découvrira que «Bourassa, au fond, c'est Bourassa!» Si jamais le Québec, une fois de plus, entre en conflit avec la machine fédérale, il aura au moins l'avantage de connaître ses adversaires!

NOTES ET RÉFÉRENCES

1. Robert Bourassa, entretien avec l'auteur, juillet 1989.
2. Pierre Elliott Trudeau, *Lettre ouverte aux Québécois*, 15 juillet 1980.
3. Robert Bourassa, entretien avec l'auteur, juillet 1990.
4. *Comité mixte spécial du Sénat et de la Chambre des Communes sur l'entente constitutionnelle de 1987*, 27 août 1987, p. 14:128.
5. *Débats de l'Assemblée nationale*, 18 juin 1987, p. 8708.
6. Robert Bourassa, entretien avec l'auteur, juillet 1990.
7. Michael Bliss, *Mémoire* au Comité mixte spécial du Sénat et de la Chambre des Communes sur l'entente constitutionnelle de 1987.
8. Robert Bourassa, *Débats de l'Assemblée nationale*, 18 juin 1987, p. 8709.
9. *Débats du Sénat, op. cit.*, p. 2997.
10. Roy Romanow, entretien avec l'auteur, décembre 1989.
11. Gilles Loiselle, entretien avec l'auteur, mai 1990.
12. Gilles Loiselle, entretien avec l'auteur, janvier 1991.
13. Robert Bourassa, entretien avec l'auteur, juillet 1990.
14. *Débats du Sénat, op. cit.*, p. 3017.
15. *Saturday Night*, décembre 1985.
16. Claude Morin, *Les lendemains piégés*, Montréal, Boréal, 1988, p. 277 à 283.
17. *Southam News*, 30 mai 1990.
18. Source confidentielle. Il s'agit d'un premier ministre qui était présent.
19. Frank McKenna, entretien avec l'auteur, juillet 1990.
20. Robert Bourassa, entretien avec l'auteur, juillet 1990.
21. *La Presse*, 8 décembre 1990.

Chapitre 8

Le grand frère jaloux...

> *Si vous pensez que vous pouvez construire Montréal aux dépens de Toronto, vous faites une sérieuse erreur...*
>
> David Peterson

Maurice Duplessis et George Drew en 1947, Jean Lesage et Leslie Frost en 1960, Daniel Johnson et John Robarts en 1966: chaque fois que le Québec et l'Ontario ont joué la politique de l'axe, Ottawa y a perdu des plumes... et quelques points d'impôts!

Mais à *Bourassa Ier*, Bill Davis préférait Pierre Elliott Trudeau. À David Peterson, *Bourassa II* préfère Brian Mulroney. La magie de l'axe Toronto-Québec s'est brisée, sur des malentendus culturels d'abord, puis sur des rivalités économiques. Les deux premiers ministres de l'Ontario que Robert Bourassa a fréquentés ont trop souvent prétendu qu'il n'y avait pas de «ressac anti-Québec» dans leur province pour ne pas éveiller quelques soupçons!

Quand Bourassa l'avait appelé pour le féliciter de sa victoire à la tête du Parti conservateur de l'Ontario, en février 1971, Bill Davis s'était empressé de lui proposer une visite de courtoisie à Montréal. Le choc de la crise d'octobre était à peine passé. «Il n'y a pas de backlash dû aux enlèvements de l'automne dernier, assurait le nouveau maître de Queen's Park à sa sortie du Beaver Club de Montréal. Les gens de l'Ontario se sentent très proches des Québécois.»

«Avec des types comme Bourassa, tout ça, c'était de la foutaise»

Mais, en privé, il s'était plaint de l'activisme de certains fonctionnaires québécois auprès des Franco-Ontariens. À l'époque, le gouvernement du Québec fournissait plus de fonds à l'Association canadienne-française de l'Ontario que le gouvernement de l'Ontario lui-même. Embarrassant!

En juillet 1972, Bourassa et Davis s'était retrouvés devant une coupe de champagne, au restaurant Hélène-de-Champlain, cette fois. Pierre Trudeau venait tout juste de sauver son gouvernement de la défaite, aux dépens des conservateurs de Robert Stanfield, grâce à ses cinquante-six députés québécois. Bill Davis devait s'empresser une fois de plus d'étouffer le ressentiment des *tories:* «La tendance électorale en Ontario [où les libéraux ont perdu vingt-quatre sièges] n'a rien à voir, je répète, n'a rien à voir avec un quelconque effet de ressac ou un sentiment anti-québécois.»

Mais au cours de la campagne électorale de 1981, alors que libéraux et néo-démocrates se ralliaient au bilinguisme officiel pour la province, Bill Davis y résistait toujours. Quelque part entre la très orangiste Orillia et Toronto, assis à l'arrière d'un autobus en compagnie de sa femme Kathleen et de son conseiller Hugh Segal, il confiait alors:

> Il ne faut pas provoquer cette province. La question du bilinguisme est suicidaire et c'est à cause de sa politique sur les langues officielles que Trudeau a failli perdre ses élections en 1972[1]!

Sous des dehors bonasses, ce *Mister Ontario* nourrissait un profond ressentiment contre les poussées nationalistes de la province voisine, qui réveillaient la mauvaise humeur de ses propres électeurs. Moins diplomate que son patron, Hugh Segal devait révéler les sentiments profonds de Bill Davis à l'égard du Québec et de Robert Bourassa:

> Billy en a toujours eu gros sur le cœur de tout le plat qu'on faisait au Québec avec John Robarts. C'était le sauveur de la Confédération. Mais Billy devait composer avec ce nationalisme québécois, avec des types comme Bourassa et Lévesque qui prétendaient que les droits linguistiques, hors du Québec, c'était de la foutaise[2]...

D'ailleurs, quand Davis avait favorisé secrètement, en 1983, un retour en grâce de Robert Bourassa parce qu'il jugeait qu'il «avait mûri», n'avouait-il pas implicitement qu'il le trouvait un peu «vert» dans les années où ils se côtoyaient aux conférences de premiers ministres?

Bourassa ne s'est jamais inquiété de sa cote de popularité au Canada anglais. Mais il a sous-estimé le peu de respect, parfois le mépris, que certains collègues entretenaient à son égard. Il les croyait ses alliés, et ceux du Québec. Mais les autres premiers ministres ne concluaient avec lui que des ententes tactiques qu'ils pourraient renier à la première occasion. «René a forcé le Canada anglais à se remettre en cause et à changer», disait par exemple Bill Davis au lendemain du décès de Lévesque. Mais six ans plus tôt, le même Davis avait été le premier à organiser l'isolement du Québec.

Quant à David Peterson, il n'a jamais été à l'aise avec le nationalisme, pas plus canadien que québécois d'ailleurs. Quelques semaines après la longue «nuit du Langevin», où il a tenté, jusqu'aux petites heures du matin, de sauver la prédominance des droits individuels sur la volonté collective de la majorité française du Québec, il évoquait ainsi les débats intérieurs qui l'avaient bouleversé avant qu'il se rallie au concept du caractère distinct de la société québécoise.

> Il n'y a rien de sorcier à reconnaître que le Québec est différent. Ce qui est difficile, c'est de réconcilier cela avec l'ensemble de la fédération canadienne. On peut aller très loin avec le nationalisme: c'est émotif, pas rationnel, et il y a beaucoup de gens qui ont tué au nom du nationalisme. Car le nationalisme tend à considérer tous les individus comme semblables. Mais les gens ne sont pas tous semblables[3].

Le «nouvel» Ontario

On comprend Peterson de tenir un tel langage: héritier d'un parti politique qui ne peut se sortir des banquettes de l'Opposition tant il est prisonnier de son électorat rural et traditionnel, il est le premier à réaliser que l'Ontario, surtout urbaine, a changé de visage. Des petites villes minières du Nord sont davantage italiennes ou polonaises qu'anglaises. Certaines communautés rurales sont tellement germaniques ou néerlandaises qu'il faut insister pour y garder ouvertes des écoles anglaises. Et surtout, le cœur de Toronto grouille de quartiers italiens, portugais, chinois. Les 425 000 Franco-Ontariens, dispersés aux quatre coins de la province, sont noyés dans ce Grand Toronto où le bilinguisme, sur les plaques des rues, courtise d'abord les Chinois, pourtant quatre fois moins nombreux[4].

Non seulement on n'y cherche pas à intégrer cette mosaïque de cultures et de langues, mais on y cultive la richesse de sa diversité. «Depuis 1867, dit Peterson, on a appris à reconnaître les différences, les écoles distinctes, le droit à la langue, à la culture [...] Tout compte fait, on s'est conduit de façon plutôt civilisée[5].»

C'est vrai qu'on ne célèbre tout de même plus, en Ontario, le 12 juillet, la victoire de Guillaume d'Orange et l'instauration d'une dynastie protestante à la tête de la couronne britannique. Le slogan «Une seule école, un seul drapeau, une seule langue: les mêmes droits pour tous et pas de privilège pour qui que ce soit» ne veut plus rien dire depuis que le dernier premier ministre officieusement orangiste de la province, Bill Davis — parfois surnommé King Billy, comme le fondateur du régime orangiste, d'ailleurs —, a rétabli le financement des écoles catholiques, renoncé comme tout le monde à l'Union Jack et entrouvert la porte à un timide bilinguisme.

C'est l'installation d'un million et demi d'immigrants — Italiens, Espagnols et Portugais, Allemands et Hollandais, Polonais et Ukrainiens, et surtout des «visibles» Chinois, Coréens, Vietnamiens et Pendjabis — qui a repoussé les derniers bigots de la province sur les fermes de la «ceinture orangiste». Mais au fond de lui-même, l'Ontario traditionnel en a toujours voulu aux Canadiens français catholiques qui, par leur résistance — passive d'abord, puis agitée et maintenant conquérante —, ont refusé le creuset d'un pays où on ne parlerait qu'une seule langue, ne pratiquerait qu'une seule religion et ne hisserait qu'un seul drapeau, ceux mêmes de la mère patrie.

Le bilinguisme et son infâme complément, le multiculturalisme, défient la prépondérance de l'anglais. Quatre premiers ministres catholiques — Trudeau, Clark, Turner et Mulroney — se sont installés à la résidence officielle du 24 Sussex Drive et ont imprégné les lois et la Constitution de pluralisme et de liberté de religion au cours des deux dernières décennies. Le poids politique des Canadiens français est tel qu'ils décident du sort des gouvernements et qu'on parle maintenant de *French Power* dans les institutions fédérales.

Ainsi, pour se protéger, et faute de pouvoir être distinctement ontarienne, la province s'est inventé une identité *canadian*.

L'Ontario est la seule province qui n'a pas d'identité régionale. On ne dit jamais Ontarien — en fait on n'emploie presque jamais ce mot comme les Québécois, les *Westerners*, les *Maritimers* ou les *Islanders* de Terre-Neuve[6].

L'Ontario, c'est le Canada en somme. En remontant d'une ou deux générations — Peterson lui-même est petit-fils d'immigrants norvégiens —, Statistique Canada peut se permettre d'affirmer que 40 % de tous les Canadiens sont des immigrants et de justifier une politique où chaque pouce de terrain reconquis par la minorité française est immédiatement revendiqué par une demi-douzaine d'autres groupes «ethniques».

Cela représente l'héritage de vingt ans de «multiculturalisme», politique d'apaisement inventée par la Commission royale d'enquête sur le bilinguisme et le biculturalisme après le décès prématuré de son coprésident québécois, André Laurendeau. En présentant sa nouvelle politique, en 1971, Pierre Trudeau avait d'ailleurs expliqué: «Une politique de ce genre devrait permettre de réduire la discrimination et la jalousie [il s'agit donc de cela!] qu'engendrent les différences de culture[7].»

Le génie politique de David Peterson est d'avoir compris à quel point les politiques fédérales de Trudeau ont changé la société ontarienne. Bill Davis, en perpétuant le vieux rêve orangiste, inquiétait tout autant les minorités ethniques qu'il désespérait la minorité française de la province.

La présence de Frank Miller (ce petit boutiquier de Muskoka qui ne quittait jamais ses abominables vestes à carreaux) à la tête de l'Ontario ne fut qu'un accident de l'histoire. Six mois avant que le Québec ne retourne à Robert Bourassa, l'Ontario plongeait avec délices dans l'aventure libérale.

«L'homme à la cravate rouge»

La famille Peterson est originaire de la Saskatchewan. La «Grande crise» de 1930 amène son père, Clarence, à signer le Manifeste de Regina, charte du socialisme canadien. Quand David naît, en 1943, la famille a émigré à London et y vit dans l'aisance. Elle a même assez d'argent pour l'envoyer étudier en France.

Le premier contact de Peterson avec le Québec remonte à l'époque où son université l'avait délégué au Congrès des affaires canadiennes, en 1963, à l'Université Laval. Il y avait passé de longues soirées à siroter une bière avec Robert Lemieux, qu'il allait perdre de vue ensuite pour le voir apparaître enfin, en octobre 1970, sur son écran de télévision: l'ancien confrère était devenu l'avocat du FLQ!

Un soir de 1969, il devait faire aussi la connaissance de Brian Mulroney, au cours d'un party d'étudiants de McGill dans une garçonnière de Westmount.

En 1970, David Peterson, tout jeune diplômé d'Osgoode Hall, reprend l'affaire familiale. Il a le génie de racheter une petite maison d'importation de matériel électronique — Import House Canada — et de négocier l'exclusivité au Canada des produits japonais Sharp. À trente ans, il a déjà gagné son premier million. C'est alors qu'il s'entiche d'une jeune actrice, Shelley Matthews, héritière d'une des plus riches familles de London. Étrange couple: elle, mondaine, élégante, introduite dans les cercles artistiques; lui, toujours mal habillé, chemises à manches courtes et grosses lunettes d'écaille.

Un soir de juin 1984, deux hommes assez semblables, qui ont plutôt l'allure de gérants de la Credit Union, sont assis à une table, dans un coin du restaurant Cibo's, à Toronto: Bourassa et Peterson se rencontrent pour la première fois. Ils sont l'un et l'autre chefs d'opposition et leur avenir ne semble pas très prometteur.

Mais à partir de cet été-là, le jeune millionnaire ontarien va commencer à se métamorphoser. Et plus le temps va passer, plus il va s'éloigner de son homologue québécois. Physiquement et idéologiquement.

Alors que Shelley Peterson est en tournée avec sa troupe de théâtre, David Peterson doit assurer la garde de leurs trois enfants, dont l'un d'eux, encore aux couches, l'oblige à remplir un tiroir de son bureau de chef de l'Opposition, à Queen's Park, de *Pampers*. Heureux hasard: un ami le photographie avec ses enfants sur une plage... sans ses lunettes. Le résultat est tellement surprenant que le jeune politicien ne craint plus de s'abandonner aux faiseurs d'image.

Trois ans plus tard, au lac Meech, la silhouette un peu voûtée de Robert Bourassa n'a pas changé: elle lui donne toujours cette même allure de gérant de caisse Pop. David Peterson, à côté, passe maintenant pour un P.d.g. de Bay Street.

Ces deux hommes sont tellement différents qu'on a peine à croire qu'ils pourraient devenir des intimes. Peterson avale volontiers un bon scotch, fume comme un pompier, «expose» littéralement sa femme et ses trois enfants dans toutes les réunions politiques et se conduit avec ses conseillers comme le chef d'une bande de joyeux lurons pour qui la politique est un jeu. Bourassa, austère et sans défauts, protège jalousement sa vie privée et ne se laisse jamais aller à chahuter, dans les couloirs de l'Assemblée nationale, avec ses adjoints.

Mais il y a bien plus que le style qui différencie les deux hommes. David Peterson s'entoure d'un petit clan de fidèles qui représentent le nouvel Ontario: Hershell Ezrin, Vince Borg, Daphne Rutherford, Mordechai Ben-Dat, Anitha Johns-

Noddle, Tom Zigys; juifs, Italiens, Maltais, Asiatiques, bien peu de *Wasps* et aucun Canadien français.

Contrairement à Bourassa qui craint les grands débats de société, Peterson les affronte et fanfaronne, comme en 1989, où il fonce dans la foule des bigots qui s'apprêtent à se traîner les pieds sur le drapeau du Québec. «Je déteste l'hypocrisie des anti-quoi-que-ce-soit, qui manipulent les émotions et s'enfuient sans laisser d'empreintes[8]», dit-il en serrant ses poings d'ancien boxeur amateur.

Ce *yuppie* de la politique veut faire de l'Ontario un État moderne, ouvert sur le monde, à l'image du Japon qu'il a visité souvent quand il dirigeait Import House Canada. Quand il s'oppose au libre-échange, ce n'est pas par crainte des États-Unis. C'est qu'il croit pouvoir s'en passer.

Un jour, Peterson a dit de Bill Davis:

> C'est un petit politicien de province qui ne pense qu'à sa survie politique... L'Ontario a perdu, avec le Québec, sa crédibilité de partenaire et sa réputation de voisin sympathique[9].

Aujourd'hui, il est bien des Ontariens, et Peterson lui-même peut-être, qui pourraient renverser la phrase et l'appliquer à Robert Bourassa.

Quand il arrive au pouvoir, en même temps que Robert Bourassa, David Peterson croit un moment que l'Ontario retrouvera dans le Québec un partenaire idéal. «Aujourd'hui, quand vous vous asseyez avec un groupe de Québécois, vous parlez d'affaires et de marchés internationaux plutôt que des vieux problèmes linguistiques et culturels[10]», dit-il en pensant sans doute à ses conversations de taverne avec Robert Lemieux. Hélas, il s'apercevra bien vite que ses fréquentations avec Bourassa le ramèneront sur le terrain de la Constitution et des batailles linguistiques.

Mais l'Ontario doit avant tout traiter le Québec comme un client important. Pas de vagues donc... Peter Ustinov n'a-t-il pas déjà comparé Toronto à un «New York administré par les Suisses»! Et surtout pas de chicanes inutiles.

En 1989, nos exportations vers le Québec ont à elles seules rapporté plus de seize milliards de dollars, elles ont généré plus de cent mille emplois manufacturiers dans la province. Et le commerce est une avenue à deux voies: l'Ontario a importé plus de treize milliards de dollars en biens du Québec, créant presque autant d'emplois dans cette province que dans les secteurs combinés de l'agriculture, de l'exploitation forestière et des mines[11].

Sur le thème de *Brian, Robert and I,* David Peterson laisse entendre qu'avec son arrivée au pouvoir et l'élection de Robert Bourassa six mois plus tard, la Confédération va se réorganiser autour du triangle d'or des trois capitales: Ottawa-Québec-Toronto. Mais la lune de miel ne durera pas longtemps.

David Peterson déteste ouvertement Brian Mulroney dont le sens un peu particulier de la morale publique, l'opportunisme politique, les calculs électoraux lui répugnent. Évoquant la façon dont le gouvernement fédéral a tenté d'arracher l'appui du Nouveau-Brunswick au libre-échange avec un contrat de la marine canadienne pour six nouvelles frégates aux chantiers navals de Saint John, Peterson dénonce «la mentalité des gens d'Ottawa qui pensent s'en tirer en faisant appel aux plus bas instincts des gens. Leur mentalité les porte à croire qu'on peut acheter des adversaires... Ce qui en dit long sur ce qu'ils pensent d'eux-mêmes[12]!»

Les relations entre Mulroney et Peterson sont telles que le rêve d'une coalition à trois s'écroule très vite. D'autant plus vite d'ailleurs que Peterson récupère à Toronto des conseillers de Pierre Trudeau qui ont un compte à régler avec les conservateurs.

Faire des affaires avec le Québec, mais pas de cadeaux...

Les deux hommes tenteront donc plutôt de tracer l'axe Ontario-Québec. Dans la nuit du 2 au 3 juin, lorsqu'il se rallie à contrecœur à l'Accord du lac Meech, David Peterson cède à une sorte de chantage: «Veux-tu finir isolé, comme Lévesque en 1981?» l'a-t-on en effet menacé.

La base politique de Peterson, c'est le Grand Toronto où la moitié des cent plus grosses entreprises canadiennes réalisent un chiffre d'affaires de dix-neuf milliards de dollars, où le parquet de la Bourse enregistre les trois quarts des transactions canadiennes, où les quatre cinquièmes des banques étrangères sont installées.

Les libéraux de Peterson sont minoritaires. On est à quelques semaines d'une autre échéance électorale. Il ne faut donc pas créer trop de remous... La stabilité économique vaut bien une timide signature au bas de l'Accord du lac Meech.

Mais au-delà des solennelles déclarations d'amitié, des dîners en tête à tête soigneusement annoncés à l'avance aux réseaux de télévision, des petites attentions personnelles comme cette pinte de lait dans un seau à glace qui attend Bourassa dans sa suite d'hôtel chaque fois qu'il se rend à Toronto, les rapports entre les deux hommes vont devenir distants.

Peterson est sans doute un peu jaloux des rapports privilégiés que Bourassa entretient avec Mulroney. Pendant le débat sur le libre-échange et la campagne électorale fédérale de novembre 1988, il est sincèrement choqué de l'opportunisme politique dont Bourassa fait preuve ouvertement. Quelques semaines plus tard, c'est la rupture. David Peterson «en arrache» à Toronto et à l'intérieur de son parti, avec un Accord du lac Meech de plus en plus impopulaire. Quand Robert Bourassa lui annonce qu'il va recourir à la clause «nonobstant» pour restreindre l'affichage public en anglais, c'est l'explosion. «Tu viens de mêler la question linguistique à l'Accord du lac Meech: tu ne t'en remettras jamais[13]», crie Peterson au téléphone.

En juin 1990, c'est David Peterson lui-même qui va jeter la clause «nonobstant» sur la table de la conférence de la dernière chance. Aucun des premiers ministres ne tient à se priver de cette clause dérogatoire: plusieurs y ont déjà eu recours sans que cela fasse autant de bruit que la loi 178! Robert Bourassa leur explique patiemment que l'existence même de cette clause rend la reconnaissance du caractère distinct de la société québécoise plutôt symbolique. «On a plus avec la clause «nonobstant» et on a prouvé qu'on était prêts à s'en servir!» lance-t-il.

Mais quand, le jeudi 7 juin, Bourassa décide de ne plus participer aux délibérations sur la société distincte, on voit mieux où Peterson et d'autres veulent en venir: diluer le caractère distinct du Québec dans un Canada qui doit aussi son originalité à l'existence des peuples aborigènes et à l'apport de diverses communautés culturelles. «La discussion a bifurqué sur la clause Canada, explique Bourassa, et j'avoue que j'étais dans une position difficile parce que, si on reste dans le Canada, comment refuser une clause Canada? J'ai même des collègues, dont monsieur Ryan, qui sont d'accord avec ça...»

La rupture était prévisible tant la relation entre les deux gouvernements était tendue depuis quatre ans. Et pour des histoires de gros sous, ce qui est encore plus sérieux! Le Québec a beau être un «partenaire crédible et un voisin sympathique», comme dirait Peterson, c'est avant tout un concurrent pour l'Ontario. Dans les dossiers économiques, David Peterson se conduit comme le cadet de la famille, jaloux des faveurs éhontées que le grand frère fédéral accorde au benjamin. «Si vous pensez que vous pouvez construire Montréal aux dépens de Toronto, vous faites une sérieuse erreur[14]!» lance-t-il en protestant contre l'ouverture d'un centre bancaire à Montréal. Ce qui irrite surtout le premier ministre de l'Ontario, c'est l'ostentation avec laquelle le régime Mulroney distribue ses faveurs au Québec... Et l'obséquiosité avec laquelle Bourassa sait dire merci!

La «coquille vide» qu'est l'Agence spatiale n'avait, bien sûr, pas de quoi éveiller la jalousie de la riche Ontario qui abrite les deux tiers de l'industrie électronique avancée du Canada. Mais la façon dont Mulroney et certains de ses ministres québécois ont mené le débat a suscité un ressac anti-Québec qui complique la vie de David Peterson.

Car, en fin de compte, c'est l'Accord du lac Meech lui-même qui est considéré comme une faveur particulière faite au Québec. Et si un premier ministre de l'Ontario peut faire des affaires avec le Québec, il ne doit surtout pas lui faire de cadeaux. En 1990, l'électorat va s'en souvenir. Les *ethnics* que Peterson avait si bien su séduire en 1985 et en 1987 vont retourner au NPD, un parti qui les a toujours attirés parce qu'il leur rappelle, à tort d'ailleurs, les vieux partis socialistes européens.

Peterson se sait battu. Libéré de la réserve que lui imposaient ses fonctions de premier ministre de l'Ontario, libéré surtout de son obligation de défendre l'Accord du lac Meech, il laisse son naturel revenir au galop. Lui qui, depuis cinq ans, se disait «l'ami de Robert», l'allié du Québec, est le premier à alerter le Canada anglais contre la complicité des deux Québécois — Bourassa et Mulroney — qui tentent de refaire le pays à leur convenance...

Il lance, à l'adresse de Jacques Parizeau:

> Laissez-moi rappeler à toute province qui pense qu'elle peut agir seule et utiliser l'accord de libre-échange comme argument en faveur de la séparation, laissez-moi rappeler

à ceux-là que cet accord a été signé par les États-Unis et le Canada, et non par cette province et les États-Unis...

Et à l'ancien «ami» qui osa enfanter un «monstre», la loi 178:

La Charte des droits est une garantie minimale. Les obstacles au respect des droits de la personne doivent disparaître: je fais partie de ceux qui croient que l'on devrait commencer par la clause nonobstant...

Au gouvernement du Québec enfin, ce «partenaire crédible», qui refuse maintenant de s'asseoir avec les neuf provinces anglaises et prétend traiter, d'égal à égal, avec le seul gouvernement fédéral:

Les changements dans une partie du Canada ont des effets sur toutes ses parties. C'est la raison pour laquelle les récentes discussions entourant des négociations bilatérales en ce qui a trait à la répartition des pouvoirs sont particulièrement dérangeantes[15]...

Robert Bourassa en est maintenant à son troisième «collègue» en Ontario. Et à son troisième parti! Le néo-démocrate Bob Rae sera-t-il tellement différent de Bill Davis le conservateur? Ou de David Peterson le libéral? Lorsqu'ils se sont rencontrés sur une plage de Floride, en décembre 1990, Rae a fait valoir qu'il n'était pas sans attaches au Québec: son frère John est vice-président de Power Corporation et organisateur de Jean Chrétien; il a des contacts utiles avec les libéraux fédéraux.

Les deux «Robert» se sont plu au point où Bourassa a demandé à son homologue ontarien de «visiter plus souvent le Québec».

Mais en Ontario, *business is business:* quelques semaines après l'entente entre Québec et Ottawa sur la sélection et l'accueil des immigrants, Bob Rae a envoyé ses fonctionnaires réclamer la même entente, et un peu plus d'argent, au gouvernement fédéral. Après tout, l'Ontario a accueilli 54 % de tous les immigrants reçus au Canada en 1990. Et il en coûte beaucoup d'argent pour leur enseigner l'anglais!

NOTES ET RÉFÉRENCES

1. Bill Davis, entretien avec l'auteur, février 1981.
2. Claire Hoy, *Bill Davis,* Agincourt, Methuen Publications, 1985, p. 309.
3. David Peterson, entretien avec l'auteur, juillet 1987.
4. Statistique Canada, Recensement de 1986.
5. David Peterson, entretien avec l'auteur, juillet 1987.
6. *Ibid.*
7. Jacques Hébert dans *Les années Trudeau, op. cit.,* p. 155.
8. David Peterson, entretien avec l'auteur, juillet 1987.
9. David Peterson, entretien avec l'auteur, mai 1983.
10. David Peterson, entretien avec l'auteur, juillet 1987.
11. David Peterson, *L'avenir de l'Ontario dans un Canada en mutation,* Toronto, 10 août 1990.
12. David Peterson, entretien avec l'auteur, décembre 1989.
13. Entretien confidentiel.
14. *Forces,* printemps 1987.
15. David Peterson, *L'avenir de l'Ontario dans un Canada en mutation, op. cit.*

Chapitre 9

L'estime des *western yuppies*

> *Les autres premiers ministres ont davantage tendance à suivre la ligne du parti, mais Robert et moi, nous plaçons l'intérêt de notre province avant tout le reste.*
>
> Bill Vander Zalm

Robert Bourassa ne s'aventure pas souvent dans les vastes plaines de l'Ouest. Tout au plus y fait-il un arrêt à la sauvette lorsqu'il revient d'une mission officielle en Californie ou un bref aller-retour à l'occasion d'une conférence intergouvernementale. Mais cela ne l'empêche pas d'avoir de longues et passionnantes conversations avec Grant Devine sur l'agriculture ou avec Bill Vander Zalm sur le commerce du bois de construction aux États-Unis. En fait, depuis 1985, Robert Bourassa jouit dans l'Ouest d'un remarquable niveau d'estime et de sympathie: un potentiel qu'il ne sait malheureusement pas exploiter et qu'il va finir par gaspiller.

Des sept premiers ministres qu'il a connus dans les quatre provinces de l'Ouest, entre 1970 et 1976, un seul, Ross Thatcher de la Saskatchewan, appartient à la même famille politique que lui. Et, après la conférence constitutionnelle de Victoria, en 1971, Robert Bourassa aura laissé, dans la capitale de la Colombie-Britannique, le souvenir d'un chef timoré par l'opposition de ses intellectuels, indécis et non fidèle à sa parole.

À partir de 1972, avec l'élection de Dave Barrett en Colombie-Britannique, Bourassa fait face à trois gouvernements néo-démocrates: Ed Shreyer, qui dirige déjà le Manitoba depuis 1969, et Allan Blakeney, qui a pris le pouvoir le jour même de son Non à la charte de Victoria. Comme le gouvernement libéral de Robert Bourassa maintient la longue tradition des réformes social-démocrates amorcées avec la Révolution tranquille, il devrait y avoir quelque affinité entre l'Ouest et le Québec...

Mais, à partir de 1973, le monde est secoué par deux chocs pétroliers successifs. Le Québec, encore plus que l'Ontario, suscite l'envie des provinces de l'Ouest. La province profitant en effet de prix du pétrole et du gaz inférieurs aux cours mondiaux, les producteurs de l'Ouest se sentent un peu «volés». Bourassa a en outre la chance de lancer au même moment son propre grand projet énergétique de la baie James, projet qui lui permettra de «profiter» de la crise mondiale puisque les prix de l'électricité, eux, ne sont pas réglementés par Ottawa. Le ressentiment de l'Ouest est tel qu'au pire de la crise du pétrole, en 1980, les Albertains placardent les pare-chocs de leurs voitures d'autocollants où on peut lire: *Let them freeze* («Laissez-les geler»)!

Contrairement à ce qui se passe ailleurs au Canada anglais, ce ne sont pas les protestations de la minorité anglaise du Québec contre les politiques linguistiques de Robert Bourassa qui suscitent la colère de l'Ouest. Les *Westerners* ne se sentent pas plus d'affinités avec les *Montrealers* qu'avec ces *Canadians* de l'Ontario qui contrôlent les grandes banques et dictent les politiques nationales de l'énergie et du développement régional. Les symboles même de l'oppression, ce sont deux ministres fédéraux de l'énergie, Don Macdonald de Toronto et Marc Lalonde de Montréal.

C'est plutôt la conviction que le Québec vit aux crochets de l'Ouest qui enrage les élites de Calgary, de Vancouver et de Winnipeg, amertume qui est attisée par toutes sortes d'études bidon qui démontrent que l'Alberta «entretient» littéralement le Québec. En 1990, deux économistes de l'Université de Calgary calculent ainsi qu'entre 1961 et 1988 l'Alberta a versé 146 milliards de dollars *de plus* qu'elle n'en a reçu d'Ottawa alors que le Québec avait reçu, au cours de la même période, 137 milliards de dollars, dont 95 milliards depuis 1980 seulement[1]. Les Albertains doivent vraiment se demander pourquoi les Québécois tiennent tant à se séparer d'une telle vache-à-lait!

«Taxons Hydro-Québec, comme ils l'ont fait de nos barils de pétrole, et on aura sept milliards de dollars à distribuer à nos fermiers de l'Ouest[2]», lance Preston Manning, fils d'un ancien premier ministre créditiste de l'Alberta et leader de ce Reform Party qui monte l'opinion publique de l'Ouest contre le Québec depuis 1988.

«Comme une encoche à la crosse du revolver»

Quand Bourassa revient au pouvoir, en 1985, bien des choses ont changé. L'élection des conservateurs à Ottawa et la promesse de Brian Mulroney d'apaiser le climat des relations intergouvernementales laissent croire à l'Ouest qu'il est à l'aube d'une ère nouvelle. Le Programme énergétique national, de sinistre mémoire, a été aboli. La promesse du libre-échange avec les États-Unis, de généreuses subventions aux producteurs agricoles, de sérieux efforts de diversification industrielle, tout cela sonne comme une douce musique aux oreilles des *Westerners*.

L'élite politique de l'Ouest est différente: moins doctrinaire, plus pragmatique, elle se livre à un subtil calcul politique. L'Ouest tient, en effet, à une réforme des institutions fédérales. Or selon les termes de la Constitution de 1982, cette réforme ne peut se réaliser qu'avec l'accord de sept provinces représentant 50 % de la population canadienne. L'absence du Québec à la table des négociations donne, à toutes fins pratiques, un droit de veto absolu à l'Ontario qui ne veut rien savoir d'un renforcement du pouvoir des provinces de l'Ouest dans les institutions fédérales, le Sénat en particulier. «On s'est dit: En ramenant le Québec à la table, on pourra régler les autres questions. C'était un coup de maître, quelque chose comme une encoche que vous arborez sur la crosse de votre revolver[3]», lance un Grant Devine qui se souvient à l'occasion de ses racines de *rancher*.

C'est aussi le calcul que font Don Getty en Alberta et Bill Vander Zalm en Colombie-Britannique, mauvais calcul d'ailleurs puisque Bourassa, comme David Peterson, s'oppose à un Sénat élu, où les provinces de l'Ouest auraient autant de sièges que le Québec et l'Ontario, et qui serait doté de plus de pouvoirs. «On verra bien après», se disent les premiers ministres de l'Ouest qui se savent de toute façon piégés.

Quant à l'intervention de Pierre Trudeau contre l'Accord du lac Meech, elle n'a pas du tout les mêmes effets que dans l'Est. «On le détestait toujours autant, confie Devine. Les gens se sont dit: Si Trudeau est contre, je devrais sans doute être pour[4]!»

La «bataille du lac Meech» va donc plutôt bien commencer pour le Québec dans l'Ouest. Quand Joe Ghiz revient sur sa promesse d'être le premier à ratifier l'Accord au cours de l'été 1987, c'est Grant Devine qui monte au front à sa place. Après avoir été la première province à laisser tomber le Québec dans la nuit du 4 au 5 novembre 1981 à Ottawa, la Saskatchewan devient ainsi la première à réparer l'affront.

Pourtant, ce n'est pas sans risque pour Devine: il traîne de l'arrière par trente points de pourcentage dans les sondages, et son chef de l'Opposition, le néo-démocrate Allan Blakeney, ne résiste pas à la tentation de se faire un peu de capital politique avec la question. Avec le chef libéral Ralf Goodale, ancien adjoint de Pierre Trudeau, il tente d'imposer la tenue d'audiences publiques.

Grant Devine résiste et réussit le tour de force de faire voter tous les membres de son groupe parlementaire en faveur de l'entente constitutionnelle. Trois députés néo-démocrates, dont un métis, Keith Goulet, votent *contre* l'entente constitutionnelle, en désaccord avec leur propre chef. Le dauphin de Blakeney, Roy Romanow, vétéran de la bataille de novembre 1981, se défile, avec une poignée d'autres députés, au moment du vote.

Le courage du *western yuppie*

Grant Devine ne cherche même pas à se vanter de ce que d'aucuns considèrent être une belle leçon de courage politique.

> J'ai trouvé que c'était la plus élémentaire prudence d'agir vite. À la réflexion, c'était la meilleure chose à faire. C'était encore populaire: un petit débat, un vote, et c'est fini! Les gens étaient plutôt contents qu'on passe à autre chose, qu'on se préoccupe du prix des céréales ou des taux d'intérêt par exemple[5].

Il y a tout de même une explication à ce comportement. Le premier ministre de la Saskatchewan ne nourrit pas les mêmes préjugés à l'égard du nationalisme québécois que son collègue de l'Ontario. «Ce pays, dans cinquante ans, vivra des différences extraordinaires, mais ce sont des forces pour la nation et elles doivent être mises à profit[6]», dit-il avant même d'avoir signé l'Accord du lac Meech.

Que le Québec cherche à protéger sa langue et sa culture, cela le dérange d'autant moins qu'il n'a pas l'intention de se laisser bousculer par les partisans du bilinguisme ou du multiculturalisme sur son propre terrain. Non qu'il soit, comme on l'a prétendu, francophobe ou «mange-canayen». Au contraire, marié à une petite-fille d'immigrants français, il envoie ses filles — qui portent toutes des prénoms français d'ailleurs — étudier à l'Université Laval de Québec.

Il se laisse même aller à faire une audacieuse promesse aux 20 725 Fransaskois[7]: la province sera officiellement bilingue au tournant du siècle. Les intéressés trouvent que c'est un peu long et craignent que l'assimilation galopante ne leur permette pas d'attendre jusque-là.

> Mettez-vous à ma place. Mettez-vous à la place du premier ministre d'une province où 97 % de la population parle anglais, qui signe l'Accord du lac Meech, qui commence à introduire le français à la législature, dans les cours de justice, et qui promet d'offrir des services en français alors que 97 % des gens n'en veulent pas. C'est dur mais je vais le faire[8]!

Comme Robert Bourassa, Grant Devine est surtout un mordu de l'économie. Il n'est pas resté très longtemps sur la ferme familiale d'Estevan, dans le sud de la province, préférant aller préparer un doctorat en économie agricole à l'Université de l'Ohio pour entreprendre ensuite une carrière d'enseignant à l'Université de la Saskatchewan avant de se lancer en politique.

> On ne passait pas beaucoup de temps à discuter de politique. On partageait les mêmes points de vue sur le niveau des taux d'intérêt, la valeur du dollar canadien, le besoin de diversification de nos économies respectives. C'était

rafraîchissant de pouvoir discuter d'économie et de finances publiques avec Robert alors que René (Lévesque) détestait prononcer le mot «économie»[9].

Le sujet préféré des deux hommes: la politique agricole, que Robert Bourassa a longuement étudiée en Europe et que Devine connaît sur le bout des doigts puisqu'il s'est toujours réservé le portefeuille de l'Agriculture depuis 1985. Aussi terne et secret sur sa vie privée que Bourassa, Grant Devine est une sorte de *western yuppie,* de cette nouvelle génération de fermiers qui gèrent leur exploitation avec des ordinateurs, surveillent leurs troupeaux en hélicoptère et, malgré leurs bottes de cuir, ne se sentent pas dépaysés dans les coulisses d'une conférence du GATT à Genève.

Le Clint Eastwood de Westmount

Robert Bourassa ne manque pas non plus d'atomes crochus avec Don Getty: au début des années soixante-dix, les deux hommes se sont trouvés pris dans la série d'accrochages que le régime de Pierre Trudeau avait régulièrement avec ses collègues des provinces. Ministre de l'Énergie de Peter Lougheed en 1974, Getty se bat contre la première politique énergétique d'Ottawa. «Trudeau, décrète-t-il, est un autocrate et un dictateur, un dilettante, un universitaire formé par les jésuites et un philosophe marxiste!»

Les deux hommes auraient d'ailleurs pu se fréquenter puisque Don Getty est né à Westmount, cinq semaines seulement après Robert Bourassa. Le premier, par contre, fils d'une riche famille, a été élevé à Toronto, a étudié l'administration à l'Université Western, et c'est comme quart-arrière de l'équipe de football des Eskimos d'Edmonton qu'il s'est installé en Alberta.

Avec son physique à la Clint Eastwood, il n'est pas étonnant que Peter Lougheed le recrute pour lui faire jouer des rôles de brute et de truand sur la scène politique albertaine! Malgré ses six pieds et ses deux cents livres, qui semblent impressionner les ministres de Pierre Trudeau, à Calgary on le regarde d'un air suspect.

Il n'a rien de l'Albertain typique. La Baldonnel Oil & Gas, qui a versé quelques millions de dollars dans son compte en banque, n'a jamais découvert un seul baril de pétrole. Sa ferme de cent dix hectares ne produit ni blé ni bœufs de boucherie, mais des chevaux de course. Il se rend un peu trop souvent à sa luxueuse résidence de Palm Springs en Californie pour se refaire un bronzage. Mais sa femme est séduisante et ses quatre garçons sont tellement bien bâtis qu'il leur arrive de servir de modèles pour les maîtres de la haute couture torontoise!

Bref, il a tout à fait le profil du play-boy et du politicien pragmatique que les débats d'experts ennuient. Six mois exactement après avoir signé l'Accord du lac Meech, Don Getty le fait ratifier par sa législature. Et de deux!

Le botaniste de Fantasy Gardens

Bill Vander Zalm, non plus, ne cause de problème. «Robert et moi, nous sommes sur la même longueur d'ondes», confie-t-il en faisant les honneurs de Fantasy Gardens, une sorte de jardin botanique en banlieue de Vancouver.

> Ce qui nous rapproche, ce n'est pas la politique mais notre préoccupation commune de préserver la juridiction de nos gouvernements provinciaux. Les autres premiers ministres ont davantage tendance à suivre la ligne du parti mais Robert et moi, nous plaçons l'intérêt de nos provinces avant tout le reste[10].

Né en 1934 en Hollande, Bill Vander Zalm prétend avoir dû manger des bulbes et des racines pendant la guerre pour survivre! Arrivé au Canada en 1947, son père crée un élevage de bulbes de tulipes et de jonquilles où il fait travailler des immigrants hollandais et allemands dont il parraine l'installation au Canada. Bill Vander Zalm fait rapidement fortune en allant vendre ces bulbes aux immenses pépinières du sud de l'Ontario.

L'homme a bien vite épousé les préjugés des gens de la Colombie-Britannique à l'égard d'Ottawa — des «chiâleux», disait Trudeau. «Le Québec et la Colombie-Britannique ont ceci de commun, pense Vander Zalm, qu'à un moment ou l'autre de leur histoire, ils se sont sentis aliénés à l'intérieur de la fédération[11].»

Bourassa ne tient pas à s'afficher avec ce radical de droite qui, ministre des Affaires sociales de Bill Bennett, a menacé les assistés sociaux de sa province de leur distribuer des pelles et de leur faire creuser des tranchées dans la ville de Vancouver pour les corriger de leur paresse! Mais, en 1987, le programme de gestion de l'État-Provigo de Bourassa II n'est pas si différent de celui des créditistes de la Colombie-Britannique. Le gouvernement du Québec va aussi appuyer la bataille que Victoria mène contre les droits de coupe que les États-Unis veulent imposer sur le bois d'œuvre canadien. Et, surtout, Robert Bourassa s'est fait l'apôtre du libre-échange au Canada central. «Robert a été courageux de proposer cela, apprécie Vander Zalm. Surtout qu'il n'est pas du même parti que Mulroney. Je suis sûr que les libéraux n'aiment pas ça[12].»

«Bourassa ne me rend pas la tâche facile»

Il n'y a pas que les libéraux qui soient furieux contre Robert Bourassa. Le quatrième premier ministre de l'Ouest,

Howard Pawley, menace carrément de «lui faire payer» son appui au traité canado-américain. C'est donc du Manitoba que vont partir, dans l'Ouest, les premières salves contre l'Accord du lac Meech.

Il faut dire que la province elle-même n'avait aucune raison de se montrer complaisante à l'égard du Québec ou de Brian Mulroney. Howard Pawley a pris le pouvoir trois jours après l'entente constitutionnelle de novembre 1981. Il sait très bien que le sujet ne rapporte pas de dividendes dans sa province.

En 1983, il a lui-même failli être balayé par le débat qu'une décision de la Cour suprême rétablissant les droits des Franco-Manitobains a déclenché dans la province. De plus, au printemps de 1986, Brian Mulroney et ses ministres québécois — Robert de Cotret et Monique Vézina, en particulier — ont accordé le contrat d'entretien des chasseurs F-18 de l'armée canadienne à Canadair plutôt qu'à Bristol, de Winnipeg, dont la soumission semblait pourtant meilleure.

Mais Howard Pawley est un homme de principes: il refuse de mêler ses problèmes personnels à la question constitutionnelle. Lorsque, avec bien des remords tout de même, il se rallie à la majorité de ses collègues et signe l'entente constitutionnelle de juin 1987, il a l'intention de respecter sa signature.

Arrive alors le débat sur le libre-échange avec les États-Unis, qui le dérange bien plus que la question de la société distincte. Le 17 décembre 1987, une réunion particulièrement houleuse se tient à la résidence officielle de Brian Mulroney à Ottawa. Pawley en sort tout simplement furieux. Oubliant qu'il était lui aussi, avec ses collègues, en position de demande par rapport à la Constitution, Robert Bourassa s'est rangé du côté des négociateurs fédéraux. Simon Reisman vient de l'informer qu'un traité avec les Américains ouvrira un marché phénoménal à l'électricité de la deuxième baie James.

Le soir même, dans sa suite du Château Laurier, Howard Pawley explose et brandit pour la première fois la menace de revenir sur sa promesse de juin 1987.

> Bourassa ne me rend pas la tâche facile. Les inquiétudes à propos de l'Accord du lac Meech se sont intensifiées à cause du projet de libre-échange avec les États-Unis, et on va en avoir plein les oreilles. Même si je ne suis pas forcément d'accord avec ça, de plus en plus de gens pensent qu'il y a un lien entre les deux: l'Accord du lac Meech affaiblit le gouvernement fédéral au moment même où Ottawa abdique encore d'autres pouvoirs en faveur de Washington[13].

Pawley et tous les néo-démocrates du pays espèrent trancher le sort du libre-échange à la faveur de la prochaine élection fédérale. Les sondages leur donnent raison de croire à une défaite possible des conservateurs de Brian Mulroney.

Au Manitoba, la majorité de Howard Pawley tient à une seule voix. Il n'y a guère que la libérale Sharon Carstairs qui «fait tout un plat» avec la question constitutionnelle. Gary Filmon, chef de l'Opposition conservatrice, appuie encore officiellement l'entente constitutionnelle. «Je ne vois toujours pas de raison de ne pas l'appuyer[14]», assure-t-il.

Comme au temps d'André Laurendeau

Au printemps de 1988, une alliance semble donc possible entre les néo-démocrates et les conservateurs du Manitoba. C'est compter sans la vieille rancune des communautés ethniques de l'Ouest contre le Québec...

Déjà, en 1964, quand il faisait sa tournée du pays, André Laurendeau avait goûté au fiel des propos de certains groupes de l'Ouest.

Les groupes ethniques, assez curieusement, semblent avoir l'impression que d'accorder quelque chose au français, c'est arracher quelque chose à leurs groupes ou, en tout cas, installer une injustice: car s'ils acceptent dans une large mesure de perdre leur langue, pourquoi tout le monde n'en ferait-il pas autant? Ceci est particulièrement vrai des Ukrainiens[15]...

Le coprésident de la Commission sur le bilinguisme et le biculturalisme reprend même à son compte l'explication en trois volets qu'on lui en donne:
- les Néo-Canadiens transportent ici les attitudes auxquelles ils étaient habitués dans leur pays d'origine. Les groupes habitués à des luttes perpétuelles, comme les Ukrainiens, tendent à les poursuivre dans leur nouvelle patrie;
- les Slaves seraient assez difficilement admis par la société canadienne-anglaise tandis que, par exemple, les Scandinaves le sont aisément: d'où, chez les Ukrainiens, la tendance à chercher une revanche collective;
- enfin, les leaders actuels de ces communautés ethniques sentent que la jeunesse leur échappe et ont l'impression de livrer une dernière bataille. Avec hargne et acharnement!

Un quart de siècle plus tard, les néo-démocrates québécois vont dresser le même constat. «C'est l'Ouest néo-démocrate qui a tué Meech», lance le principal conseiller québécois du chef fédéral, Claude Rompré, en claquant la porte de son parti.

Le mouvement néo-démocrate est né dans les milieux coopératifs de l'Ouest et, malgré l'appui des grandes centrales syndicales du Canada central, c'est toujours dans l'Ouest qu'il enregistre ses plus grands succès. Aux élections générales de 1988, il y obtient trente-trois de ses quarante-trois sièges à la Chambre des communes et on s'attend à ce moment-là à ce qu'il prenne le pouvoir dans au moins deux provinces, la Saskatchewan et la Colombie-Britannique, et qu'il forme l'Opposition officielle dans les deux autres.

La concentration régionale du vote NPD fait aussi de ce parti le vrai représentant des Canadiens d'origine ethnique dont la grande majorité vit dans l'Ouest.

«Le NPD est donc naturellement et foncièrement opposé au principe de la dualité canadienne», en conclut Rompré, ancien conseiller d'Ed Broadbent et d'Audrey McLaughlin. D'ailleurs il révèle que lors d'un conseil fédéral du parti à Toronto, en mars 1989, ce sont quatre chefs de l'Ouest — Michael Harcourt de la Colombie-Britannique, Roy Romanow de la Saskatchewan, Gary Doer du Manitoba, et le «roi du Yukon», Tony Penikett — qui ont obligé Ed Broadbent à revenir sur la position favorable au Québec qu'il défendait depuis deux ans. Celui-ci aurait finalement cédé, pour éviter l'éclatement de son parti[16].

Après 1987, les néo-démocrates ne constituent pas une force politique déterminante dans l'Ouest. En fait, depuis la défaite de Pawley, en mars 1988, le seul gouvernement qu'ils contrôlent encore est celui du Yukon et les Territoires n'ont pas droit de parole à la table des premiers ministres. Ce sont plutôt les autochtones qui vont se servir de la poignée de membres qu'ils ont fait élire dans les législatures provinciales pour porter le dernier coup à l'entente constitutionnelle.

> En insistant pour la reconnaissance des droits des autochtones et des habitants du Nord, le NPD ne vise qu'à ouvrir la porte à une reconnaissance constitutionnelle des immigrants et de leurs descendants qui ont peuplé l'Ouest, et à les placer ainsi sur le même pied que les descendants des Français et des Anglais[17].

Se mettre à dos bien du monde...

La vieille rancune des groupes ethniques à l'égard des Canadiens français, la jalousie suscitée par les «comptes économiques» outrageusement favorables au Québec et l'affaire des F-18, les tensions provoquées par le débat sur le libre-échange, tout cela aurait dû inciter Robert Bourassa à la plus extrême prudence. Ne serait-ce que pour ne pas trop compliquer la tâche de ses alliés: Devine, Getty et Vander Zalm.

En fait, Robert Bourassa va réussir, en quelques mois, à se mettre à dos les libéraux, les réformistes, les minorités francophones et, finalement, les conservateurs eux-mêmes. Cela finit par faire beaucoup de monde!

Pour se débarrasser de Brian Mulroney — et de son projet de libre-échange — à l'élection générale attendue pour 1988, les néo-démocrates de l'Ouest comptaient autant sur John Turner que sur leur chef fédéral, Ed Broadbent. Mais, au NPD, on a le sens de la discipline du parti et les chefs provinciaux s'alignent sur la politique de l'aile fédérale. Howard Pawley ne peut donc pas comprendre que Robert Bourassa suive, sur cette question du libre-échange, une voie différente de celle de ses homologues fédéraux.

«Bourassa fait davantage confiance à Brian Mulroney qu'à John Turner[18]», s'offusque le premier ministre du Manitoba. «Je n'aime pas jouer les cocus contents, déplore de son côté Raymond Garneau. Je reconnais à Robert Bourassa le droit de régler des comptes avec monsieur Trudeau, mais pas sur le dos de John Turner[19].»

Quant aux partis libéraux de l'Ouest, dont la faveur dans les sondages remonte jusqu'à près de 30 % de l'électorat, ils espèrent reconquérir une région où ils arrivent difficilement à faire élire deux députés: Lloyd Axworthy à Winnipeg et John Turner à Vancouver. Eux aussi vont bientôt avoir un compte à régler avec Robert Bourassa...

Ils ont dû, pendant longtemps, se cacher dans les sous-sols d'église pour continuer à défendre la vision de Pierre Trudeau. Mais Bourassa viendra les humilier — chez eux! À la suite d'un jugement de la Cour suprême, de fortes pressions s'exercent sur Grant Devine et Don Getty pour qu'ils rétablissent les droits de leurs minorités françaises. Le gouvernement de la Saskatchewan offre à sa minorité un certain nombre de privilèges, dans la législature provinciale et dans les cours de justice notamment, mais refuse catégoriquement de rétablir leurs droits. On assiste à une levée de boucliers à travers le pays. Le président du Reform Party proteste:

> Quand Bourassa impose la suprématie de la langue française, on dit que c'est un grand nationaliste. Mais quand un premier ministre de l'Ouest fait la même chose pour l'anglais, on le traite de dinosaure, de radical, de *redneck*[20]...

Les francophones de l'extérieur du Québec réclament une intervention du gouvernement de Bourassa en leur faveur. «Nous avons toujours considéré le Québec comme notre allié, dit le président des Fransaskois. S'il n'est pas avec nous, qu'est-ce qu'il nous reste[21]?» «Robert Bourassa devrait perpétuer la tradition des premiers ministres du Québec qui ont toujours été très alertes pour défendre les minorités francophones de l'extérieur du Québec[22]», lance de son côté Jean Chrétien en débarquant à Winnipeg pour donner un coup de main à son alliée, Sharon Carstairs.

Mais Bourassa, tout comme Mulroney d'ailleurs, refuse d'intervenir. Au contraire, à l'occasion d'une visite dans l'Ouest, ils envoient tous deux de généreuses tapes dans le dos de leurs collègues de la Saskatchewan et de l'Alberta.

«Bourassa est un traître!» protestent les Franco-Albertains, dont les propos sont repris, en manchette, dans les quotidiens de Toronto. À Saskatoon, Mulroney lui-même se fait accueillir sur un air de Gilles Vigneault: «Vous ne m'entendez guère, vous ne m'entendez pas!»

L'attitude de Robert Bourassa et de ses collègues de l'Ouest renforce le soupçon des intellectuels libéraux pour qui l'Accord du lac Meech n'est qu'un grand complot visant à substituer deux pays unilingues au Canada bilingue que Pierre Trudeau a voulu bâtir. Les minorités se sentent abandonnées. «Les Québécois ont droit à tout le gros pain, déplore la présidente des Franco-Manitobains. Et les Fransaskois se contentent des miettes.»

Ce sont de tels incidents qui convaincront Frank McKenna et les Acadiens de repousser, jusqu'à la dernière minute, toute forme de compromis. Puisque le Québec refuse de se porter à la défense des minorités françaises, il devient essentiel pour elles de faire reconnaître au gouvernement fédéral le droit de s'en mêler.

Une autre gaffe, tenue secrète celle-là, va déclencher l'opposition des réformistes et probablement refroidir l'enthousiasme de Bill Vander Zalm et de Don Getty à l'égard de Robert Bourassa et de ses projets constitutionnels. À l'occasion de cette même visite en Saskatchewan, Robert Bourassa rencontre en privé une douzaine d'hommes d'affaires influents de la région. La discussion porte sur «l'après-Meech». Le premier ministre du Québec ne cache pas ses sentiments sur la réforme du Sénat. «J'exprime des réserves très sérieuses sur la nécessité d'ajouter un autre palier de décision dont les membres seraient élus[23]», laisse tomber Bourassa. Les remarques du chef du gouvernement du Québec se répandent comme une traînée de poudre à travers les Prairies et au-delà des Rocheuses. L'Ouest a l'impression d'être en train de se faire avoir.

Même Grant Devine n'arrivera pas à calmer les esprits. «Il ne m'appartenait pas d'essayer de savoir ce que ferait Bourassa, murmure-t-il diplomatiquement. La clef pour moi était de le ramener à la table et on aurait essayé ensuite de travailler avec lui sur la réforme du Sénat.»

Le dernier clou dans le cercueil que l'Ouest veut refermer sur l'Accord du lac Meech va être planté avec l'élection d'un gouvernement conservateur minoritaire au Manitoba. Or les rapports entre Gary Filmon et Brian Mulroney n'ont jamais été très bons. «Nous ne sommes pas ce qu'on pourrait appeler de grands amis[24]», laisse tomber Filmon.

Mais les conservateurs et les néo-démocrates du Manitoba souhaitent se débarrasser d'un problème que la libérale Sharon Carstairs exploite effrontément dans les milieux réactionnaires du sud de la province. Pendant quelques mois, les «deux Gary» (Filmon et Doer) attendent que le gouvernement fédéral leur propose un modeste compromis — une clarification des conséquences de la clause sur la société distincte, par exemple — pour faire adopter l'Accord du lac Meech et assainir le climat avant la prochaine élection. «C'est ce que j'ai dit à mes collègues du cabinet fédéral. Mais ils ne m'ont pas écouté[25]», déplore aujourd'hui Jake Epp, lui-même représentant du Manitoba aux Communes.

«J'y ai goûté...»

Le dépôt à l'Assemblée nationale de la loi 178 sur l'affichage public, en décembre 1988, ne constituera qu'un prétexte pour Gary Filmon car... sa volte-face est planifiée depuis longtemps. En fait, deux ans avant la «mort» officielle de l'Accord du lac Meech, l'Ouest ne voulait déjà plus rien entendre.

J'y ai goûté. Les gens croient encore que j'étais sincère. Mais la majorité des sièges occupés par mon parti viennent de comtés ruraux où l'Accord est extrêmement impopulaire. Et les Ukrainiens, les Allemands, les Indiens, les métis, les juifs, tous ces gens-là se sentent rejetés. Ils ont l'impression que je les ai laissé tomber[26].

Et Frank McKenna de commenter:

S'il devait y avoir un héros, et il n'y en eut pas tellement dans ce débat sur le lac Meech, ce titre devrait être décerné à Devine: chacun avait ses raisons de conclure que cela ne ruinerait pas sa carrière politique d'appuyer l'Accord. Mais Devine s'est fait beaucoup de tort[27].

En fait, le premier ministre de la Saskatchewan ne s'en relèvera probablement jamais. Il sait bien que Roy Romanow, lui-même d'origine ukrainienne, exploite la situation. Car le chef du NPD de la Saskatchewan n'est pas sans expérience. Il suffit, pour s'en convaincre, de demander à Claude Morin ce qu'il pense de celui qu'il croyait être l'allié du Québec en 1981:

Vous-même avec qui j'ai passé tellement d'heures pendant tant de mois à discuter du dossier constitutionnel, pourquoi ne m'avez-vous pas appelé pour que je participe à cette séance de nuit, et dont le Québec a été exclu? Vous saviez pourtant où je me trouvais... Beaucoup estiment chez nous que nous avons été trompés et abandonnés[28].

C'est face à cet homme-là que Devine s'est retrouvé, le matin du 23 juin, après l'échec de l'Accord du lac Meech. Deux semaines plus tôt, Robert Bourassa lui avait presque dit adieu. «Robert n'est pas le genre de personne à vous sauter au cou, dit Devine. Mais j'ai senti que son "merci" était sincère[29].»

Il n'a pas besoin de lire les journaux pour mesurer l'impact de son échec et celui de ses collègues dans la société québécoise. Ses filles, Michelle et Monique, l'appellent régulièrement de Québec: «L'atmosphère sur le campus de Laval n'est plus la même, disent les filles Devine à leur père. On sent que les gens s'intéressent moins à nous maintenant. On comprend ça, mais on n'est pas très à l'aise[30].»

Devine les supplie de ne pas lâcher. Il continue de croire à l'importance pour ses enfants d'apprendre le français, comme il refusait d'envisager que Robert Bourassa le laisse un jour tomber sur la réforme du Sénat. «On verra bien ce que l'histoire retiendra de moi. Et si je perds l'élection à cause de ça... *c'est la vie*», dit-il en français. Les seuls mots en français qu'on l'ait jamais entendu prononcer...

NOTES ET RÉFÉRENCES

1. Étude inédite citée par David Kilgour, *Inside Outer Canada*, Lone Pine Publishing, Edmonton, 1990.
2. Preston Manning, entretien avec l'auteur, mars 1988.
3. Grant Devine, entretien avec l'auteur, juillet 1990.
4. *Ibid.*
5. *Ibid.*
6. *Forces*, printemps 1987.
7. Statistique Canada, Recensement de 1986.
8. Grant Devine, entretien avec l'auteur, 8 avril 1988.
9. Grant Devine, entretien avec l'auteur, juillet 1990.
10. Bill Vander Zalm, entretien avec l'auteur, octobre 1987.
11. *Ibid.*
12. *Ibid.*
13. Howard Pawley, entretien avec l'auteur, décembre 1987.
14. Gary Filmon, entretien avec l'auteur, mars 1988.
15. André Laurendeau, *op. cit.*, p. 68.
16. Claude Rompré, entretien avec l'auteur, juin 1990.
17. *Ibid.*
18. Howard Pawley, entretien avec l'auteur, décembre 1987.
19. *Le Devoir*, 2 février 1988.

20. Preston Manning, entretien avec l'auteur, mars 1988.
21. *Le Devoir*, 14 avril 1988.
22. *Le Devoir*, 14 avril 1988.
23. Source confidentielle. (Il s'agit toutefois de l'un des hommes d'affaires ayant participé à la réunion.)
24. Gary Filmon, entretien avec l'auteur, avril 1988.
25. Jake Epp, entretien avec l'auteur.
26. Grant Devine, entretien avec l'auteur, juillet 1990.
27. Frank McKenna, entretien avec l'auteur, juillet 1990.
28. Claude Morin, *Les lendemains piégés*, Montréal, Boréal, 1988, p. 365 et 372.
29. Grant Devine, entretien avec l'auteur, juillet 1990.
30. *Ibid.*

Chapitre 10

Les enfants terribles de la famille

> *Je crois, en ce qui concerne le Québec, que l'indépendance ne pourrait s'y manifester de nouveau que si elle était imposée aux Québécois par le reste du Canada*[1]...
>
> Richard Hatfield

Comment se fait-il donc que de ses trois collègues libéraux des provinces de l'Atlantique Robert Bourassa ne réussisse pas à se faire des alliés du Québec? Au-delà des personnalités en cause, on peut avancer deux raisons à cela: d'abord, il ne s'intéresse pas beaucoup à eux; ensuite, il commet l'erreur de laisser à Brian Mulroney le soin de les convaincre. De leur tordre le bras au besoin! Ce qui, bien sûr, mène au désastre...

Car, de Richard Hatfield, qui se fait jeter du train avant le premier arrêt, à Clyde Wells qui monte en marche et tire le signal d'alarme, la saga du lac Meech à travers les provinces maritimes est ponctuée de tout ce que la politique a de plus disgracieux à offrir: lâchetés, erreurs de tactique, malentendus et coups en bas de la ceinture.

«Meech est mort. Vive Clyde Wells!» crieront les Terre-Neuviens le 24 juin 1990.

«Meech est mort. Vive le Québec!» répondra la foule de Montréal.

Mais on n'émettra pas l'avis de décès de l'entente constitutionnelle en juin 1990; elle aura, en fait, été torpillée trois ans plus tôt, par quelqu'un qui s'en sortira d'ailleurs plutôt bien. Nommé au Conseil privé par Pierre Trudeau en 1982 pour avoir isolé René Lévesque, Richard Hatfield peut, grâce à Brian Mulroney, envisager une douce retraite sur les fauteuils du Sénat après avoir laissé tomber Robert Bourassa.

«Aujourd'hui, on propose aux Canadiens de reconnaître quelque chose qui a déjà marché et qui va encore marcher: un Québec qui occupe sa place», a pourtant affirmé Hatfield aux petites heures du 3 juin 1987. Mais quand il rentre à Fredericton, le chef conservateur est dangereusement près de la fin de son quatrième mandat. Bourassa y est pour quelque chose...

Le coup de pouce de Bourassa

Entre deux séances de négociation sur l'entente constitutionnelle, Robert Bourassa trouve en effet le temps de recevoir, à sa résidence de la rue Maplewood à Montréal, son collègue chef libéral du Nouveau-Brunswick.

> Il s'agissait de bâtir des lignes de communication avec l'appareil politique de la province. Cela nous a été utile pour notre campagne électorale: notre équipe électorale a rencontré la sienne et nous avons passé une journée à examiner la campagne des libéraux du Québec, à visiter leurs agences de publicité et à écouter quelques-uns de leurs stratèges[2].

Bourassa et McKenna ne sont pas sans affinités. Issu d'un modeste milieu rural, Frank McKenna a lui aussi épousé une riche héritière. Mais ce n'est pas tellement la dot que lui apporte Julie Friel qui est importante; c'est surtout que la jeune femme vient de Moncton, capitale de l'Acadie, et possède une résidence secondaire à Cap-Pelé. Le jeune avocat unilingue anglais, élevé par sa grand-mère au cœur d'une communauté de vieux loyalistes, passe ses étés dans la péninsule et découvre les Acadiens. «Ces gens-là dégagent une extraordinaire joie de vivre, dit-il avec un enthousiasme un peu candide. Ils aiment la musique, le théâtre. L'Acadie, c'est pas une minorité. C'est un peuple[3]!»

«McKenna a la passion des nouveaux convertis», confirme l'un de ses plus proches conseillers politiques. Comme Bourassa encore, McKenna refuse de poursuivre une carrière à Ottawa. Après un court séjour en sciences politiques à l'Université Queen's de Kingston, il devient stagiaire dans le bureau d'Allan MacEachen, à l'époque de la conférence de Victoria. Mais, comme son collègue de Québec, il ne peut s'habituer à l'ambiance de la capitale fédérale, si lointaine du «vrai monde» de sa province:

> Tout y avait l'air faux. J'y ai vu des valets et des flatteurs qui volaient autour des ministres comme des papillons autour d'une chandelle, pratiquant le pouvoir pour le pouvoir, sans se soucier vraiment des gens ordinaires[4].

Dernier détail qui le rapproche de Robert Bourassa: il nomme lui aussi une femme, Aldéa Landry, au poste de vice-première ministre, ce qui n'est pas sans conséquences. Son mari, Fernand Landry, devient chef de cabinet de McKenna. Les Acadiens et les femmes sont donc très influents dans ce gouvernement du Nouveau-Brunswick.

Involontairement, Robert Bourassa et ses organisateurs politiques se sont faits les artisans de la défaite de Richard Hatfield. Il faut reconnaître cependant que ce n'était que le dernier coup porté à un régime déjà chancelant. Depuis le 26 octobre 1970, date où *Disco Dick* avait mis fin au règne des libéraux de Louis Robichaud, il gouvernait le Nouveau-Brunswick comme un despote; réélu avec la plus grande majorité de toute sa carrière politique le 12 octobre 1982, il possédait encore à l'été de 1987 une marge de seize sièges, sur cinquante-huit, à l'Assemblée législative.

Hatfield, le «lâcheur»

Richard Hatfield vient de traverser une passe difficile: la Gendarmerie royale du Canada a, en effet, trouvé un petit sac de haschich dans ses valises, sur l'avion des Forces armées — qui transportait en même temps la reine, de surcroît! Ses virées dans les discothèques de New York et ses partouzes discrètes avec des jeunes gens du Nouveau-Brunswick ont fait les manchettes.

Frank McKenna est catégorique: Hatfield aurait pu facilement faire ratifier l'Accord du lac Meech avant de déclencher des élections.

> Quand Hatfield est revenu de la conférence d'Ottawa, l'Assemblée siégeait encore et on aurait pu prolonger la session d'une ou deux semaines. Pourquoi ne l'a-t-il pas fait? Je n'en sais rien mais j'avoue que cela m'a surpris[5].

Il est vrai que tous les sondages, depuis un an, prédisaient une défaite certaine de *Disco Dick*. Et la province se trouvait une fois de plus plongée dans un débat sur la question linguistique. Mais la question constitutionnelle n'intéressait vraiment personne. Pendant la campagne électorale de l'automne, et même au cours d'un débat télévisé entre les chefs de parti, elle n'avait même pas été soulevée une seule fois. Pourtant, pensaient plusieurs stratèges conservateurs, après avoir fait campagne en 1982 sur sa réputation de «père du rapatriement», la parenté de l'Accord du lac Meech ne pouvait nuire à Hatfield.

> Et il nous aurait été difficile de nous y opposer. Je ne sais pas quelle attitude nous aurions adoptée au moment du vote mais cela n'avait pas d'importance: Hatfield avait une bonne majorité et son caucus l'aurait suivi[6].

Erreur de calcul? Manque de courage politique? La vérité est sans doute plus simple: Hatfield a toujours été imprévisible. Trudeau, autant que Mulroney, se méfiait de cet ancien vendeur de *chips*.

Certes, personne ne doute que la sympathie manifestée à l'égard des revendications d'un Québec fédéraliste étaient sincères. «Il est toujours resté un allié sûr pour le Québec», reconnaît son successeur. Et il a toujours suivi docilement les stratégies dictées par les bureaucrates fédéraux. Pendant l'opération «rapatriement» de 1981, c'est le sous-ministre fédéral de la Justice, Roger Tassé, qui rédigeait ses interventions.

Tous les conseillers de Brian Mulroney, Dalton Camp en particulier, ancien président du parti et ami personnel du premier ministre du Nouveau-Brunswick, savaient que Hatfield était fini. Pourquoi alors ne pas l'avoir pressé de régler la question avant son départ? Frank McKenna est catégorique à ce propos: le Parti libéral «n'aurait pas rescindé l'accord de la province à l'entente constitutionnelle».

> Dans le cas du libre-échange avec les États-Unis, on a finalement appuyé le gouvernement fédéral, sans rien obtenir en échange, tout simplement parce qu'après mûre réflexion, on a conclu qu'il n'y avait rien d'autre à faire[7].

À Ottawa, on en a conclu que le Nouveau-Brunswick ne créerait pas de problèmes. Mais on ignorait tout de Frank McKenna, surtout de ses opinions sur l'Accord du lac Meech, ce que l'intéressé confirme:

> Je n'ai jamais eu de séance d'information de la part de Hatfield ni aucun contact avec le gouvernement fédéral jusqu'à ce que je devienne premier ministre. Je m'informais par les journaux! En fait, j'ai l'impression qu'on ne s'intéressait tout simplement pas à mon opinion.

Jusqu'à la dernière minute, jusqu'à l'après-midi du 22 juin 1990, pour être plus précis, ni Brian Mulroney ni aucun de ses conseillers n'admettront qu'une province osera aller jusqu'au bout. Depuis des générations, les mandarins fédéraux tiennent les *Maritimers* pour acquis.

Les *Maritimers* sont tranquilles...

En réalité, au lac Meech, l'opposition la plus coriace vient de l'Ontario et du Manitoba, le 30 avril 1987. Les *Maritimers* se montrent plutôt accommodants...

John Buchanan, comme Richard Hatfield, ne participe pratiquement pas aux débats. Chef du gouvernement de la Nouvelle-Écosse depuis 1978, ce sexagénaire débonnaire passait totalement inaperçu dans les conférences fédérales-provinciales et, s'il a maintenant quelque notoriété dans la capitale fédérale, il la doit à sa démission surprise et à sa nomination au Sénat, en 1990.

Joe Ghiz constitue un cas beaucoup plus sérieux. Traditionnellement, les interventions des premiers ministres de l'Île-du-Prince-Édouard aux conférences constitutionnelles permettent aux observateurs et aux experts de se servir un café et d'avaler rapidement un ou deux beignes. Mais avec Ghiz, tout va changer. Ce n'est pas tellement le caractère insolite de sa situation politique — Néo-Canadien d'ascendance libanaise à la tête du gouvernement de la province la plus *wasp* du pays, et premier libéral élu chef d'un gouvernement des provinces de l'Atlantique depuis le départ de Trudeau — qui intrigue. L'homme est aussi précédé d'une solide réputation d'expert constitutionnel à Ottawa.

En 1978, en effet, il avait été membre du comité du Barreau canadien sur la Constitution, en compagnie d'un certain Clyde Wells. En 1980, il présentait une thèse de maîtrise sur le contrôle des ressources naturelles au Canada à la prestigieuse Université Harvard. En fait, de tous les premiers ministres présents au lac Meech, Ghiz est peut-être, avec Robert Bourassa, celui qui est le plus versé dans les questions constitutionnelles.

Il sait, par contre, qu'en s'attaquant à la formule d'amendement et à la réforme du Sénat, ses collègues ne manqueront pas de remettre en cause le poids politique de sa province. L'ancienne Constitution garantit en effet aux 126 645 habitants de l'Île-du-Prince-Édouard quatre sièges au Sénat: une moyenne d'un sénateur pour 32 000 habitants comparativement à un siège pour 250 000 habitants dans l'ensemble du pays. Cela passe particulièrement mal en Colombie-Britannique où l'on doit se contenter d'un siège de sénateur pour 500 000 citoyens[8]!

Robert Bourassa et Gil Rémillard viennent au lac Meech pour réclamer un veto «régional»; Ghiz va se ranger dans le camp de ses collègues de l'Ouest pour défendre le principe de l'égalité des provinces. Ancien ministre de la condition féminine, c'est lui aussi qui, le premier, mais en secret, va réclamer une modification à l'Accord du lac Meech, quelques jours seulement après l'avoir signé. Mécontent du refus d'Ottawa, il va bouder pendant un an avant de faire ratifier l'Accord, même s'il a personnellement promis à Robert Bourassa d'être le premier de tous les chefs de gouvernement à le faire adopter[9].

Quant à Brian Peckford, il a de bonnes raisons d'éprouver de la sympathie pour Robert Bourassa car il n'a pas obtenu tout ce qu'il voulait du rapatriement de 1982. C'est Brian Mulroney qui lui a accordé, en 1985, le contrôle du gisement d'Hibernia et des autres ressources pétrolières dont on soupçonne l'abondance au large des côtes de Terre-Neuve et du Labrador. Avant Frank McKenna, et avant Clyde Wells, on l'a surnommé, lui aussi, l'«enfant terrible de la Confédération». N'a-t-il pas fait «vomir» Jean Chrétien en 1980, en affirmant qu'il «préférait le Canada de René Lévesque à celui de Pierre Trudeau»? Peckford appartient à cette génération de Terre-Neuviens que la notion de société distincte n'effarouche pas: leur mentalité d'insulaires les éloigne autant du *mainland* canadien que le Québec se sent loin de Victoria!

Comme tous ses collègues du Canada anglais, Peckford ne peut tout de même pas revenir d'Ottawa les mains complètement vides. Il décide donc de mener, pour la forme, une bataille à propos de la juridiction des provinces sur les pêches. L'Accord du lac Meech n'est guère compromettant puisqu'il prévoit seulement que la question sera à l'ordre du jour de «futures» et sans doute lointaines conférences constitutionnelles.

Pourtant, c'est cette vague promesse qui, bien plus que la notion de société distincte, va mettre le feu aux poudres au Nouveau-Brunswick: les Acadiens s'opposent dès le début à une entente qui les livre au bon vouloir d'un gouvernement dont la majorité dépend des comtés loyalistes du sud de la province. Or il se trouve que les villages acadiens sont aussi des villages de pêcheurs: bien davantage que la menace à leur propre identité culturelle — qui a tout de même survécu à la déportation et à un siècle d'isolement! —, c'est la perspective de voir les gros chalutiers de Terre-Neuve draguer dans le golfe leur seule ressource économique qui les inquiète.

C'est peut-être ce qui explique le succès sans précédent que remportent les libéraux pendant la campagne électorale de la fin de l'été. Si l'image du «balayage électoral» a jamais pris tout son sens, c'est bien lors de cette élection du 13 octobre 1987. McKenna rafle les cinquante-huit sièges de la législature de Fredericton!

Alors on les ignore...

On aurait tout de même pu prévoir les conséquences d'une victoire de Frank McKenna en août 1987. Alors chef de l'Opposition, il se présente un jeudi matin à la «Salle du comité des chemins de fer» du Parlement fédéral. Pas un seul fonctionnaire fédéral n'est là pour l'entendre. Pourtant, de toutes les objections qu'il soulève à l'Accord du lac Meech, aucune ne va manquer, près de trois ans plus tard, dans l'Accord parallèle qu'il proposera à Brian Mulroney et qu'on s'empressera de faire endosser par le comité Charest.

Quelques mois plus tard, lorsque McKenna devient premier ministre, Ottawa envoie une délégation imposante à Fredericton. Doublement imposante, en fait, car le gouvernement fédéral veut s'assurer de la collaboration du nouveau gouvernement libéral à la fois dans le dossier constitutionnel et dans celui du libre-échange avec les États-Unis. «Ils nous ont insultés», raconte l'un des conseillers qui ont assisté à la rencontre. «Cela ne s'est pas très bien passé[10]», confirme diplomatiquement McKenna lui-même.

Lowell Murray, Norman Spector et leurs batteries d'experts ne sont guère intéressés à entendre ce que Frank McKenna ou Aldéa Landry ont à leur dire. Mais les ministres et les fonctionnaires du Nouveau-Brunswick ont pourtant longuement étudié l'Accord et ils en connaissent autant que leurs vis-à-vis fédéraux sur les questions constitutionnelles. Adroitement, Frank McKenna choisit le terrain juridique plutôt que politique pour critiquer les clauses, les unes après les autres.

> Ils tentaient de nous expliquer ce que chacune des clauses pouvait dire, mais ils ne pouvaient offrir aucune garantie juridique. Je croyais à l'époque qu'on aurait pu arriver à clarifier tout cela, mais personne ne nous a vraiment pris au sérieux[11].

«Vous n'avez pas trois ans, mais six mois pour ratifier cet Accord, menace Lowell Murray.
— Je ne suis pas pressé[12]», rétorque Frank McKenna calmement.

Quelques semaines plus tard, le nouveau premier ministre du Nouveau-Brunswick assiste à sa première conférence fédérale-provinciale. On s'attend à ce que, comme tous les nouveaux venus, il se montre discret et apprenne sagement les règles du jeu de ce club très sélect. Au contraire, Frank McKenna signale qu'il veut des clarifications à l'Accord, sans toutefois exiger de modifications. «Je vais préparer un texte que je vous ferai parvenir plus tard», promet-il à ses collègues.

Curieusement, il croit percevoir autour de la table «un remarquable manque de solidarité pour l'Accord du lac Meech[13]». Il se sent donc encouragé par cette première réaction. Robert Bourassa se dit alors «prêt à s'asseoir avec lui pour discuter des droits des Acadiens».

... et on veut même les acheter!

Dans les mois qui suivent cependant, plus personne n'est intéressé à parler de Constitution avec Frank McKenna. La priorité de l'heure, c'est le libre-échange, auquel le Nouveau-Brunswick va se rallier plutôt rapidement.

Dans les couloirs des conférences intergouvernementales, de hauts fonctionnaires fédéraux et des conseillers de Brian Mulroney laissent entendre que le gouvernement du Nouveau-Brunswick pourrait, une nouvelle fois, comme au temps de Richard Hatfield et de Louis Robichaud, se laisser «acheter». Le gouvernement fédéral doit, en effet, trancher entre le Québec et le Nouveau-Brunswick pour l'octroi d'un contrat de cinq milliards de dollars en vue de la fabrication de six nouvelles frégates pour la marine canadienne.

«Vous voyez ce qu'on veut dire?» murmurent les fonctionnaires fédéraux. David Peterson, à qui on rapporte ces propos, alerte aussitôt Frank McKenna.

> Je commençais à être un peu fatigué de ce genre d'histoires suggérant qu'on peut «acheter» le gouvernement du Nouveau-Brunswick. Je sais bien que les gouvernements des Maritimes ont longtemps eu cette réputation de ne pas avoir de convictions très solides, d'être «pragmatiques». Mais j'étais bien décidé à changer cela. Quand on a pris notre décision d'appuyer le libre-échange — et ce ne fut pas facile car on avait tous les libéraux sur le dos — la décision sur les frégates n'était pas prise. Je voulais faire comprendre au gouvernement fédéral qu'il n'était pas nécessaire d'essayer de nous acheter. Et je pense que Brian Mulroney a compris le message[14]!

Il n'y a pas que la bureaucratie fédérale qui se conduise maladroitement avec le Nouveau-Brunswick. Celle du Québec — aux Affaires intergouvernementales canadiennes, en particulier — ne s'arrange pas pour s'y faire des amis.

La vieille rivalité entre Acadiens et Québécois

Il existe une vieille rivalité entre fonctionnaires acadiens et québécois: ces derniers ont toujours difficilement accepté la présence de leurs collègues du Nouveau-Brunswick, plus précisément au Sommet de la francophonie.

> Voilà qui n'est accepté ni par les leaders québécois, ni par la bureaucratie québécoise, ni par les médias québécois. Cette conviction [...], chez vous, que seul le Québec peut parler pour la réalité française du Canada, je ne peux accepter cela[15].

La complicité entre la bureaucratie fédérale et celle du Québec inspire donc la plus grande méfiance aux fonctionnaires de Fredericton. L'histoire, à ce propos, leur donnera raison, prétend McKenna.

Le compromis concernant l'Accord du lac Meech auquel le premier ministre du Nouveau-Brunswick tient le plus a trait à la définition des rôles que le gouvernement du Québec, d'un côté, et le gouvernement fédéral, de l'autre, doivent jouer dans la «protection» ou la «promotion» de la dualité canadienne. À Québec, on croit à un simple calcul politique de la part de McKenna, qui vient de se faire plébisciter dans les comtés acadiens du nord de la province.

Mais, comme dans les négociations sur le libre-échange, McKenna n'agit pas par opportunisme politique. Seulement par principe.

> J'ai trop connu les effets de l'assimilation pour ne pas réaliser combien la protection institutionnelle, dans les universités, les hôpitaux, les conseils scolaires, est importante[16].

Pour protéger la minorité acadienne d'un renversement de tendance au Nouveau-Brunswick, McKenna veut donc que le gouvernement fédéral détienne le pouvoir constitutionnel d'assurer la «promotion» de la caractéristique fondamentale du Canada, soit «l'existence de Canadiens d'expression française, concentrés au Québec mais présents aussi dans le reste du pays, et de Canadiens d'expression anglaise, concentrés dans le reste du pays mais aussi présents au Québec».

Au Québec, c'est de la dynamite: permettre à Ottawa de faire la promotion du *Royal Vic,* du *Children's Hospital,* de *McGill University* et du *Protestant School Board,* cela relève tout simplement de la provocation!

Bourassa et Rémillard, se faisant rassurants, se rendent tour à tour au Nouveau-Brunswick expliquer que «c'est quelque chose qu'on pourra facilement régler dans la deuxième ronde» de négociations constitutionnelles. En somme, on dit à McKenna: «Signez d'abord, on verra après!» Bourassa était sincère, pense McKenna. Mais, pour Gil Rémillard, c'est différent...

Le double jeu de Rémillard

À l'automne de 1989, en effet, quand les premiers ministres fusionnent les textes de l'Accord du lac Meech et des «clarifications» exigées par les autres provinces, et que cette question de la promotion de la dualité canadienne revient sur le tapis, le Québec s'y oppose fermement. Et, surtout, quand Frank McKenna accepte enfin de laisser tomber la communauté anglaise du Québec et consent à une entente bilatérale, qui limiterait les pouvoirs du gouvernement fédéral au territoire de sa seule province, les bureaucrates québécois abattent leur jeu... «Rémillard et la délégation québécoise se sont battus contre cela aussi et ce n'est que l'intervention personnelle de Bourassa qui a permis que cela passe... On avait raison d'insister[17]!» raconte aujourd'hui McKenna.

En somme, Québec et Ottawa ont perdu plus d'un an à ignorer un Frank McKenna pourtant prêt à se contenter de peu, quelques «clarifications» tout au plus qui n'auraient pas vraiment altéré les cinq conditions du Québec elles-mêmes. Le premier ministre du Nouveau-Brunswick le déplore d'ailleurs amèrement.

> Ils ne m'ont jamais demandé un document écrit ni une opinion. Ce n'est qu'après le débat sur la loi 178 qu'Ottawa a commencé à parler d'Accord «parallèle», et Québec d'accord «politique».

Personne ne prévoyait alors des élections à Terre-Neuve et il restait amplement de temps pour négocier un compromis honorable, d'autant plus qu'au Manitoba, Gary Filmon et Gary Doer voulaient, eux aussi, se débarrasser de ce panier de crabes où Sharon Carstairs pataugeait allègrement.

Le sens du fair-play de Frank McKenna va retarder encore une fois, de neuf autres mois, le lancement des vraies négociations. «Je m'étais engagé à tenir des audiences publiques mais je ne voulais pas publier le rapport du comité avant les élections québécoises pour ne pas nuire à Bourassa, politiquement[18]», explique-t-il. Après coup, il le regrettera. Mais «qui aurait pu prédire l'élection d'un premier ministre tellement doctrinaire qu'il refuserait toute concession?» soupire-t-il en faisant allusion à son collègue de Terre-Neuve.

Car ni Ottawa ni Québec, en fait personne dans le reste du pays, ne prête attention à ce qui se passe à Terre-Neuve. Là-bas, tout est réglé, pense-t-on: la «Chambre de l'Assemblée», comme on l'appelle à Saint-Jean, a ratifié l'Accord du lac Meech le 7 juillet 1988.

Un fils spirituel de Trudeau

Pourtant, les avertissements n'ont pas manqué. Les partisans de l'Accord du lac Meech auraient bien dû savoir que Pierre Trudeau et ses fidèles n'étaient pas du genre à abandonner aussi facilement. Or, au lendemain de la ratification finale de l'Accord par le Parlement fédéral, ceux-ci laissent entendre que «la bataille va se livrer au niveau des législatures provinciales». Aussitôt après l'élection de Clyde Wells à la tête du gouvernement de Terre-Neuve, Marc Lalonde ne cache pas sa conviction que «lui, au moins, il aura l'audace d'aller jusqu'au bout[19]».

Ces «trudistes» savent de quoi ils parlent. Le 18 mars 1988, en effet, le nouveau chef de l'Opposition officielle à Terre-Neuve, Clyde Wells, après avoir rejeté une à une les cinq clauses de l'Accord du lac Meech, ajoute: «Quand je serai premier ministre, je rescinderai l'appui de la province!»

Lui non plus n'est pas un inconnu à Ottawa. Comme Joe Ghiz, il siégeait au comité sur les affaires constitutionnelles du barreau canadien en 1978 et a enregistré sa dissidence, dans le rapport final, parce que le comité avait retenu la suggestion de Claude Ryan de faire du Sénat une «Chambre des provinces».

Orthodoxe jusque dans les moindres détails, il est choisi par le gouvernement Trudeau pour défendre la cause du gouvernement fédéral contre... Terre-Neuve, qui conteste le projet de rapatriement unilatéral de 1980! «Terre-Neuve est une province comme les autres», plaide-t-il devant la Cour suprême de sa propre province.

Au sein de la bureaucratie québécoise, les vétérans des conférences constitutionnelles auraient dû se méfier, eux aussi. Chaque fois qu'un libéral a dirigé le gouvernement de Terre-Neuve, il s'est violemment opposé à toute forme de statut spécial pour le Québec, comme si les libéraux de cette province voulaient faire payer au Québec l'affaire douteuse qu'ils ont conclue en 1949 en recommandant l'adhésion de Terre-Neuve à la fédération canadienne! N'est-ce pas Joe Smallwood qui a conseillé à Pierre Trudeau, dès 1967:

> Pour le Québec, rien, rien, mais rien du tout. Je veux dire, absolument rien que l'Île-du-Prince-Édouard ou Terre-Neuve ne puissent avoir aussi[20]?

Clyde Wells a donc toute une lignée! Et une dangereuse expérience en matière constitutionnelle. Lorsqu'il rencontre Robert Bourassa et ses collègues des autres provinces, au cours de l'été 1989 à Québec, Frank McKenna alerte aussitôt Brian Mulroney: «Il va constituer un obstacle quasi insurmontable: prenez-le au sérieux le plus vite possible.» En pleine campagne électorale, en effet, et pour montrer à quel point il est sérieux dans son opposition à l'Accord du lac Meech, il renonce publiquement aux revendications de Brian Peckford sur les pêches!

Malgré ces avertissements, pendant les six mois qui suivront, le gouvernement fédéral ne va pas chercher à prendre contact avec Clyde Wells, ni même tenter de savoir quelle est son opinion sur l'Accord. Comme avec Frank McKenna deux ans plus tôt (ce qui rappelle les relations Trudeau-Peckford neuf ans plus tôt), les stratèges fédéraux préfèrent utiliser le mépris, l'insulte et même la calomnie contre cet autre enfant terrible, la nouvelle tête de Turc de la fédération.

Sus aux *Newfies*!

Pendant la conférence constitutionnelle de 1980, les fonctionnaires fédéraux avaient laissé entendre que Brian Peckford buvait beaucoup et qu'il recevait d'étranges visites, la nuit, dans sa suite du Four Seasons à Ottawa.

Il serait cependant difficile de prétendre la même chose avec ce parangon de vertu qu'est Clyde Wells. En 1990, les mêmes conseillers, cette fois au service de David Peterson, suggèrent donc de manipuler les ondes nationales de CBC et de Radio-Canada pour faire passer Clyde Wells «pour un sale petit enfant gâté à qui on ne peut faire confiance[21]».

Comme s'il répétait lui aussi les «notes argumentaires» que le Bureau des relations fédérales-provinciales distribue aux députés de Brian Mulroney, le vice-président de la Chambre des communes et député de Saint-Maurice, Denis Pronovost, lance sur les ondes de la radio locale de Trois-Rivières: «Clyde Wells est un malade mental qui ne vaut pas cher la tonne, un illuminé qui n'est pas fort du haut des épaules»! Et pour faire bonne mesure, Pronovost affirme qu'avec ses 40 % d'analphabètes, «Terre-Neuve n'est ni plus ni moins que le tiers monde»!

Dans un tel climat, une entente n'est tout simplement plus possible, à moins d'utiliser avec Clyde Wells de véritables méthodes de tortionnaires. Ce que les fonctionnaires fédéraux vont froidement planifier.

Ils connaissent au moins une chose au sujet de Clyde Wells: il est émotivement fragile. À quelques semaines de l'échéance ultime pour la ratification de l'Accord du lac Meech, ils décident donc que c'est lui qui doit craquer. Le premier ministre de Terre-Neuve reconnaît aujourd'hui qu'il a effectivement fini par céder. «La pression du groupe, je suppose[22]», dit-il.

Car il a effectivement signé un document de six pages, le 9 juin 1990, et exprimé le vœu «que ça passe, pour le bien du Canada[23]». Il s'est même engagé à soumettre l'entente de dernière minute à un vote de sa propre législature.

Pourquoi ne l'a-t il donc pas fait? Dans la matinée du 22 juin, il a appris qu'il allait perdre son pari et que ses propres députés, une bonne demi-douzaine d'entre eux, tout au moins, ébranlés par les discours de plusieurs premiers ministres venus les visiter à Saint-Jean, et surtout par les appels désespérés de Jean Chrétien, allaient finalement «voter pour le Canada», à défaut d'approuver les cinq conditions du Québec. Il suffisait que cinq libéraux votent contre leur chef pour que l'Accord soit effectivement ratifié une deuxième fois à Terre-Neuve.

Le lendemain soir, à Calgary, quand le nouveau chef du Parti libéral du Canada embrasse son collègue de Terre-Neuve et lui dit: «Merci pour tout ce que vous avez fait», il évoque l'appui massif qu'il a reçu de la délégation de Terre-Neuve. Pour ce qui est du débat constitutionnel, Clyde Wells en veut encore à Jean Chrétien d'avoir été de ceux qui ont participé au dernier «tordage de bras».

Le matin du 22 juin, Wells hésite longuement avant de décider s'il autorisera un vote, ou non, dans sa propre législature. Il tient bon finalement, quand, à la dernière minute, il reçoit un coup de téléphone de son dernier allié. Quelques minutes avant que Wells n'aille une dernière fois rencontrer ses députés, Elijah Harper l'appelle: «Je vais bloquer le vote au Manitoba», lui promet-il.

Clyde Wells ne voulait surtout pas que Terre-Neuve soit la seule province à dire non au Québec. Maintenant qu'il est assuré que le Manitoba lui tiendra compagnie, il demande enfin l'ajournement *sine die* du débat sur l'Accord du lac Meech.

Ainsi, trois ans plus tard, la prophétie de Richard Hatfield semble de plus en plus près de se réaliser. «L'indépendance ne pourra se manifester de nouveau au Québec que si elle est imposée aux Québécois par le reste du Canada.»

Son successeur à Fredericton prend la menace au sérieux. Inquiet, McKenna espère seulement que le calme et la sagesse vont prévaloir.

Mais je suis d'accord que nous en sommes là au Québec maintenant... La plupart des Canadiens anglais pensent que Québec ne va pas réagir, ou qu'il bluffe. Que ce soit par accident ou autrement, c'est pourtant ce qui risque d'arriver[24]...

NOTES ET RÉFÉRENCES

1. *Forces*, printemps 1987.
2. Frank McKenna, entretien avec l'auteur, juillet 1990.
3. Frank McKenna, entretien avec l'auteur, juin 1988.
4. *Ibid.*
5. Frank McKenna, entretien avec l'auteur, juillet 1990.
6. *Ibid.*
7. *Ibid.*
8. Statistique Canada, Recensement de 1986.
9. Entretien confidentiel.
10. Frank McKenna, entretien avec l'auteur, juillet 1990.
11. *Ibid.*
12. Frank McKenna, entretien avec l'auteur, novembre 1987.
13. *Ibid.*
14. Frank McKenna, entretien avec l'auteur, juillet 1990.
15. *Forces*, printemps 1987.
16. Frank McKenna, entretien avec l'auteur, juin 1988.
17. Frank McKenna, entretien avec l'auteur, juillet 1990.
18. *Ibid.*
19. *Trudeau le Québécois, op. cit.*, p. 307.
20. *Ibid.*, p. 154
21. *Southam News,* juin 1990.
22. *Saturday Night,* janvier 1991, p. 34.
23. Frank McKenna, entretien avec l'auteur, juillet 1990.
24. *Ibid.*

Chapitre 11

Alliés de Bourassa... malgré lui, au besoin!

> *Tout se passe comme si le seul ministre important du gouvernement Mulroney, c'était Robert Bourassa lui-même!*
> Un ministre de Mulroney

Entre 1970 et 1976, la concurrence régnait entre les députés de Robert Bourassa et ceux de Pierre Trudeau. Après, ce fut tout simplement la guerre! Jusqu'à l'arrivée de Brian Mulroney et de John Turner à la tête des deux grands partis nationaux, les députés fédéraux du Québec se préoccupaient surtout de défendre les intérêts du Canada au Québec et, par la même occasion, leur légitimité!

En 1984, les députés conservateurs qui s'installent dans les fauteuils de la Chambre des communes ne font pas partie du cercle des intimes de Robert Bourassa. En fait, ces «bleus du Québec» ont un moment caressé l'idée de créer dans la province leur propre parti néo-fédéraliste. Quand Robert Bourassa décide d'occuper tout le terrain, ils constituent — quelques-uns du moins — un parti néo-souverainiste: le Bloc québécois. Ainsi, en se préoccupant du Québec d'abord, tous les députés fédéraux de la province, à l'exception d'une demi-douzaine de libéraux, se trouvent maintenant à défendre les intérêts de Robert Bourassa... Malgré lui, au besoin!

Avant même que Bourassa ne reprenne le pouvoir à Québec, un contingent de «nationalistes» québécois — 58 en 1984 et 63 sur 75 en 1988 — vont préparer le terrain à Ottawa, en quelque sorte, et changer le «parti des Anglais», au point où ses vieux militants ne s'y reconnaîtront plus et où sa base traditionnelle de l'Ouest s'écroulera, cédant aux sirènes du Reform Party de Preston Manning.

À vrai dire, Robert Bourassa n'a pas tellement à voir dans ce revirement historique du parti de Sir John A. Macdonald, qui s'était, ne l'oublions pas, implanté dans l'Ouest en envoyant Louis Riel à la potence! C'est plutôt Brian Mulroney qui a le génie d'amener à la politique des Québécois trop occupés jusqu'ici — du moins pour plusieurs — à poursuivre leur propre carrière. Installés à Ottawa, ces hommes et ces femmes vont aider le Canada anglais à découvrir le Québec moderne.

Occupés ailleurs...

Le profil traditionnel des «bleus du Québec» les a éloignés de Robert Bourassa au début des années soixante-dix.

Originaires des régions plutôt que de Montréal, ils viennent de vieilles familles unionistes dont les parents organisaient les élections des candidats de Maurice Duplessis. La plupart d'entre eux ont exercé pour la première fois leur droit de vote en 1960 et, plutôt progressistes, ont rompu avec la tradition familiale en se rangeant derrière l'équipe du tonnerre de Jean Lesage. Mais, six ans plus tard, Daniel Johnson les ramène à l'Union nationale. Son ancien ministre d'État à l'Éducation se souvient:

> Ce qu'il nous promettait, ce sont les trois dimensions d'un État moderne: le développement économique, le progrès social et la souveraineté culturelle[1].

Plutôt nationalistes, donc, ils ont suivi de loin la montée au Québec du mouvement souverainiste. Chose certaine, un grand nombre — tels Lucien et Benoît Bouchard — ont refusé de se joindre à l'équipe de Robert Bourassa. Dans les années soixante-dix, quand «Bourassa construi[sait]», ces gens-là étaient surtout occupés à faire de l'argent. Beaucoup d'argent..., comme André Bissonnette qui est devenu, à trente ans, le «roi du poulet». Comme Michel Côté, comptable agréé et copropriétaire de l'équipe junior de hockey Les Remparts de Québec. Ou comme Marcel Masse, qui a facilité les choses à Lavalin, assurant les contacts auprès des gouvernements conservateurs provinciaux.

> Si nous avions un problème avec Bill Davis en Ontario, avec John Buchanan en Nouvelle-Écosse, avec Frank Moores à Terre-Neuve ou Peter Lougheed en Alberta, Marcel arrangeait ça[2]!

D'autres poursuivaient leur carrière professionnelle sans trop se mêler de politique. Monique Vézina, par exemple — la «force tranquille», comme on la surnomme à Rimouski —, se hissait, sans diplôme et sans projet de carrière, à la direction du Mouvement Desjardins, à la vice-présidence de la Régie de l'Assurance-automobile du Québec et au Conseil supérieur de l'Éducation. Benoît Bouchard administrait un cégep; et comme beaucoup de futurs candidats de Brian Mulroney, son intérêt pour la politique ne l'a cependant pas mené plus loin que le conseil municipal de sa ville natale, Roberval.

Bref, quand ils arrivent à Ottawa en 1984, les «bleus du Québec» commencent une seconde carrière. Cela explique un comportement très différent de celui des libéraux des années soixante qui entraient en politique juste avant la trentaine, comme ce fut le cas d'André Ouellet et de Jean Chrétien, ou n'ont connu que les coulisses du pouvoir, dans le Bureau du premier ministre, comme Marc Lalonde ou Francis Fox.

Des nationalistes plutôt tranquilles

Bon nombre des recrues de Brian Mulroney ont, en outre, étudié à l'Université Laval de Québec, plutôt qu'à Montréal comme les proches de Pierre Trudeau. La différence n'est pas sans signification: les premiers ont connu à Québec, dans les années soixante, une génération différente d'Anglo-Québécois, les Peter White, Michael Meighen, George MacLaren... et Brian Mulroney, bien sûr. Ces Anglo-Québécois venant, comme eux, du Québec des régions — des Cantons de l'Est ou de la Côte-Nord — ils sont beaucoup mieux intégrés à la société québécoise que les *Montrealers* unilingues et souvent arrogants. «À la différence de beaucoup de gens dans le Parti québécois, j'avais des liens de jeunesse, des liens d'amitié avec les anglophones. Cela m'a ouvert des horizons[3]», explique Lucien Bouchard. Benoît Bouchard, quant à lui, confirme, par ailleurs:

> Notre nationalisme n'a rien à voir avec la frustration des gens de Montréal qui dénoncent l'unilinguisme anglophone dans l'affichage. Ici, ça n'existe pas: notre nationalisme procède de notre sens de l'appartenance[4].

Évoquant son Lac-Saint-Jean où les Anglais de l'Alcan sont, à l'époque, effectivement moins hautains que ceux de la *Royal Bank* aux derniers étages de la Place Ville-Marie, Benoît Bouchard va d'ailleurs se faire taper sur les doigts pour avoir parlé ouvertement d'une société «pas dérangée» par les Anglais, de la «pureté ethno-culturelle» de son coin de Québec dont 97 % de la population est «québécoise de langue et de race»! Voilà un langage que les champions du multiculturalisme, les néo-démocrates de l'Ontario, n'oublieront pas de sitôt.

C'est la campagne référendaire, puis la faillite économique du régime libéral, qui amèneront tous ces gens-là à la politique et, par le biais du Parti conservateur, les conduiront à Ottawa. «Aussi drôle que cela puisse paraître, dit Benoît Bouchard, c'est le référendum qui est à l'origine de ma carrière politique à Ottawa[5]!» Comme d'autres, il a ressenti «une profonde humiliation» en entendant Pierre Trudeau, le 16 mai 1980, au centre Paul-Sauvé de Montréal, exploiter une fois de plus l'angoisse naturelle des Québécois placés devant des choix importants. «J'ai toujours pensé que Trudeau n'avait pas besoin de dire ça», confie Bouchard qui, militant du Oui, savait déjà qu'il avait perdu.

Les libéraux commettront l'erreur d'attaquer aussi une bonne douzaine d'autres membres du camp du Oui, pendant la campagne électorale de 1984. Ce faisant, ils ne feront que renforcer davantage — si besoin était! — le désir de revanche des Québécois. D'autres, hommes d'affaires généralement impliqués dans le mouvement des chambres de commerce et autres clubs Richelieu de leur ville de province, en ont tout simplement «assez des politiques socialisantes des libéraux[6]».

À quarante ans, les «bleus du Québec» ont donc à peu près tous suivi la même trajectoire.

Dans les années soixante, ils ont vibré pour les grands sociaux-démocrates — Robert Cliche, Jean Marchand, et même le Pierre Trudeau «d'avant la Crise d'octobre» — qui ont donné au fédéralisme un visage québécois, un discours français, un généreux programme de réformes. Lucien Bouchard — qui allait se tailler une réputation de «petit dur» dans les syndicats de la fonction publique québécoise en 1982 — a même été tout près de travailler pour la CSN à cause de Jean Marchand! Enfin tous avouent avoir milité pour Pierre Trudeau en 1968.

Dans les années soixante-dix, repliant leur social-démocratie sur le Québec, ils ont laissé leur sympathie flotter discrètement vers le «bon gouvernement» de René Lévesque. Jusqu'à ce discours de Pierre Trudeau et, surtout, la nuit de novembre 1981 où ils se sentent trahis et où le goût de la vengeance a réveillé leurs instincts politiques.

Dans les années quatre-vingt, ils acceptent donc «le beau risque» que leur propose Brian Mulroney, «quelqu'un qui est allé à Ottawa à la tête d'une délégation de nationalistes. Pas des agressifs ni des fanatiques. Des gens de bon sens, qui viennent des régions, d'un peu partout au Québec, avec leurs expériences de vie personnelle[7].»

L'avant-garde du lac Meech

Quand, en 1983, Guy Charbonneau, Jean Bazin, Michel Cogger, Mario Beaulieu — qui deviendront tous sénateurs! — ont mis une organisation, et beaucoup d'argent, au service de la campagne de Brian Mulroney, ils ne pensaient guère qu'aux intérêts du Parti conservateur.

Mais, en 1984, c'est une tout autre équipe de Québécois — tels Bernard Roy, futur secrétaire principal du premier ministre, Rodrigue Pageau, un vieux routier de l'Union nationale décédé peu de temps après l'élection de 1984, Gary Ouellet et Pierre-Claude Nolin, futurs responsables de cabinets ministériels à Ottawa — qui vont se faire chasseurs de têtes et recruter, un à un, les candidats locaux. À ceux qui hésitent, ils tiennent un unique discours:

> Vous êtes une de ces personnes qui voudrait changer des choses mais vous refusez d'en prendre les moyens. On vous offre une plate-forme. On ne vous dit pas que vous allez réussir, que votre comté est sûr, mais il est prenable[8].

Ces Québécois se sentent si loin du Parti conservateur qu'ils exigent tous de rencontrer Brian Mulroney avant de se décider. Et le génie de Mulroney, c'est de leur proposer un double projet auquel, de toute évidence, il croit sincèrement: laver l'affront fait au Québec par les libéraux en 1981 et «faire marcher le Canada».

Le message tombe bien. Le 29 février 1984, le jour même de la démission de Pierre Trudeau, le vieux François-Xavier Bouchard, ami personnel de Robert Bourassa et inconditionnel de Pierre Trudeau, confie à son fils Benoît: «Mulroney, c'est probablement le seul homme du pays actuellement capable de ramasser les morceaux... Je me demande si je ne voterai pas conservateur la prochaine fois[9].»

Il n'y aura malheureusement pas de «prochaine fois» pour François-Xavier Bouchard: le vieil homme disparaîtra deux semaines plus tard. Mais quand son fils rencontre Brian Mulroney, à Laval, le 28 mai suivant, il accepte de porter les couleurs du Parti progressiste-conservateur dans un comté où le candidat de Joe Clark, avec ses 532 votes, a fini bon dernier, en 1980, loin derrière le candidat du Parti rhinocéros! Benoît Bouchard prévient alors:

> Je ne vais pas à Ottawa comme le gars qui a perdu son référendum. J'y vais avec la conviction que j'ai quelque chose à donner, avec ma force de Québécois qui a confiance en lui. Si on doit vivre dans ce pays-là, autant y jouer un rôle[10].

Lucien Bouchard dira plus tard:

> Mulroney a très bien lu ce qui se passait dans la tête de ses candidats. Il comprenait très bien le sentiment de frustration, de révolte et de refus qui inspirait la démarche politique des Québécois. Il a décodé tout cela. Et il a senti le besoin de provoquer un déblocage[11].

Pendant sa campagne électorale, mais au Québec seulement, Brian Mulroney insiste sur son intention d'amener le Québec à signer la Constitution de 1982. Lucien Bouchard rappellera à ce propos:

> Il y aura un prix à payer pour cela, le droit de retrait, la notion des peuples, le principe des rapports «directs» et non seulement «privilégiés» dans les relations internationales, j'ai insisté pour que ce soit dans ses textes[12].

Six mois après son arrivée à la tête du gouvernement fédéral, Mulroney va réaffirmer ces principes devant nul autre que le président des États-Unis, à l'aéroport de Québec. Un an plus tard, au Sommet de la francophonie, Mulroney est le seul membre de la délégation fédérale, avec Lucien Bouchard, bien sûr, à ne pas s'offusquer de l'incursion inopinée de Robert Bourassa dans le domaine de la politique internationale. «C'est pour de tels services rendus, prétend un proche, que Bourassa va insister auprès de Mulroney pour que Lucien Bouchard entre au cabinet fédéral[13].»

En somme, plus d'un an avant le retour de Robert Bourassa au pouvoir à Québec, une équipe de nationalistes québécois prépare le terrain à Ottawa et entreprend la patiente conversion du Canada anglais. C'est en quelque sorte l'avant-garde du lac Meech, celle qui, par son comportement autant que par ses discours au caucus conservateur et au Conseil des ministres, va convaincre le «parti des Anglais» que les Québécois sont effectivement différents. Sympathiquement distincts!

Car il faut bien l'avouer: les conservateurs du Canada anglais ne sont pas trop difficiles à séduire. Il y a exactement autant de députés de l'Ouest que de conservateurs québécois dans cette cuvée de 1984. Et ces gens-là, comme les Terre-Neuviens, d'ailleurs, ont les mêmes objectifs que les Québécois, dans une certaine mesure: laver l'affront des politiques libérales (du Programme énergétique national, en particulier) et «faire marcher le Canada».

Brian Mulroney espérait tout au plus faire élire une vingtaine de candidats au Québec. Il se retrouve, le soir du 4 septembre, avec une liste de cinquante-sept députés. Mais bien peu de ministrables. «J'essaie de me rendre à dix, mais c'est pas facile[14]!» confie-t-il à un intime au moment de former son premier cabinet. Beaucoup vont d'ailleurs se contenter d'un portefeuille de ministre d'État. «L'apprentissage du pouvoir et l'inexpérience nous empêchaient d'être trop exigeants[15]», reconnaît Benoît Bouchard.

L'axe Bourassa-Mulroney

Un style peu orthodoxe de rapports entre les gouvernements d'Ottawa et de Québec va se développer de façon accidentelle.

> Les rapports entre les deux gouvernements passaient par mon bureau à Chicoutimi et je ne faisais que cela à plein temps. Quand le gouvernement Lévesque m'a demandé d'aller porter à Ottawa la liste des demandes qu'il avait établies, j'ai refusé. J'ai plutôt réuni Louis Bernard et Bernard Roy et passé en revue avec eux la liste des gros dossiers à régler[16].

Pendant quatre ans après l'élection de Robert Bourassa, et surtout pendant la négociation de l'Accord du lac Meech, les communications entre les deux gouvernements se résument à des contacts très personnels entre Bourassa et Mulroney, entre Québécois qui se comprennent, s'estiment, sont sur la même longueur d'onde en somme. Mais quand, au cours du deuxième mandat de Brian Mulroney, des bureaucrates anglophones — Derek Burney d'abord, puis Norman Spector — prennent le relais, la situation se détériore rapidement.

«C'est ça qui m'a écœuré quand je suis arrivé au gouvernement [le 31 mars 1988], explique Lucien Bouchard. Quand j'ai vu à quel point ces gens-là avaient pris de l'importance[17].» Comme il arrive bien souvent à Ottawa, Mulroney-le-Québécois s'est peu à peu laissé récupérer par la machine fédérale. «Et je peux dire que les meilleurs discours que Mulroney a faits, il ne les a jamais montrés à la "machine"», soupire un Bouchard nostalgique du bon vieux temps.

L'arrivée à Ottawa d'une équipe de nationalistes québécois, même s'ils ne sont pas des «fanatiques» comme le prétend Lucien Bouchard, crée tout de même un certain nombre de chocs.

Le choc des langues, d'abord, pour de jeunes députés dont certains n'ont encore jamais mis les pieds dans la capitale fédérale et qui, comme Gérard Pelletier en 1965, subissent péniblement la domination de l'anglais. «Pourquoi nous haïssez-vous comme ça, nous les Québécois?» lance le député de Châteauguay, Ricardo Lopez, à un digne sous-ministre de l'Énergie dont le ministère n'embauche pas assez de francophones. Et quand le Commissaire de la Gendarmerie royale du Canada se présente devant le Comité mixte sur les langues officielles, son président, Charles Hamelin, député de Charlevoix, lance d'un air menaçant: «Si la Loi sur les langues officielles relevait du Code pénal, nous aurions dû vous amener ici les menottes aux poignets!»

Dans le parti de John Diefenbaker, cela crée tout un choc! D'autant plus que l'apprentissage du pouvoir, pour d'autres, ne va pas sans bavures. «Mulroney n'a pas cultivé des amitiés au Québec pendant trente ans dans l'idée qu'un jour il les ferait passer à la caisse[18]», prétend pourtant Lucien Bouchard. Mais dans l'entourage du chef conservateur, certains n'ont

La Social Research de Chicago a brossé un profil idéal du chef de gouvernement que veulent les Québécois: capable de traiter d'égal à égal avec les milieux financiers…

… plutôt jeune, et qui fasse le pont entre les générations.

(Pono Presse Internationale)

Certains ont vu dans ce mariage le froid calcul d'un jeune ambitieux... En réalité, cette union lui aura sans doute causé plus d'ennuis qu'elle n'aura vraiment changé sa vie.

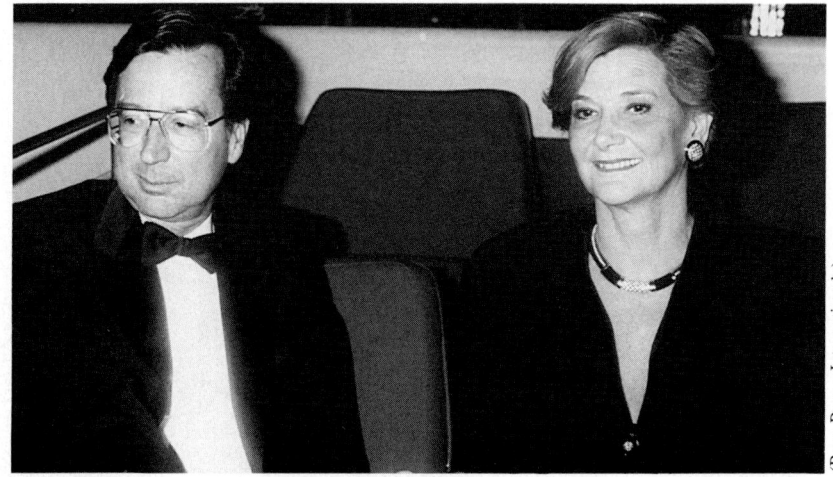

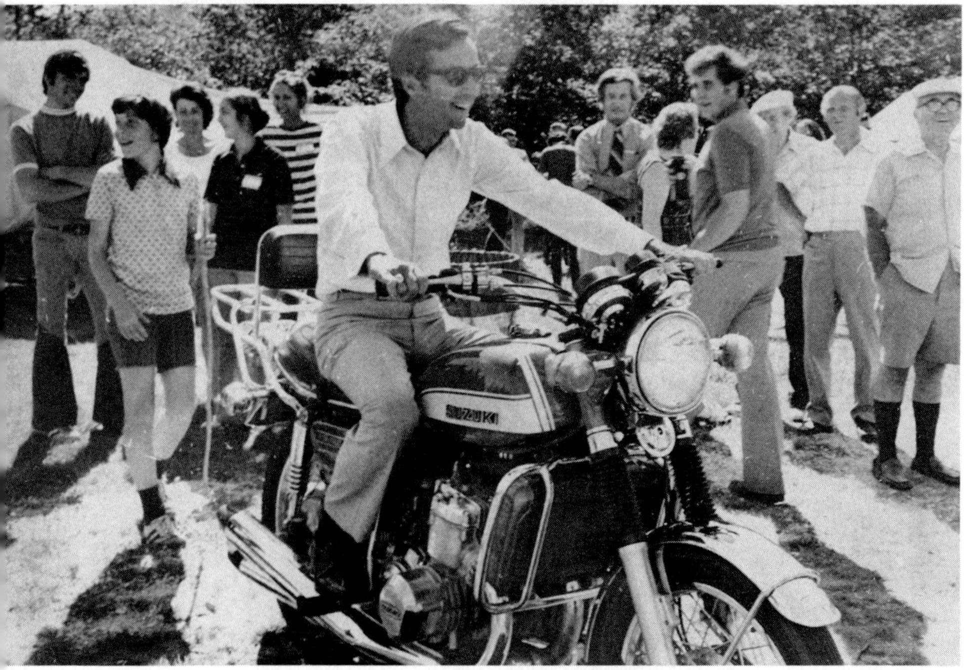

(Canapress)

«Pritt, Zoum, Bing», disait Trudeau...
«Proutt, Proutt, Proutt», aurait peut-être dit Bourassa si l'angoisse d'enfourcher une telle monture ne l'avait empêché de parler...

«Je trouvais qu'en travaillant pour Lévesque, ou avec lui, on travaillait pour l'avancement de ses idées, ce qui était le progrès du Québec...»

(Canapress)

«C'est ben d'valeur, dit Trudeau, mais pour moi c'est fondamental et c'est pas parce que l'histoire va mal te juger que je vais me sacrifier.»

«Les péquistes peuvent rugir, moi les mamans m'aiment!»

«Un jour je reviendrai…» Et le retour d'exil ne le conduisit pas à Waterloo… mais à Meech!

Pas de rancune mais un brin de cynisme tout de même! «Si Ryan échoue, on en sera débarrassés... Mais les gens diront qu'on a tout de même essayé!»

Tel un homme qui paraîtrait mieux que son ombre: pourquoi donc ne va-t-il jamais au bout de ses convictions?

On semble, par exemple, prendre pour acquis l'appui de la France…

(Canapress)

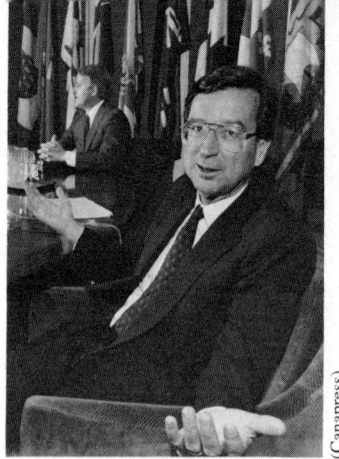

«Il faut quand même se souvenir que, lorsqu'on a fait ces demandes, on n'était pas en position de force…»

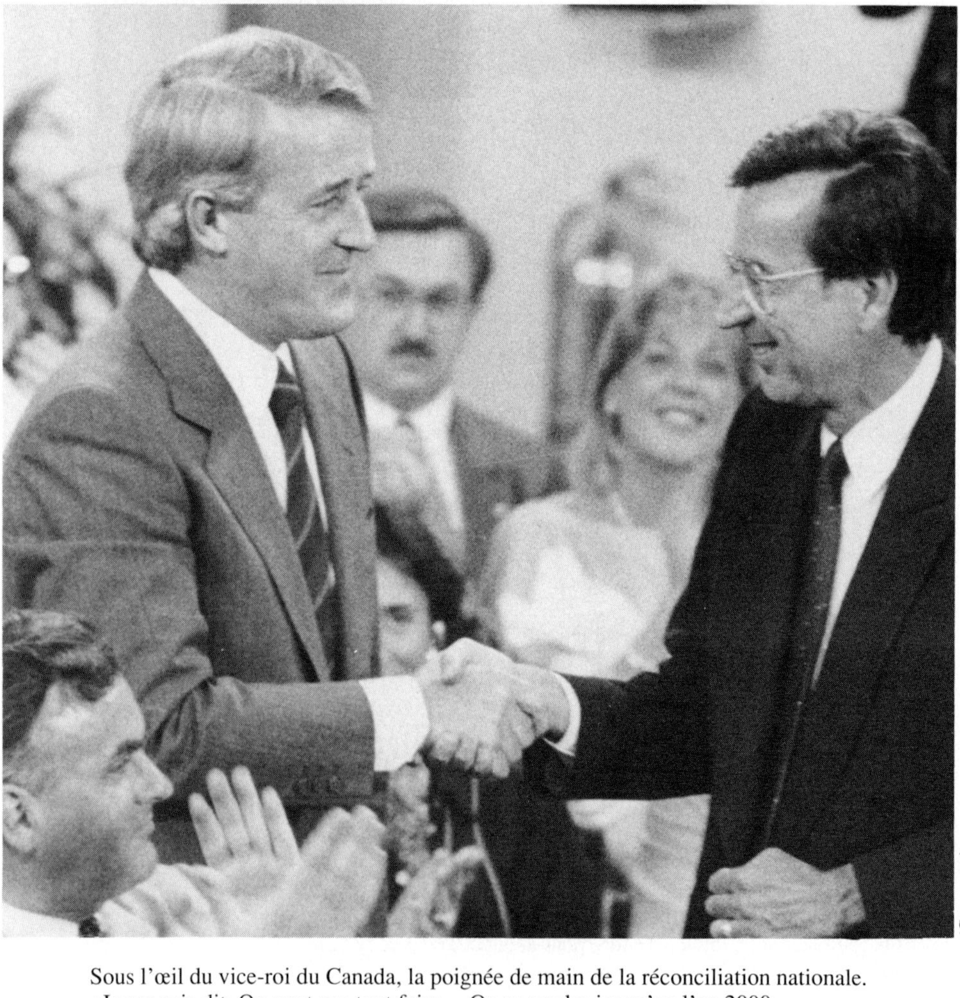

(Canapress)

Sous l'œil du vice-roi du Canada, la poignée de main de la réconciliation nationale. «Je me suis dit: On peut pas tout faire… On se rendra jusqu'en l'an 2000, peut-être…»

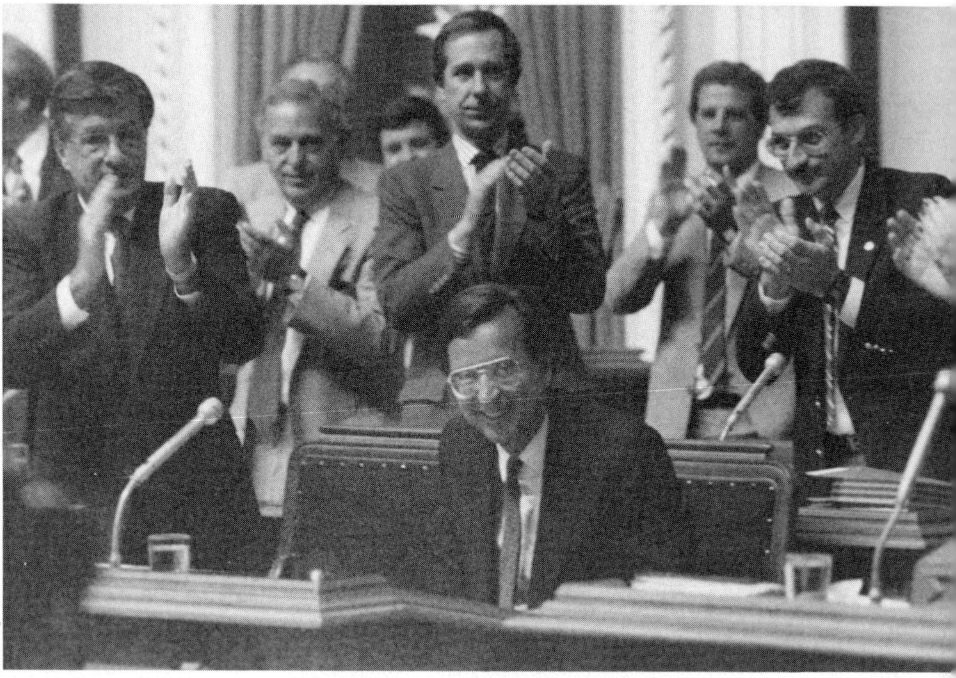

(Canapress)

N'a-t-il vraiment aucune envergure le politicien qui occupe la scène politique depuis vingt ans et est parvenu à faire du français la langue officielle du Québec?

(Pono Presse Internationale)

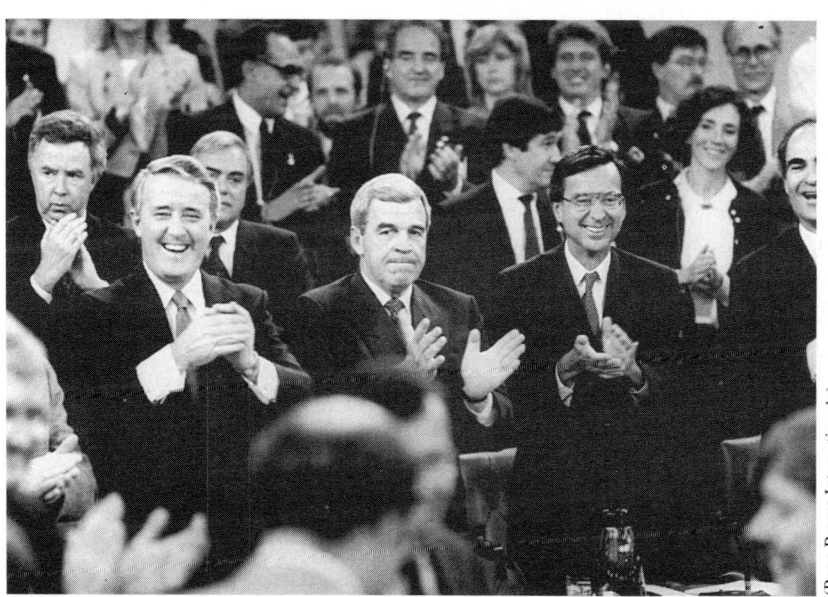

«Avec dignité et fierté», avait promis Mulroney…

Chef d'orchestre…

(Canapress)

(Canapress)

… accompagnateur,

(Canapress)

ou au diapason de la «garde montante»?

Après avoir assumé seul la défaite de 1976, c'est seul aussi qu'il a patiemment entrepris sa réhabilitation.

Estomaqué, Parizeau se laisse même aller à lui proposer sa coopération.

Cet homme là, s'il jouait au poker, aurait toujours une carte cachée dans sa manche.

(Canapress)

Il reste à ce bâtisseur une étape à franchir: se défaire de cette idée que le Québec a besoin des «autres»...

pas oublié les bonnes vieilles méthodes de l'Union nationale. Bien des entrepreneurs du Québec «passent à la caisse» effectivement, n'en déplaise à Bouchard, et les scandales déciment les rangs de la députation québécoise.

Premières bavures...

C'est un bien mauvais moment pour ébranler les conservateurs québécois: Robert Bourassa vient d'être élu à Québec et le Canada anglais se souvient avec empressement des scandales qui ont secoué son gouvernement en 1976. On oublie que c'est des rangs de l'aile québécoise — et en se réclamant de l'exemple du Parti québécois! — que vient le mouvement en faveur d'une réforme des méthodes de financement des grands partis fédéraux. C'est la *Big Blue Machine* qui résiste. Les pionniers de cette opération de nettoyage — François Gérin et Louis Plamondon — formeront incidemment, quelques années plus tard, avec Lucien Bouchard, qu'on accueillera à Ottawa comme «Monsieur Net» —, le noyau du Bloc québécois.

Ce qui dérange surtout, c'est qu'après deux ans d'apprentissage, les ministres québécois commencent à s'affirmer. Marcel Masse initie les conservateurs du Canada anglais au vrai nationalisme, en leur citant des auteurs américains comme Thomas Janeway: «Les véritables souverains d'un peuple sont ceux qui en façonnent l'esprit, le mode de pensée, les goûts, les principes. Nous ne pouvons accepter que cette suprématie soit exercée par des étrangers!» Monique Vézina, alors ministre des Approvisionnements et Services, rejette l'avis de ses fonctionnaires et, avec la complicité de Robert de Cotret, grand patron de la trésorerie fédérale, accorde le contrat d'entretien des chasseurs de combat de l'armée de l'air canadienne à Canadair. Michel Côté, par ailleurs, arrache des commandes à la marine pour les chantiers navals de Québec. Bref, pourrait dire Robert Bourassa, «le fédéralisme n'aura jamais été aussi rentable».

Les conservateurs québécois se sentent portés par la vague d'entrepreneurship qui soulève alors le Québec. «Quand je vois Bernard Lamarre, Pierre Péladeau, Paul Desmarais, Pierre Lortie, Michel Bélanger, cela me donne des tripes, ça me donne le goût de m'accrocher[19]», lance Benoît Bouchard. Sous le regard surpris, et maintenant inquiet, de leurs collègues du Canada anglais, les Québécois commencent à taper du poing sur la table du Conseil des ministres. «Ce que je veux dans le Canada, ce n'est pas un Québec à quatre pattes, prévient Gilles Loiselle, qui a pris la relève de Michel Côté en 1988. C'est un Québec fort. Et dérangeant[20]!»

Libéraux et néo-démocrates du Canada anglais se mettent à trépigner contre cette engeance nationaliste qui relève la tête à Ottawa. Mais dans les rangs du Parti conservateur, les Québécois ne sont plus seulement utiles, ils deviennent carrément indispensables. Depuis 1988, en effet, ils représentent près de 40 % du groupe parlementaire conservateur. Et se montrent de plus en plus exigeants.

Qui plus est, l'exemple des «bleus du Québec» qui «parlent fort» se propage aux deux autres grands partis nationaux. Au NPD, l'aile québécoise négocie son influence sur la course à la succession de Ed Broadbent et barre la route au candidat de l'Ouest, l'ancien premier ministre de la Colombie-Britannique, Dave Barrett.

Paul Martin tente, quant à lui, de convertir le parti de Pierre Trudeau au discours que tiennent Brian Mulroney et ses ministres québécois depuis quatre ans. Aux Canadiens anglais qui refusent de l'écouter, Paul Martin lancera en 1990:

> Le Québec va vouloir rester à l'intérieur du Canada le jour où il va être convaincu que le Canada croit en lui-même et qu'il veut accomplir de grandes choses[21].

Mais les ministres de Robert Bourassa ne lui en donnent même pas le crédit...

La fin d'un rêve...

Car, depuis 1988, les nuages s'accumulent dans le ciel du Québec. Cette «coalition arc-en-ciel» que Mulroney avait lui-même soudée en 1984 se brise dans le débat sur le libre-échange avec les États-Unis. Une augmentation de cinq sièges de la représentation conservatrice québécoise à Ottawa après l'élection générale du 21 novembre 1988 et la débandade des libéraux de John Turner au Québec cachent un profond malaise dont personne — surtout pas Brian Mulroney ni Robert Bourassa — ne veut admettre la gravité.

Déjà, au cours de l'été 1988, un groupe de «dinosaures» canadiens-anglais, qui vont bientôt se regrouper sous la bannière du BBC — le *Backbenchers Club* —, se révoltent ouvertement contre la générosité d'une réforme de la politique sur les langues officielles. Brian Mulroney doit les expulser de son parti.

Les députés québécois commencent à faire leurs comptes et s'aperçoivent qu'au-delà des propos charmeurs de leur chef, Brian Mulroney, grouille une bureaucratie toujours aussi favorable à l'Ontario. Une Agence spatiale fantôme y distribue en douce les contrats de recherche tandis que Montréal et Ottawa se querellent à propos de ce qui ne sera bientôt plus qu'une coquille vide. L'Ouest et les Maritimes ont leur propre Agence de développement régional, dont la caisse est bien remplie par le Trésor fédéral, tandis que les bureaucraties d'Ottawa et de Québec se querellent à propos des virgules d'une entente cadre qui tarde à venir.

Au cours d'une visite à l'Université du Québec à Chicoutimi, à l'hiver de 1990, Lucien Bouchard, pourtant ministre principal du Cabinet fédéral, dénonce ouvertement la «machine» fédérale...

> Ces immenses structures imbriquées les unes dans les autres, inextricables avec leurs soi-disant processus décisionnels, mais qui ne marchent jamais et qu'il faut toujours court-circuiter pour arracher des décisions!

Les ministres québécois se sentent écartés des grandes décisions économiques. «Tout se passe comme si le seul ministre important du gouvernement Mulroney, c'était Robert Bourassa lui-même[22]», soupire tristement l'un d'eux. Avec un agacement de plus en plus visible, les Québécois se font répéter par leur chef et ses adjoints que «le Québec n'a pas à se plaindre: il a son lac Meech». Comme paralysés par la peur de réveiller l'animosité du Canada anglais, les ministres de Robert Bourassa défendent mollement leurs dossiers.

Aux premières lignes de l'affrontement de plus en plus ouvert avec le Canada anglais, les députés conservateurs du Québec se retrouvent, plus que quiconque, frustrés de s'être fait avoir. On entend dire que «le lac Meech coûte cher». Le chef de cabinet d'un ministre exerçant d'importantes responsabilités économiques commente: «On ne peut même plus donner un paquet de cigarettes au Québec sans que ça provoque une crise de jalousie au Canada anglais[23]!»

En bloc, derrière Bourassa

À peine est-il entré au Cabinet fédéral — cela fait tout juste six mois — que Lucien Bouchard menace déjà d'en claquer la porte. Avec plusieurs députés qui le suivront, dans un an et demi, pour former le Bloc québécois, il se range sans réserve derrière la décision de Robert Bourassa de recourir à la clause nonobstant pour imposer le français dans l'affichage public au Québec. Gilles Loiselle explique:

> En dehors du Québec, il n'y a pas d'immigrants qui s'assimilent aux francophones, alors qu'au Québec tous voudraient s'assimiler à la minorité anglophone. Ces gens-là sont en train de nous confirmer ce que nous craignons: qu'on est en train de disparaître. Mais c'est parce qu'on est au Canada que les Québécois sont obligés de mettre des panneaux pour dire qu'il faut parler français. Si on n'était pas au Canada, cela irait de soi[24].

En fait, les Québécois multiplient des avertissements que le Canada anglais refuse d'entendre. Quand Robert Bourassa et Brian Mulroney continuent de tordre le bras des Manitobains et des Terre-Neuviens pour qu'ils condescendent à reconnaître le caractère distinct de la société québécoise, les ministres conservateurs du Québec répètent à qui veut les entendre: «Cela fait trois ans que ça dure et tout ce qui traîne se salit!» On n'est même plus très sûr qu'ils y tiennent encore vraiment!

Le Canada anglais préfère écouter les propos rassurants de Jean Chrétien qui prédit que «le Québec va s'agiter un peu comme d'habitude, mais [qu']il finira par se ranger». Erreur d'autant plus pardonnable que Robert Bourassa ne hausse jamais le ton.

Bien avant que l'Accord du lac Meech ne soit à l'agonie, les conservateurs québécois cachent de plus en plus mal leur malaise dans la capitale fédérale, «cette ville de porcelaine où, si on bouge un peu trop, il y a des choses qui se cassent[25]», selon Benoît Bouchard. Depuis 1987, l'homme avoue «vivre dangereusement à la frontière des situations où [il devient] intraitable».

Lucien Bouchard refuse maintenant de soumettre ses discours à l'avance au Bureau du premier ministre, de peur que la «machine» ne le censure. Dans le décor discret des chambres de commerce locales, l'homme appelle déjà les Québécois à la résistance. Membre influent du Cabinet fédéral, lieutenant politique de Brian Mulroney au Québec, il met en quelque sorte le Québec en état d'alerte, dès 1989:

> Notre itinéraire nous rapprochera encore une fois d'ici juin [1990] de notre ligne de fracture. Il faut que tout le monde le comprenne et se prépare à assumer les conséquences de sa décision. Que l'on ne fasse pas l'erreur de croire que le ressort du Québec est cassé: nous avons toujours vécu debout[26]...

Benoît Bouchard est plus accommodant que lui. Au printemps de 1990, il accepte encore que la «machine» unilingue anglaise du Bureau des relations fédérales-provinciales fasse traduire ses projets de discours pour mieux les censurer.

> Je suis inquiet pour l'avenir de ce pays-là. Le symbolisme du biculturalisme, qu'il s'appelle Michel Rivard ou l'Université Laval en 1960, les troubles d'octobre 1970, la mort de Pierre Laporte, le référendum de 1980: je partage ça avec qui, moi? Je veux combattre et me convaincre que c'est au Canada que j'appartiens. Mais on ne me facilite pas la tâche, par exemple[27]!

L'homme avoue presque pathétiquement que ses propres enfants lui conseillent d'abandonner. En 1984, c'est son fils aîné, Louis, qui l'encourageait à tenter l'aventure. «Tu devrais peut-être vérifier si tu as le goût de vivre dans ce pays-là, si tu as le goût d'y participer. C'est pas en restant au Lac-Saint-Jean que tu vas le savoir[28]...» Six ans plus tard, Louis est au bord de la rupture avec ce père dont il sent la tristesse, l'angoisse de s'être trompé et d'avoir inutilement essayé, jusqu'au bout, et la peur de se retrouver devant un vide.

Même le très diplomate et quelque peu carriériste Gilles Loiselle commence à s'impatienter. Lui qui, délégué du Québec à Londres, Paris et Rome, a dû expliquer le sens et la portée des «Maîtres chez nous», «Égalité ou Indépendance» et «Souveraineté culturelle», il se montre de plus en plus irrité que la «société distincte» passe si mal à Ottawa. Ou ne passe pas du tout...

> Les Canadiens anglais sont tous prêts à dire: «On vous reconnaît comme société distincte, mais, de grâce, ne nous emmerdez pas. Donc, parlez anglais, sauf quand on n'est pas là!» Moi, ma seule détermination, c'est d'accompagner le Québec, quelle que soit la route qu'il va prendre: dans le Canada si c'est possible. Ou ailleurs, si le Canada n'en veut pas[29]...

La petite histoire...

En dépit de cette débandade, la chance de Robert Bourassa et du Québec, c'est qu'en restant fidèles à Brian Mulroney, les conservateurs québécois continuent à défendre les intérêts de leur province. Lucien Bouchard «tient le caucus québécois à bout de bras», dit-il. La stratégie est, en effet, de sauver coûte que coûte «l'intégrité» de l'entente constitutionnelle conclue en juin 1987!

> Car je pense que ça nous avance quand même un peu. Qu'on le veuille ou non, il existera dans l'histoire de ce pays un document qui va s'appeler l'Accord du lac Meech, qui va porter la signature de onze premiers ministres, et où il va être écrit que le Québec est une société distincte. Le «beau risque» aura au moins donné ça[30]!

Pendant de longs mois d'hiver, Lucien Bouchard bloque toutes les tentatives — «il y en a eu plusieurs», prétend-il — de diluer l'Accord du lac Meech. En fait, il avoue lui-même qu'il cherche autant à protéger les intérêts électoraux de son ami, Brian Mulroney, qu'à geler un accord politique dont le Québec pourrait éventuellement se servir devant la Cour suprême du Canada ou devant l'Assemblée générale de l'ONU. Au premier ministre, Bouchard explique:

> La signature des premiers ministres reste là et te protège aux yeux de l'histoire. En droit constitutionnel, ces signatures comptent: cela ressemble étrangement à une convention[31].

C'est le même argument qu'il fait valoir aux yeux de Jean Charest — président du Comité des communes chargé d'examiner une résolution «parallèle» à l'Accord du lac Meech sur les bases des propositions des trois provinces dissidentes — et de ses collègues conservateurs, André Plourde et Gabriel Desjardins. En vain, puisque, dans le huis clos des réunions du Comité, de discrètes négociations sont déjà engagées avec Jean Chrétien et Audrey McLaughlin.

Bouchard se méfie, alerté par toutes sortes de «dérapages» qui lui déplaisent au plus haut point. Le gouvernement a ainsi profité d'un de ses voyages à Vancouver pour déposer au Parlement la résolution du Nouveau-Brunswick, se trouvant ainsi à l'endosser. Et c'est par la télévision que le lieutenant politique du chef conservateur au Québec va prendre connaissance de l'ultime «Discours à la nation» de Brian Mulroney.

Au printemps de 1990, on commence à isoler systématiquement les ministres québécois trop difficiles à convaincre. Inquiet, Lucien Bouchard songe même à annuler son voyage en Norvège, où il doit représenter le Canada à une importante conférence internationale sur le réchauffement de la planète.

Quand Lucien Bouchard fait ses dernières recommandations au greffier du Conseil privé — «pas question de vendre la promotion de la dualité canadienne au caucus conservateur du Québec!» —, Paul Tellier insiste pour qu'il n'annule pas son voyage.

«Cela faisait peut-être leur affaire que je ne sois pas là...», commentera Bouchard après coup.

d'un voyage...

Cette dernière mission du ministre fédéral de l'Environnement marque aussi son dernier contact personnel avec Brian Mulroney. Quelques jours avant son départ pour la Norvège, il a en effet reçu le passeport (canadien!) de son jeune fils Alexandre. Lucien Bouchard est tellement heureux qu'il saute sur le téléphone pour appeler son vieil ami, Brian Mulroney. «Bon voyage à Bergen», se contente de dire Mulroney, sans évoquer ses contacts avec Jean Chrétien. Moins de deux semaines plus tard, les deux hommes vont rompre une amitié vieille de vingt-sept ans.

Et Lucien Bouchard, qui se vantait quelques mois plus tôt de «parler souvent à Robert Bourassa», n'aura plus de contacts qu'avec les ministres du Québec, Gil Rémillard et Marc-Yvan Côté, en particulier, préoccupés comme lui de préserver l'intégrité de l'entente constitutionnelle de juin 1987.

À partir de l'après-midi du jeudi 10 mai, deux événements n'ayant aucun rapport entre eux vont s'enchevêtrer, permettant au Canada anglais de prétendre que Lucien Bouchard a planifié sa sortie de longue date, que c'est lui le «fossoyeur» de l'Accord du lac Meech et qu'il est bien, comme le libéral John Nunziata l'a prétendu quelques semaines plus tôt à Halifax, un traître! Pourtant, ce n'est pas du tout ce que Bouchard avait prévu.

Contrairement à Benoît [Bouchard] qui s'est pété les bretelles, j'avais espéré rester avec Mulroney jusqu'au bout de l'Accord du lac Meech. J'ai tendu toutes mes énergies pour voguer et atterrir en douceur sur la plage le 23 juin, pour être capable, durant l'été, de réfléchir tranquillement[32]...

d'un télégramme...

En quittant Ottawa, Bouchard emporte un porte-documents gonflé de «choses à faire». Il tombe ainsi sur une invitation de la section locale du Parti québécois de son comté aux assises du Conseil général. Bouchard n'a pas renouvelé sa carte de membre depuis sa nomination à l'ambassade du Canada à Paris, en septembre 1985. Mais il faut croire que les listes n'ont pas été mises à jour... «Cette invitation. Dans mon comté. Le 20 mai, dixième anniversaire du référendum. Cela m'embarrassait un peu. Je trouvais qu'il serait poli d'envoyer un télégramme de courtoisie.» Il en informe d'ailleurs «les gens au bureau de Mulroney».

Mais la conférence s'avère plus difficile que prévu. Bouchard est le seul de la quarantaine de ministres présents à Bergen à s'opposer au projet de résolution préparé par un groupe d'experts — dont l'ancien premier ministre du Québec, Pierre-Marc Johnson —, projet qu'il juge trop timide.

Le mardi 15 mai, Bouchard et Johnson déjeunent ensemble. Ils discutent de politique québécoise, bien sûr, et le premier confie qu'il a l'intention d'envoyer un télégramme à l'Association du Parti québécois de son comté. «Parles-tu de Lévesque là-dedans?» se contente de demander Johnson.

Dans l'après-midi, alors qu'un délégué latino-américain poursuit un interminable discours, Lucien Bouchard somnole un peu. Pour tromper son ennui, il commence à rédiger son fameux télégramme. Mais on l'appelle alors pour une intervention urgente et il laisse le brouillon du télégramme sur sa table de délégué. «J'ai cherché partout: je n'ai jamais retrouvé mon brouillon», avoue-t-il.

Est-il possible qu'un fonctionnaire zélé ait mis la main dessus et se soit empressé de le faire parvenir à Ottawa? Dans l'entourage de Brian Mulroney, on laisse entendre qu'on a été «prévenu» de ce télégramme. Si tel est le cas, pourquoi n'a-t-on rien fait pour dissuader Bouchard de mettre son projet à exécution? Car ce n'est que deux jours plus tard, et dans des conditions bien particulières, que Bouchard va enfin rédiger son message à ses «Chers compatriotes de partout au Québec».

Le mercredi 16 mai, en effet, le ministre retourne à Paris rejoindre sa femme et son fils. Il loge dans le grand appartement de fonction de Marc et Patricia Lortie, tous deux diplomates à l'ambassade du Canada à Paris. Le premier est aussi ancien secrétaire de presse de Brian Mulroney et maintient des relations très étroites avec ses anciens collègues du Bureau du premier ministre.

d'un coup de téléphone...

Dans la soirée, l'adjointe de Mulroney chargée des relations avec le groupe parlementaire québécois, Camille Guilbault, téléphone à Lucien Bouchard. «Le rapport Charest a coulé dans les journaux, prévient-elle, et il y a peut-être des affaires là-dedans...

— Envoie-le-moi tout de suite», répond Bouchard qui a déjà compris. Il lui promet de ne faire aucune déclaration publique avant son retour à Ottawa.

Sur la cassette du répondeur téléphonique des Lortie, les messages de Benoît Bouchard et de Jean Charest s'accumulent. Lucien Bouchard ne retourne aucun des appels. Le seul qu'il attende, et qui ne viendra jamais, est celui de Brian Mulroney.

Le lendemain, lisant le rapport unanime du Comité des Communes et constatant que ni Paul Tellier ni Jean Charest n'ont tenu compte de ses recommandations, Lucien Bouchard explose. «Ce jour-là, quand j'ai repensé au télégramme, là j'ai mis le paquet! J'avais conscience que la forme pourrait choquer un peu, mais on me connaissait après tout.» Sa secrétaire de presse, Micheline Fortin, lui suggère de «dormir là-dessus». «On a assez de troubles comme ça», ajoute-t-elle.

En relisant une dernière fois son télégramme, le lendemain matin, Bouchard éprouvera tout de même une certaine satisfaction:

> La commémoration du référendum nous concerne tous très directement comme Québécois. C'est une autre occasion de rappeler bien haut la franchise, la fierté et la générosité du Oui que nous avons alors défendu, autour de René Lévesque et de son équipe. La mémoire de René Lévesque nous unira tous en fin de semaine. Car il a fait découvrir aux Québécois le droit inaliénable de décider eux-mêmes de leur destin.

Jacques Parizeau crée tout un émoi lorsqu'il lit le message de Bouchard aux militants du Parti québécois rassemblés à Alma! Quelques heures plus tard, le téléphone sonne une fois de plus à l'appartement des Lortie. Lucien Bouchard est seul. Il décroche machinalement. C'est Paul Tellier, furieux, qui réclame à grands coups de gueule une mise au point immédiate sur le sens du fameux télégramme... Bouchard lui répondra alors en hurlant:

> Penses-tu que je vais compromettre tout ce que j'ai fait depuis cinq ans pour un télégramme? J'ai fait bien pire

que ça depuis que je suis au Cabinet! C'est pas le télégramme qui est important. C'est le rapport, le rapport Charest, le petit tas de merde de Jean Chrétien. C'est de ça que je veux discuter. Dès lundi.

Car le fameux télégramme au Parti québécois a presque réussi à faire oublier le contenu du rapport que même Robert Bourassa juge immédiatement «inacceptable». Lucien Bouchard sent qu'on cherche à faire de lui un bouc émissaire, à le rendre responsable d'un échec constitutionnel maintenant inévitable.

d'une engueulade...

Brian Mulroney s'est-il déjà résigné à la démission de Bouchard? Ou le Bureau des relations fédérales-provinciales la prend-elle pour acquise? Dans la journée du samedi 19 mai, sans même attendre le retour de Lucien Bouchard, donc, Lowell Murray et Norman Spector remettent à Gary Filmon du Manitoba un document de stratégie et des textes juridiques diluant la portée de la clause reconnaissant le caractère distinct de la société québécoise.

Rentré à Montréal le dimanche après-midi, Bouchard s'abstient de toute déclaration. Il sait que le lendemain va être une journée difficile: on va tenter de l'amener à s'excuser de son geste de sympathie envers le PQ et à enterrer du même coup son opposition au rapport Charest, rapport essentiel pour amener les premiers ministres à se rencontrer une dernière fois à Ottawa le 2 juin. Encore sous le coup du décalage horaire, Lucien Bouchard, réveillé à cinq heures le lundi matin, rédige sa lettre de démission. Mentalement, il se prépare aux pressions morales qu'on va exercer sur lui. Tous ses amis veulent lui parler, le convaincre de renoncer à son geste.

Quand il se rend chez Paul Tellier, en début d'après-midi, celui-ci tente d'entamer la discussion sur le problème posé par le télégramme. Ce qui dérange le greffier du Conseil privé, gardien de la solidarité ministérielle à Ottawa, c'est surtout la référence au droit du peuple québécois à l'autodétermination. Jamais Ottawa n'a voulu céder un pouce de terrain sur cette question: cela, au moins, exige une «clarification».

«Votre problème, c'est le rapport Charest», tranche Bouchard. Après deux heures de pressions — «il en venait de partout!» —, Lucien Bouchard commence à se sentir fatigué. Il n'a pas encore mangé et il a hâte de retourner à son bureau pour signer sa lettre de démission. Vers seize heures, un dernier de ses amis, «très, très proche, celui-là», demande à le voir...

C'est jour de congé à Ottawa et l'édifice Langevin, qui abrite les bureaux du premier ministre, est désert. Mulroney lui-même attend à sa résidence officielle, sur la promenade Sussex. Tellier descend donc accueillir le visiteur.

d'un trophée référendaire...

Seul dans le bureau du greffier, Lucien Bouchard tourne en rond, regarde distraitement les tableaux et les photographies accrochés au mur. Le doute l'envahit. «Peut-être que j'exagère, se dit-il. Peut-être que je n'ai pas raison: ce rapport Charest, tout le monde l'avale. Pourquoi est-ce que je ne l'avale pas, moi?...»

Soudain, son regard tombe sur une petite plaquette, le genre de trophée qu'on distribue dans les tournois sportifs amateurs. Les employés du Centre d'information sur l'unité canadienne l'ont offert à leur patron, au lendemain du référendum... «Il a été la cible favorite des séparatistes», conclut la dédicace plutôt élogieuse.

Lucien Bouchard serre les poings.

Fie-toi donc à ton instinct! [...], ce sont les ennemis historiques du Québec. Rappelle-toi donc ça. Mulroney, ton *chum* qui t'a amené en politique, il ne t'écoute plus. Tes discours, il n'est plus intéressé à les avoir. Il est en train de déraper et il *deale* avec les Spector, les Tellier, les amis de Chrétien, les gars qui ont combattu le Québec, qui l'ont mis à genoux.

«Le gars qui est monté en a mangé une maudite!» se souvient encore Bouchard.

et d'une démission, enfin!

Il ne lui reste plus qu'à se rendre chez Brian Mulroney. Les deux hommes se retirent, seuls, dans le petit bureau où le premier ministre a décidé, quelques jours plus tôt, de jeter les dés une dernière fois sur la table des conférences constitutionnelles.

La lettre du ministre à son patron dit tout...

> *Nous avons parcouru ensemble de longs bouts d'itinéraires communs. J'ai mené, en moins de six mois, deux campagnes électorales, toutes deux essentiellement fondées sur la ratification de l'Accord du lac Meech et la conclusion du Traité de libre-échange...*
>
> *J'ai fait le pari que les signatures fraîchement apposées au bas de l'Accord du lac Meech seraient respectées. Mais comme tous les Québécois, j'ai assisté avec une consternation et une tristesse grandissantes aux réactions qui se sont manifestées à l'encontre de*

l'Accord. Les francophones, dans tout le pays, ont assisté à de nouvelles manifestations d'intolérance. Pendant que le drapeau du Québec était foulé aux pieds, les supporteurs du Oui référendaire se sont fait accuser de racisme et de trahison...

Et, comble de l'ironie, les provinces, répudiant leur signature, y vont de leurs réclamations, de leur «liste d'épicerie», de cette modification notamment qui conduit à la banalisation du caractère distinct de la société québécoise...

Au reste, mon départ ne laissera pas de soulager une certaine opinion qui exige des élus du Québec à Ottawa une adhésion inconditionnelle, pour ne pas dire sacramentelle, à la formule actuelle du fédéralisme.

Brian Mulroney est personnellement blessé. Pendant les six mois qui suivront, aucun de ses ministres ne pourra aborder une question politique importante sans qu'il n'évoque, une fois de plus et avec la même amertume, «la trahison de Lucien». Pourtant, celui-ci ne cessera jamais de lui rendre hommage. «Mulroney, c'est un homme tolérant et très généreux, qui mériterait que les Canadiens l'apprécient davantage[33]», insiste-t-il, le jour même de sa démission.

Contre Mulroney?

Tout cela n'était-il qu'un sombre coup monté, comme le prétendent les conseillers du premier ministre et comme finit par le croire Brian Mulroney lui-même? La démission de Lucien Bouchard, précédée de celles de François Gérin et de Gilbert Chartrand, sera suivie de trois autres. Lucien Bouchard avait déjà accepté, pour les jours suivants, de prendre la parole sur toute une série de tribunes prestigieuses. Il y est accueilli en héros. Lui qui avait promis de ne pas s'en prendre à son ancien parti, on l'accuse de «faire du maraudage» — en vain, d'ailleurs! — dans les rangs du groupe parlementaire québécois.

Il est vrai qu'en coulisses Lucien Bouchard utilise ses contacts auprès des ministres Gil Rémillard et Marc-Yvan Côté et de quelques membres de l'Assemblée nationale pour exercer des pressions sur Robert Bourassa et lui éviter ainsi «le traquenard d'une dernière conférence constitutionnelle».

Mais, dans les faits, comme René Lévesque en 1967, Lucien Bouchard quitte son parti avec une poignée de fidèles seulement. L'hémorragie qu'on craint, dans les rangs du Parti conservateur, va être tant bien que mal contenue par les cajoleries du fidèle Benoît Bouchard. Et par les promesses de Brian Mulroney.

Les souverainistes applaudissent la création du Bloc québécois et lui réservent un triomphe, en particulier dans le comté de Laurier-Sainte-Marie à Montréal où Gilles Duceppe remplace Jean-Claude Malépart comme député. Lui aussi avait décidé, peu de temps avant sa mort, d'abandonner le parti de Jean Chrétien. Le Bloc québécois ouvre un deuxième front souverainiste à Ottawa. En coulisses, le Parti québécois l'encourage à y semer la pagaille. «Il va falloir que ce soit le bordel au Canada pour que ça change[34]», juge un cadre du parti.

Celui que Bernard Lamarre surnommait, avec dérision, Hamlet, confie à ses amis: «Pour la première fois, je me sens bien dans ma peau.» Lucien Bouchard a peut-être mis du temps à se décider, mais, à cinquante ans, sa conviction est terriblement solide. Jean-Roch Boivin, ancien compagnon d'armes de René Lévesque, dira de Bouchard:

> C'est un homme d'une intégrité rare. Il possède une intelligence au-dessus de la moyenne. Bouchard n'a peut-être

pas encore le mérite d'avoir les bonnes réponses. Mais il a jusqu'ici le mérite d'avoir posé les bonnes questions!

Sa seule déception, c'est peut-être de n'avoir pas réussi à convaincre un plus grand nombre de ses collègues de la Chambre des communes de le suivre et de faire de lui le chef d'un «vrai» parti. «La solitude, lorsqu'on nous l'impose et qu'on est plusieurs à la partager, a tendance à se transformer en solidarité[35]», dit-il, plein d'espoir, en février 1990. Au Canada anglais, on tente maintenant d'étouffer la crise, de «passer à autre chose». «Visitez la Gaspésie. Ou regardez le base-ball dans votre chalet», lui suggérait Jean Chrétien le 23 juin.

Ou pour Bourassa?

Une poignée de ministres et quelques députés conservateurs québécois vont pourtant livrer une dernière bataille aux côtés de Robert Bourassa. Car le gouvernement du Québec a décidé de tenter une dernière fois sa chance, «d'égal à égal», seul contre la bureaucratie fédérale.

Mulroney hésite à rouvrir une plaie encore trop vive. En fait, les déclarations se multiplient au Canada anglais contre toute tentative de négociations bilatérales entre Ottawa et Québec. Une fois de plus, Benoît Bouchard va oser dire haut et fort ce que pensent, de plus en plus angoissés, bien des conservateurs du Québec:

> Je veux savoir ce que le Canada anglais a à nous dire. Cela fait cent vingt-trois ans qu'on lui dit ce qu'on veut, et ça fait jamais. Eh bien, j'ai le goût de l'écouter maintenant. Le Canada du Reform Party, est-ce cela qu'ils veulent? L'Ontario, en particulier, semble être suspendue

dans les airs: mais n'est-ce pas la province qui profite le plus du statu quo[36]?

Le premier ministre va céder, une dernière fois, aux pressions des «bleus du Québec» et créer le Forum des citoyens, présidé par le coloré Keith Spicer. Quant à Benoît Bouchard, son audace lui aura coûté le peu d'influence qu'il lui restait à Ottawa et, virtuellement, son poste de lieutenant politique de Brian Mulroney au Québec.

Il aura trop parlé dans cette «ville de porcelaine» où les choses se cassent si on bouge un peu trop. Robert Bourassa a décidément de moins en moins d'alliés dans la capitale fédérale...

NOTES ET RÉFÉRENCES

1. Marcel Masse, entretien avec l'auteur, octobre 1985.
2. Entretien confidentiel, octobre 1985.
3. Lucien Bouchard, entretien avec l'auteur, février 1990.
4. Benoît Bouchard, entretien avec l'auteur, février 1987.
5. *Ibid.*
6. André Bissonnette, entretien avec l'auteur, novembre 1984.
7. Lucien Bouchard, entretien avec l'auteur, février 1990.
8. Benoît Bouchard, entretien avec l'auteur, février 1987.
9. *Ibid.*
10. *Ibid.*
11. Lucien Bouchard, entretien avec l'auteur, février 1990.
12. Lucien Bouchard, entretien avec l'auteur, juillet 1990.
13. Entretien confidentiel.
14. *Ibid.*
15. Benoît Bouchard, entretien avec l'auteur, février 1987.
16. Lucien Bouchard, entretien avec l'auteur, juillet 1990.
17. *Ibid.*
18. Lucien Bouchard, entretien avec l'auteur, février 1990.
19. Benoît Bouchard, entretien avec l'auteur, février 1987.
20. Gilles Loiselle, entretien avec l'auteur, avril 1990.
21. Paul Martin, entretien avec l'auteur, avril 1990.

22. Entretien confidentiel.
23. *Ibid.*
24. Gilles Loiselle, entretien avec l'auteur, avril 1990.
25. Benoît Bouchard, entretien avec l'auteur, février 1987.
26. Lucien Bouchard, *Discours inédits,* Val d'Or et Moncton, novembre 1989.
27. Benoît Bouchard, entretien avec l'auteur, avril 1990.
28. Benoît Bouchard, entretien avec l'auteur, février 1987.
29. Gilles Loiselle, entretien avec l'auteur, avril 1990.
30. Lucien Bouchard, entretien avec l'auteur, février 1990.
31. Lucien Bouchard, entretien avec l'auteur, juillet 1990.
32. Pour les événements qui se succèdent du 10 au 20 mai 1990: Lucien Bouchard, entretiens avec l'auteur de juillet 1990 et janvier 1991; Benoît Bouchard, entretien d'octobre 1990; Jean-Roch Boivin, entretien de novembre 1990; et divers entretiens confidentiels, juin 1990.
33. Lucien Bouchard, conférence de presse, 22 mai 1990.
34. Entretien confidentiel.
35. Lucien Bouchard, Discours à l'occasion du 80e anniversaire du journal *Le Devoir*.
36. Benoît Bouchard, entretien avec l'auteur, octobre 1990.

Chapitre 12

Face au pouvoir rouge

> *Je craignais que tout cela ne se termine par un bain de sang, qu'on se retrouve avec des activités terroristes pendant des années, comme en Irlande. Car cela commence toujours comme ça...*
>
> Robert Bourassa

Le 29 avril 1980, Pierre Trudeau rencontre les chefs des Premières Nations à l'hôtel Skyline d'Ottawa. Il prend à témoin, en particulier, ceux qui viennent du Québec. On leur promet, à eux aussi, trois semaines avant leurs compatriotes blancs, qu'un Non déclenchera un vent de réforme constitutionnelle à laquelle ils ont beaucoup à gagner... «Sinon, menace-t-il, votre chien est mort[1]!»

René Lévesque ne pourra s'empêcher alors de riposter, en ces termes:

> Drôle de Québécois, qui défend avec feu les droits «nationaux» des Inuit et des Amérindiens, mais reste si complètement bouché dès qu'on évoque cette nation non moins indiscutable qui s'appelle le Québec français[2].

Contrairement à Robert Bourassa, Lévesque a toujours fait un lien entre un règlement satisfaisant de la question autochtone au Canada et l'accession du Québec à la souveraineté. Il a d'ailleurs partagé avec un proche, quelque temps avant sa mort, sa conviction que «le Québec n'accéde[rait] pas à l'indépendance politique, tant que la question autochtone n'au[rait] pas été réglée[3]».

Les rapports entre les chefs autochtones et Bourassa n'ont jamais été très chaleureux. Certes, son ministre de la Justice, Jérôme Choquette, fut le premier à offrir un système judiciaire autonome aux Inuits. Et la convention de la baie James — avec ses deux cent vingt-cinq millions de dollars de dédommagements — a donné naissance à une génération d'entrepreneurs. Mais cela reste abstrait, un peu trop *business,* pour des chefs qui attendent du gouvernement du Québec une solidarité politique d'autant plus naturelle que les revendications des peuples aborigènes et celles du peuple québécois ne sont pas sans parenté.

«Je vis au Québec, rappelle le chef des Inuit, Amédée Nungak. Je me sens québécois parce que fort de l'appui du peuple du Québec.» Il n'en ressent donc que plus amèrement l'absence de Robert Bourassa à la conférence constitutionnelle de mars 1987, dernière d'une série consacrée aux Affaires intéressant les autochtones.

Les otages du Québec

À la veille de cette conférence, les leaders amérindiens espèrent que le Québec qui, lui aussi, demande réparation pour la Constitution de 1982, conclura une alliance tactique avec eux. Mais Robert Bourassa a décidé de bouder. «On en a assez d'être les otages des revendications du Québec», lancent les autochtones avec amertume. Dans l'assistance, personne ne porte attention au secrétaire parlementaire du ministre des Affaires du Nord du Manitoba, Elijah Harper.

Les chefs inuit et amérindiens se sont toujours méfiés des conférences constitutionnelles. Comme le Bourassa des années 1970 à 1976, ils s'opposent à un rapatriement de la Constitution canadienne qui les couperait du lien historique qui les relie à la couronne britannique, qui existait avant même que le Canada n'existe.

En 1981, grâce à l'intervention de la Saskatchewan, Inuit, Indiens et métis réussissent au moins, contrairement au Québec, à protéger leurs droits acquis. Le gouvernement fédéral et ceux des neuf provinces anglaises reconnaissent, en effet, que la nouvelle Constitution «ne porte pas atteinte aux droits ou libertés — ancestraux, issus de traités ou autres — des peuples autochtones du Canada». L'Accord constitutionnel prévoit d'ailleurs la tenue d'au moins trois conférences constitutionnelles — il y en aura finalement quatre — consacrées exclusivement à la question autochtone.

En fait, il n'y a pas qu'*une* question autochtone; il faut reconnaître plutôt qu'il y a autant de problèmes à interroger concernant les autochtones qu'il y a de peuples aborigènes. Le demi-million d'Indiens officiellement inscrits au registre du ministère fédéral des Affaires indiennes et du Nord parlent 52 langues réparties en 10 familles linguistiques différentes et sont regroupés en 596 bandes exploitant les ressources de 2 284 réserves. Les Indiens non inscrits et les métis vivent de plus en plus en dehors des réserves; les trois quarts d'entre eux mentionnent l'anglais comme langue maternelle. Par contre, les 28 000 Inuit parlent l'inuktituk dans une proportion de 74 % et vivent surtout dans les Territoires du Nord-Ouest et dans le nord du Québec.

L'exemple de Bourassa

La Constitution de 1982 entraînera au moins deux conséquences importantes sur les revendications des peuples autochtones.

Les quatre conférences constitutionnelles qu'elle institue vont apprendre aux peuples aborigènes à s'unir derrière un cahier de revendications communes et à refuser des accords à la pièce. «Cette solidarité est historique, lance George Erasmus après l'échec de mars 1987, parce que nous avons toujours été divisés jusqu'ici. Grâce à cette nouvelle solidarité, nous allons finir par réussir.»

Huit jours après sa démission, le 8 mars 1984, Pierre Trudeau a mis sur la table un projet concret: l'autonomie gouvernementale. La notion est encore un peu floue mais on s'entend pour comprendre qu'il s'agirait d'une forme de gouvernement à mi-chemin entre celui des provinces et les «administrations» municipales ou scolaires.

Ironie de l'histoire, c'est le premier gouvernement de Robert Bourassa, en 1975, qui a fourni au reste du Canada un premier exemple de l'autonomie gouvernementale qu'on accorde aux Cris et aux Inuit du Québec avec la convention de la baie James. Paul Tellier, alors sous-ministre des Affaires indiennes, reconnaît lui-même que, «même si cet accord est perfectible, il reste un modèle... Il y a beaucoup d'éléments comparables entre les traités signés par le Canada au XIXe siècle et l'entente de la baie James[4]».

Historiquement, ce sont d'ailleurs les Québécois qui se sont montrés les plus ouverts aux revendications des peuples autochtones. En 1987, Decima Research établissait que plus des deux tiers d'entre eux étaient prêts à donner aux groupes autochtones la juridiction sur l'éducation, la santé, les services sociaux, la chasse, la pêche et les ressources renouvelables[5].

Au Canada anglais, les observateurs les plus lucides le soulignent. «À peu près sans exception, les comparaisons montrent que le sort des Amérindiens est plus vivable au Québec que partout ailleurs au Canada[6].» «Concernant les autochtones, soit dit en passant, nous n'avons donc de leçons à recevoir de personne», en conclut René Lévesque!

Mais en mars 1987, au moment de cette «conférence de la dernière chance» pour les autochtones, le Québec a d'autres priorités. Dans un mois, c'est lui qui va demander au Canada anglais de reconnaître son caractère distinct. Il garde donc ses distances. Pis encore, Brian Mulroney et Gil Rémillard se servent sans vergogne de l'échec des conférences constitutionnelles sur les questions intéressant les peuples aborigènes pour démontrer la nécessité de ramener le Québec à la table. Et donc d'accepter ses cinq conditions!

Les peuples aborigènes ont tout simplement l'impression de «se faire passer un Québec»! «En 1870 et en 1885, on a pu compter sur l'appui du Québec quand on en a eu besoin, proteste le chef des métis du Manitoba, lui-même descendant de Gabriel Dumont, lieutenant de Louis Riel à la bataille de Batoche. Cela nous fait mal au cœur que le Québec ne soit pas ici aujourd'hui.»

Une absence lourde de conséquences

La conférence doit s'ouvrir le 26 mars à Ottawa. Tout le monde sait déjà, depuis le 6 mars, en fait, que le Québec a concocté son propre accord constitutionnel avec les gouvernements d'Ottawa et des provinces anglaises. Entre deux réunions sur les questions autochtones, en effet, les fonctionnaires discutent, pendant deux jours à Ottawa, de «l'agenda du Québec».

«Le message du Québec passe bien», disent-ils à la sortie. Tellement bien que Brian Mulroney décide d'inviter ses collègues au lac Meech, pour le 30 avril suivant. Les chefs autochtones prennent note.

Car les leaders des peuples aborigènes ont alors un intérêt stratégique à ce que la question québécoise se règle au plus vite. Les négociateurs fédéraux leur ont soumis, le 9 mars, un «document de consensus» qui leur propose une reconnaissance explicite, dans la Constitution, de leur droit à l'autonomie gouvernementale.

Mais les trois provinces de l'Ouest — qui ont incidemment été créées sur le dos, et sur les terres, des métis et des Indiens! — s'opposent à l'enchâssement du droit des autochtones à l'autonomie gouvernementale. Or tout amendement constitutionnel exige doublement la participation du Québec: pour arriver au chiffre magique de sept provinces, et pour atteindre la proportion de 50 % de la population canadienne.

Le négociateur fédéral, Norman Spector, crée même de faux espoirs chez les leaders autochtones en leur laissant entendre que la participation officielle du Québec à la conférence du 26 mars n'est pas absolument nécessaire si la province s'engage à ratifier, plus tard, toute entente intervenue entre six autres provinces[7].

On lie tellement la question autochtone et la question du Québec que les premiers ministres discutent le 25 mars, au cours d'un dîner privé, de leur règlement simultané. Une chaise reste vide cependant autour de la table de la salle à manger du 24 Sussex Drive: celle de Robert Bourassa. Absence lourde de conséquences...

Le premier ministre du Québec a délégué à Ottawa son ministre des Affaires intergouvernementales canadiennes, Gil Rémillard. Loin de s'intéresser à la question autochtone, celui-ci donne plutôt l'impression de se livrer à un subtil chantage pour faire avancer sa propre cause. Quand tous les regards des chefs autochtones se tournent vers lui pour «un beau geste», Rémillard laisse tomber:

> Le premier ministre du Québec se doit de réaffirmer que la situation constitutionnelle qui lui a été imposée [par le rapatriement de 1982] est inacceptable. Il ne peut poser

des gestes qui seraient susceptibles de banaliser une telle situation[8].

Brian Mulroney ne fait rien pour lever l'ambiguïté de tels propos:

> L'absence du Québec impose un fardeau non négligeable à toutes les autres provinces. Il est inconcevable qu'on puisse continuer sans le Québec[9].

En dernier ressort, Terre-Neuve va rejoindre les trois provinces de l'Ouest dans leur opposition à toute forme de reconnaissance du droit à l'autonomie gouvernementale des peuples autochtones. La participation du Québec devient donc théorique. Ce sont finalement quatre gouvernements conservateurs qui feront échouer cinq ans de négociations constitutionnelles.

Pour se justifier, le Canada anglais laisse entendre que les Inuit, les Indiens et, surtout, les métis sont trop «assimilés», qu'ils sont déjà à trop grande distance de la souveraineté pour assumer leur autonomie gouvernementale. En d'autres termes, les communautés autochtones ne seraient pas viables, économiquement... Belle occasion manquée pour le représentant du Québec de faire preuve de solidarité à l'égard des groupes autochtones. N'était-ce pas l'argument qu'on servait aux Québécois, dans les années soixante, lorsqu'ils étaient tenus à l'écart des postes de commande de l'industrie et de la finance?

Eh bien, dansez maintenant...

Au contraire, Gil Rémillard danse sur l'échec des autres pour mieux triompher. «La preuve est faite qu'on ne peut pas amender la Constitution canadienne sans la présence du Québec à la table des négociations», lance-t-il. Cette forme de chantage exercé par Québec pour mieux démontrer la nécessité d'en arriver à une entente au lac Meech, cinq semaines plus tard, ne passera pas inaperçue.

À quelques pas de Rémillard, un de ses propres conseillers murmure à l'oreille d'un journaliste: «Espérons que les Québécois ne goûteront pas à la même pilule amère de l'échec constitutionnel à la fin des négociations qui s'ouvrent officiellement le 30 avril prochain à Ottawa[10]...»

Cinq semaines avant la signature de l'Accord du lac Meech, les vantardises de Gil Rémillard et de Brian Mulroney ont convaincu les leaders autochtones, à tort ou à raison, que le Québec les a laissé tomber, voire même qu'il s'est servi d'eux pour faire avancer sa propre cause!

Faut-il donc s'étonner de leur colère lorsque, trente-cinq jours plus tard, ils voient les premiers ministres serrer la main de Robert Bourassa en lui souhaitant: «Bienvenue au Canada»? Les peuples autochtones viennent de passer — en vain — cinq ans et quatre conférences constitutionnelles à tenter d'accéder à une forme hybride de «gouvernement autonome» dont personne ne sait ce qu'elle veut dire au juste; le Québec obtient, en onze heures de discussions à huis clos, des pouvoirs dont Robert Bourassa prétend qu'ils sont «sans limites»!

Les premiers ministres de l'Ouest ont quitté les leaders autochtones le 27 mars, sans même leur promettre de poursuivre le dialogue. Dire qu'ils viennent de se faire garantir, pour l'année suivante, une conférence sur la réforme du Sénat...

Le Québec — son premier ministre le prétend du moins! — récupère son droit à l'autodétermination. Mais la formule d'amendement négociée au lac Meech soumet à l'approbation des dix provinces le droit des Inuit et de la nation Dene de réclamer un statut de province pour leur propre territoire... Il devient, en quelque sorte, plus facile au Québec de sortir de la Confédération qu'aux peuples aborigènes d'y entrer!

La clause définissant les «caractéristiques fondamentales du Canada» évoque la présence de Canadiens d'expression française et de Canadiens d'expression anglaise, sans aucune référence aux peuples aborigènes.

... on vous fera chanter plus tard!

En fait, pendant trois ans, Québec et Ottawa ne tiennent pas davantage compte de l'opposition des représentants autochtones qu'ils ne se soucient des réserves de Frank McKenna et de Gary Filmon. La Cour suprême semble leur donner raison d'ailleurs, le 2 juin 1988, lorsqu'elle refuse d'entendre les gouvernements des Territoires du Nord-Ouest qui contestent la validité de l'Accord du lac Meech.

En mai 1990, les membres du comité Charest savent que leurs propositions ne satisfont pas les chefs autochtones. «Mais ils n'ont pas de droit de veto[11]», rassure le libéral André Ouellet. Pas étonnant alors que Brian Mulroney ait délibérément pris le risque de retarder la tenue d'une «conférence de la dernière chance» sur l'Accord du lac Meech jusqu'à la dernière minute. On avait tout simplement oublié de lui transmettre les avertissements répétés du premier ministre du Manitoba...

> Sharon Carstairs et Gary Doer m'ont prévenu, des semaines à l'avance, qu'ils auraient des problèmes avec leur propre caucus, incluant Elijah Harper. En fait, les trois chefs de parti du Manitoba nous ont prévenus: tout le monde savait très bien qu'il y avait un député autochtone qui pourrait se servir de la procédure pour bloquer la ratification[12].

En juin 1990, Elijah Harper fournit donc enfin aux leaders autochtones l'occasion d'une revanche. Et, comme eux en mars 1987, on va le supplier. Le menacer. En vain... «Ne me dites pas que les Québécois se sentent humiliés, lance le chef des Inuit, John Amagoalik. Ils ne savent pas encore ce que cela veut dire: nous, cela fait trois cents ans qu'on vit ça[13]!»

«Qu'est-ce qu'on en a à foutre de l'Accord du lac Meech? demande le chef des métis du Manitoba. On n'a plus rien à perdre, avec ou sans le lac Meech»... Car son peuple, qui a tout de même fondé le Manitoba, s'en est fait expulser par des fermiers loyalistes venus du sud de l'Ontario. En 1990, 85 % des Indiens du Manitoba vivent du bien-être social. Qu'ont-ils à perdre, en effet?

Dans la foule qui se masse sur les marches de l'Assemblée législative du Manitoba à Winnipeg, en ce matin du 22 juin 1990, il y a plus de Blancs que d'Amérindiens. Sans trop s'en rendre compte, les autochtones se font encore manipuler. Par le Canada anglais, cette fois...

Les communautés ethniques des villes de l'Ouest, en particulier, justifient à l'avance en disant non au Québec, le refus qu'ils opposeront un jour à leurs propres groupes autochtones. «Le Manitoba se donne bonne conscience d'avoir été si démocratique pour les autochtones, explose Lucien Bouchard en voyant cela. Quelle hypocrisie! Le Canada est une passementerie d'hypocrisies[14]...»

Car ce n'est pas le geste d'Elijah Harper qui va ramener la question autochtone à l'avant-scène de la réforme constitutionnelle. Son vote s'est perdu dans la pagaille du 22 juin. Il y avait tant de monde sur les rangs du peloton d'exécution de l'Accord du lac Meech qu'Elijah Harper ne saura jamais si c'est la balle qu'il a lui-même tirée ou celle de Clyde Wells, de Sharon Carstairs, de Pierre Trudeau ou de Jean Chrétien, qui a fait mouche.

Pour un bout de chemin de terre

Le 12 juillet 1990, quand le Canada anglais commence à oublier la saga du lac Meech et que le Québec se retire dans ses chalets d'été, la question autochtone refait surface. La veille, la Sûreté du Québec a tenté de renverser une barricade dressée par des Mohawks sur un chemin de terre que plus personne n'emprunte depuis quatre mois.

Beau gâchis que cette intervention mal préparée, pour permettre aux conseillers de la petite municipalité d'Oka de faire agrandir leur terrain de golf! Le caporal Marcel Lemay y perd la vie. Des groupes de Warriors aident les paisibles Mohawks de Kanesatake à dresser de puissantes barricades autour du village; d'autres isolent la réserve de Kahnawake et ferment un pont enjambant le Saint-Laurent vers la rive sud de Montréal.

L'incident d'Oka va banaliser, autour de l'appétit d'une poignée de trafiquants de cigarettes, la notion de souveraineté des peuples et permettre aux experts de toutes sortes de brandir l'arme ultime dont ils disposent pour bloquer toute tentative d'émancipation du Québec: l'intégrité de son territoire n'est pas assurée[15].

«J'espère que ce ne sont pas des représailles contre ceux qu'on tient responsables de l'échec des négociations constitutionnelles», glisse sournoisement le représentant des Amérindiens du Québec, Konrad Sioui. «Pour assurer leur survivance, les peuples aborigènes du Québec ont dû s'allier aux Anglais, aux côtés desquels ils ont d'ailleurs combattu sur les plaines d'Abraham», renchérit le chef des Premières Nations, George Erasmus. Pour un peu, il en appellerait à la mémoire de Wolfe!

La député libérale de Western-Arctic, Ethel Blondin, elle-même de la nation Dene, est en mission parlementaire en Israël lorsque la crise éclate. «Le soulèvement contre le lac

Meech a été notre *intifada,* lance-t-elle en rentrant au Canada. Nous sommes tous solidaires maintenant.»

De fait, tous les leaders autochtones vont exploiter la crise d'Oka avec une virulence inimaginable. En quelques jours, le Canada anglais va se donner bonne conscience d'avoir refusé de reconnaître le caractère distinct de la société québécoise. Dame! leur raconte George Erasmus au cours d'une conférence de presse de deux heures, diffusée, sans droit de réponse, à la chaîne Newsworld de CBC: le Québec se livre depuis des années à un «génocide digne du IIIe Reich». Et la Sûreté du Québec ne vaut guère mieux que «le corps des SS d'Adolf Hitler»!

Délibérément, on chauffe à blanc l'opinion publique du Canada anglais contre le Québec. Et Robert Bourassa, avec qui les services de renseignements canadiens daignent enfin partager des informations secrètes qu'ils possèdent depuis trois ans, craint le pire.

«Ni héros ni martyrs»

> Je craignais que tout cela ne se termine par un bain de sang, qu'on se retrouve avec des activités terroristes pendant des années, comme en Irlande. Cela commence toujours comme ça: il aurait pu se créer un noyau d'activistes et le Québec aurait pu payer très cher un geste précipité de son chef de gouvernement qui aurait voulu faire le macho, le Tarzan. Même monsieur Parizeau demandait une intervention musclée[16].

Robert Bourassa attend trente-huit jours avant de faire appel à l'armée et «de lui donner des instructions pour éviter toute provocation et ne pas céder à celle des autres». Il n'a plus le choix d'ailleurs: deux ministres, John Ciaccia aux Affaires autochtones et Sam Elkas à la Sécurité publique, ont déjà mis leur démission sur la table. Quelques agités de Châteauguay se lancent, pour leur part, dans des actes de vandalisme.

«La situation était au bord de l'éclatement, reconnaîtra Robert Bourassa. C'était plus sérieux que le lac Meech... Mais finalement, il n'y a eu ni héros ni martyrs[17].» Et que dire de l'exploitation des événements au Canada anglais? «Un jour je leur expliquerai et ils comprendront», ajoute-t-il en haussant les épaules.

Mais les explications viendront peut-être trop tard... Le 17 août, jour où Robert Bourassa fait officiellement appel à l'armée, un haut fonctionnaire fédéral commente:

> Il sera désormais bien difficile au gouvernement du Québec de revendiquer toute forme de souveraineté alors qu'il vient d'avoir recours à l'armée canadienne pour contrer des revendications identiques du peuple iroquois[18].

«La principale victime d'Oka pourrait bien être l'idée de l'indépendance du Québec», commente ouvertement l'ancien ministre ontarien de la Justice, Roy McMurtry, recyclé en avocat des groupes autochtones.

Au ministère fédéral des Affaires indiennes et du Nord, dès le 8 août et bien avant que la première barricade soit levée, on a décidé de rouvrir le dossier des revendications territoriales des *seuls* groupes autochtones du Québec.

> Avant l'automne et à la faveur des discussions sur la question autochtone, le gouvernement fédéral va rappeler aux Québécois qu'une large bande de territoire, qui le coupe en deux et s'étend, le long des rives du Saint-Laurent, de la baie James à la frontière des États-Unis, que cette bande de territoire ne leur appartient peut-être tout simplement pas[19]!

Déjà, en 1976, après l'élection du Parti québécois, un avocat de Toronto, James Arnett, s'est préoccupé de cette question du territoire d'un Québec souverain... «Il serait beaucoup plus petit que le territoire de la province de Québec, conclut-il. Plus de la moitié de ses terres lui ont été octroyées en présumant qu'il restera dans le Canada[20]»!

Bien sûr, Elijah Harper n'avait pas prévu tout cela lorsqu'il a hoché la tête une dernière fois, le 22 juin, pour empêcher que le Manitoba ne ratifie l'Accord du lac Meech. Mais l'empressement avec lequel on a exploité la crise d'Oka en dit long sur les intentions réelles de ceux qui l'applaudissaient ce jour-là...

La crise autochtone restera pendant longtemps un pénible épisode de l'histoire du Québec: quelques jours après la fin du «beau risque», elle sera venue briser aussi le rêve d'une extraordinaire Saint-Jean. Le 25 juin, le peuple s'était mis en marche, la police à ses côtés. Une quasi-unanimité avait commencé à se dessiner quant à la confiance qu'on devait accorder au chef du gouvernement. «Quoi qu'on dise et quoi qu'on fasse...», avait-il lancé trois jours plus tôt à l'Assemblée nationale. Mais les Québécois n'ont même pas eu le temps de mesurer la force de cette exceptionnelle solidarité que déjà le Canada anglais s'acharnait sur eux en les traitant de fascistes. Humiliés, ils ont fini par douter d'un chef qui, pourtant, seul avec sa femme, partageait le secret de l'ultime courage: celui d'être prêt à s'effacer devant la raison d'État.

Au début d'août, les citoyens de Châteauguay bloquent à leur tour une autoroute et un pont enjambant la voie maritime. «Quand le gouvernement va-t-il agir? Quand Bourassa va-t-il nettoyer le pont?» crie la foule. «Moi aussi, j'aimerais ça qu'on puisse rouvrir les ponts, dit Bourassa à sa femme, Andrée. Je pourrais aller me faire soigner, comme tout le monde[21]...»

NOTES ET RÉFÉRENCES

1. La phrase exacte, en anglais, est: «To make sure your goose is not cooked», un jeu de mots qui évoque la publicité télévisée du Centre d'information sur l'unité canadienne montrant un vol de bernaches. Robert Sheppard et Michael Valpy, *The National Deal*, Toronto, Fleet Books, 1982.
2. René Lévesque, *Attendez que je me rappelle...*, *op. cit.*, p. 490.
3. Entretien confidentiel.
4. Paul Tellier, entretien avec l'auteur, juin 1982.
5. *Le Devoir*, 10 mars 1987.
6. *Indians of Canada*, John Price, 1979. Cité par René Lévesque, *op.cit.*, p. 490.
7. Norman Spector, séance d'information donnée aux journalistes, 9 mars 1987.
8. *Le Devoir*, 27 mars 1987.
9. *Ibid.*
10. Entretien confidentiel avec l'auteur, cité dans *Le Devoir*, 28 mars 1987.
11. André Ouellet, entretien avec l'auteur, mai 1990.
12. Frank McKenna, entretien avec l'auteur, juillet 1990.
13. *Maclean's*, 2 juillet 1990.
14. Lucien Bouchard, entretien avec l'auteur, juillet 1990.
15. Voir en particulier l'excellent dossier de Luc Chartrand, *L'Actualité*, 15 décembre 1990.
16. Robert Bourassa, entretien avec l'auteur, janvier 1991.
17. *Ibid.*
18. Entretien confidentiel, août 1990.
19. *Ibid.*
20. *L'Actualité*, *op.cit.*, p. 34.
21. Robert Bourassa, entretien avec l'auteur, janvier 1991.

Chapitre 13

La chambre à part ou le divorce

> *Le référendum, cela veut dire que les deux grands partis du Québec se rapprochent. Mais si les deux partis ne sont finalement pas d'accord, il faudra bien y penser... Car c'est une lourde responsabilité de déclencher un référendum sans être sûr de le gagner*[1].
>
> Robert Bourassa

«Ce furent des moments que je n'aimerais pas revivre...»

Janvier 1991. Robert Bourassa vient de retrouver son bureau de Montréal, au dix-septième étage du siège social d'Hydro-Québec. Sur les tables basses de la réception traînent des journaux vieux de plusieurs semaines. Insolite dans l'entourage d'un premier ministre qui se fait habituellement livrer chez lui, tard le soir, les éditions du lendemain matin!

C'est un peu comme si la vie s'était arrêtée autour de Robert Bourassa...

«Y'a rien!» lui a enfin dit le docteur Rosenberg au Bethesda Institute de Washington. «On fera seulement un suivi, tous les trois ou quatre mois. À Montréal, si vous voulez.»

Libéré de ses angoisses d'homme, le chef politique refait aussitôt surface. Il calcule, soupèse, pense à l'avenir, en somme... «C'est ce qui dure le plus longtemps!» dit-il en souriant. Robert Bourassa s'est remis à observer, plutôt indifférent et sans illusions, les vagues qui secouent l'opinion publique.

Au début de l'été 1990, deux Québécois sur trois étaient convaincus qu'il défendait bien les intérêts du Québec. Mieux que le chef du Parti québécois. À l'automne, on le disait condamné. On prédisait l'éclatement de son parti. On mesurait déjà les chances des prétendants à sa succession. Et voilà qu'en décembre les Québécois se prenaient encore une fois d'affection pour ce chef d'État fragile, un peu désabusé par le passé, plutôt incertain quant à l'avenir. Si semblable à eux, finalement!

Sur les plages de Floride, les marchands ambulants tendent des flacons de crème solaire aux Québécois. «Faut faire attention: regardez ce qui est arrivé à notre premier ministre!» «Notre» premier ministre... Encore une fois, les Québécois l'adoptent, prêts à le suivre... Et c'est bien ce qui inquiète Robert Bourassa:

> Ma préoccupation, dans les prochains mois et les prochaines années — car cela va prendre un certain temps —, ce sera de faire en sorte que les Québécois ne se trompent pas sur leur avenir[2].

Une dose peu commune de sang-froid

Comme si, malgré lui et à contrecœur, il avait la responsabilité de calmer un peu la fièvre d'un peuple qui, en dépit de la crise autochtone, de la récession, de la guerre dans le Golfe arabo-persique, non seulement ne s'éteint pas, mais ne cesse d'augmenter. «J'essaie de rester sobre et froid. Même si je participe à l'émotion[3]...»

Du sang-froid, cet homme vient de montrer qu'il en a. Une dose peu commune, à part ça!

En mai 1990, son entourage politique avait remarqué qu'il était d'humeur maussade. Était-ce le rapport Charest que lui, si prudent d'habitude, rejetait immédiatement et de façon étonnamment brutale? À moins que ce ne fût la démission de Lucien Bouchard, inopportune à la veille d'une conférence constitutionnelle importante, la dernière peut-être pour le Québec?

Il y avait aussi cette tache brune dans son dos, comme un gros grain de beauté, pas visible, et qui se développe à son insu... et toutes les questions de ses proches à ce sujet.

Bien que son médecin lui ait dit, à la fin du mois de mai, qu'il valait peut-être mieux faire enlever cette tache brune — «une petite intervention de cinq minutes» —, Bourassa s'était dit que «ça pouvait sans doute attendre[4]». Le dîner de travail des premiers ministres, prévu pour le dimanche 3 juin, le préoccupait bien davantage. Il verrait après.

Mais, la réunion d'Ottawa s'éternisant, il y avait été retenu finalement pendant sept jours. Ensuite il lui avait fallu consacrer du temps à ces interminables conférences téléphoniques avec les collègues des autres provinces, et avec Mulroney et Parizeau, pour tenter une dernière fois de sauver l'Accord du lac Meech, puis d'en gérer l'échec.

Ce n'est pas avant la première semaine de juillet que Bourassa avait pu finalement penser à ses vacances dans le Maine. «Mais avant, insiste sa femme, tu vas faire enlever ça!» «On fait des analyses et on vous donne des nouvelles au mois d'août», lui avait promis le médecin après l'intervention[5].

Le premier ministre n'allait pas partir en vacances cet été-là: le 11 juillet, la «crise autochtone» éclatait. «Une affaire de quelques jours», s'était-il dit alors. Le 14, en fêtant son cinquante-septième anniversaire avec sa famille, il parlait encore de ses vacances...

Mais les renseignements qui arrivaient enfin d'Ottawa étaient alarmants. Les Warriors, retranchés derrière les barricades d'Oka et de Châteauguay, possédaient, disait-on, des armes lourdes, des lance-roquettes, peut-être. Andrée Bourassa devait partir seule dans le chalet que la famille avait loué, près de Bar Harbour.

Quant à Bourassa, il retrouvait ses habitudes de premier ministre au moment des grandes décisions. S'isolant sur le toit de son bunker de la Grande-Allée il devisait, avec ceux qui le visitaient, exposé aux derniers rayons du soleil qui glissaient doucement vers le fleuve et l'île d'Orléans.

En plus de la crise autochtone, il avait commencé à négocier la formation d'une Commission parlementaire élargie sur l'avenir politique et constitutionnel du Québec. Très vite d'ailleurs, il avait «enrôlé» Lucien Bouchard, comme pour le neutraliser et tuer dans l'œuf cette idée d'États généraux dont il avait entendu parler et qui le dérangeait puisqu'il risquait d'y perdre le contrôle de «l'après-Meech».

Entre deux réunions avec son cabinet de crise, le chef du gouvernement réfléchissait...

> Il y a bien sûr toute cette question de la démarche: est-ce qu'on est souverains d'abord, et on se regroupe ensuite? Ou on se regroupe sans être souverains pour garder une partie de la souveraineté[6]?

En juillet 1990, Robert Bourassa semblait déjà avoir pris rendez-vous avec le peuple du Québec. «Le référendum? se demandait-il au cours d'une conversation à bâtons rompus. Mais si je l'annonce en public, tout le monde va se mettre au neutre!» Jacques Parizeau dans son coin. Lucien Bouchard dans un autre, peut-être. Et lui, acculé dans le camp fédéraliste?

Le premier ministre pensait à sa marge de manœuvre. Et quand on lui parlait de «la puissance tranquille de cette grande marée de drapeaux bleus qui [avait] déferlé sur Montréal[7]», il écoutait attentivement. «Les Québécois me font très confiance pour leur avenir constitutionnel», disait-il avec assurance. Depuis vingt-quatre ans tantôt plébiscité, tantôt détesté, il était bien placé pour savoir combien cette confiance était fragile!

De 1967 à cet après-midi de juillet 1990, du fédéralisme rentable à la société distincte, du mariage d'argent — puisqu'il ne pouvait déjà plus être question d'amour! — à la chambre à part en somme, «on continu[ait] sur la même trajectoire». «Il fallait actualiser tout cela», se disait Bourassa en pensant à «la Commission». Ce qui signifiait, tenir compte de l'échec du lac Meech.

Mais..., dans quelques jours, il allait devenir «général en chef» de l'armée québécoise. Une armée empruntée à Ottawa.

«Il faut vous faire opérer»

Dans les tout premiers jours du mois d'août il recevait le coup de téléphone tant redouté: cette «tache brune» dont sa famille s'inquiétait depuis le printemps était une forme maligne de mélanome — un mélanosarcome.

«Il faut vous faire opérer, insiste son médecin.
— Comment voulez-vous? soupire Bourassa. Je suis responsable de l'armée au Québec. Si je me retrouve sur un lit d'hôpital, ceux à qui on fait face vont dire: On a démoli le gouvernement!»

Le médecin avait beau lui décrire la gravité du mal qui s'enfonçait sournoisement en lui, Bourassa refusait de se laisser influencer par ses problèmes personnels.

> Je voulais avant tout m'assurer que toutes les décisions qui seraient prises, au sujet de la crise d'Oka, le seraient

dans l'intérêt du Québec, indépendamment de ce que cela pouvait me coûter[8].

La crise autochtone s'éternisant, Bourassa accusait, sans broncher, les critiques de plus en plus dures formulées à l'égard de son inaction. Et sa femme Andrée, la seule personne qu'il ait mise au courant de la gravité de son cas, s'impatiente. «Il y a quand même des limites: tu as tout de même le droit de te faire soigner comme tout le monde!»

Le médecin personnel de Robert Bourassa avait étudié et pratiqué à l'Institut Bethesda de Washington, réputé pour ses recherches sur les cancers de peau; il devait lui recommander de se rendre à Washington, où le docteur Rosenberg — qui avait traité aussi le président Reagan — le prendrait en charge. «Quand le pont sera ouvert», avait promis Bourassa.

En fait, quand le pont fut effectivement rouvert, le 5 septembre, Robert Bourassa n'était pas encore tout à fait libre. Il devait en effet présider, à l'Assemblée nationale, le débat sur la loi 90 autorisant la création de la Commission parlementaire élargie. Ce n'est finalement que le 10 septembre qu'il partait pour Washington, entourant son voyage d'un secret qui allait embarrasser ses porte-parole et soulever toutes sortes de rumeurs.

Car Robert Bourassa craignait encore le coup de force des Warriors. «J'ai dit quelques jours de 'repos' plutôt que de 'vacances' pour ne pas tromper le monde. Mais je ne pouvais pas dire que j'étais à l'hôpital. Ils auraient pu dire: On a cassé le gouvernement[9]!»

Il avait cependant trop attendu: le mélanome s'était propagé jusqu'aux ganglions de l'aine. Le 12 septembre, le docteur Rosenberg renonçait à poser un diagnostic catégorique. Il «croyait» seulement que les cellules cancéreuses avaient toutes été enlevées et suggérait une «chirurgie exploratoire» avant de se prononcer de façon définitive.

«Dans un mois, avait-il proposé.

— Cela ne pourrait-il pas attendre aux Fêtes?

— Ce serait mieux au début de novembre, devait insister cette fois le médecin.»

Et comme la première, cette deuxième intervention allait, elle aussi, être retardée. Les négociations avec le chef du Parti québécois sur la présidence de la Commission étaient plus difficiles que prévu et l'ouverture des audiences, à laquelle Bourassa voulait être présent, n'avaient lieu que le 6 novembre.

Quand le premier ministre était retourné à Washington, le 13 novembre, les spéculations étaient reparties de plus belle et quelques prétendants à la succession cachaient mal leur impatience.

Les médecins avaient expliqué à Robert Bourassa que si de nouvelles cellules cancéreuses étaient réapparues depuis le mois de septembre, il «refermerait très vite». Par contre, plus la chirurgie exploratoire durerait longtemps, plus cela serait encourageant pour lui. C'est ainsi qu'en se réveillant, la première chose qu'il demanda à son épouse fut: «Quelle heure est-il?»

L'opération avait duré trois heures: tout était donc pour le mieux. Sauvé! Ou presque... Les intestins adhérant à la paroi abdominale, Bourassa, pour la troisième fois, devait retourner sur la table d'opération. «Pour un ajustement mineur», l'avait rassuré le docteur Rosenberg.

Mais l'été 1990 n'a pas apporté que des inquiétudes à Robert Bourassa. Le 28 août, à 18 h 45, il devait apprendre de son fils François qu'il était grand-père d'un petit garçon. «Au milieu de ce sombre mois, ce fut comme un moment de pure joie», dira-t-il en janvier 1991.

Mathieu Bourassa sortira à peine de l'enfance au tournant du XXIe siècle. Avec ce petit-fils, un tout nouvel horizon vient de s'ouvrir pour le chef de l'État du Québec qui, à cinquante-huit ans, vient de croiser la mort et risque la fin de sa carrière politique.

«Ça se positionne beaucoup autour de moi...»

Quand il était rentré à Montréal, en décembre, le premier ministre avait continué de se cacher. Réduit à la diète liquide pendant deux semaines, il avait trop perdu de poids et ne voulait pas donner prise à de nouvelles spéculations sur son état de santé. Mais, pour ceux qui étaient en contact avec lui, il ne faisait pas de doute que l'homme avait retrouvé sa forme. «Je pars pour de vraies vacances, cette fois...» Et, avec une petite pointe de regret dans la voix, il ajoutait: «Il va falloir que je fasse attention au soleil maintenant!» Déjà, sa convalescence a bien commencé: «Ah! le plaisir d'être grand-père; François passe avec le petit tous les jours», confie-t-il.

Robert Bourassa n'était pas seulement changé par la maladie. Il reprenait, certes, ses bonnes vieilles habitudes de dévorer les journaux du matin et de suivre avidement la retransmission des audiences de la Commission Bélanger-Campeau. Chaque jour, comme un rappel à l'ordre, ce petit-fils venait lui donner une nouvelle raison de se battre... Ou d'être prudent pour lui! Se souvenant que ses ambitions et ses plans de carrière, dans les années soixante, l'avaient sans doute empêché de passer autant de temps qu'il aurait pu avec François et Michelle, il ajoutait d'un ton grave: «À l'âge d'être grand-père, on est aussi plus proche du terme.»

Quant au chef de parti, il s'était déjà remis aux calculs stratégiques: «Ça se positionne beaucoup autour de moi et je ne sais pas à quel point le parti a évolué... Mais c'est sûr qu'il a évolué[10]!» En fait, cela «se positionnait» tellement dans le Parti libéral que la panique s'emparait des rangs des fédéralistes. Les audiences de la Commission parlementaire sur l'avenir constitutionnel du Québec avaient été dominées par la tristesse, l'indignation, la colère des Québécois devant le comportement humiliant du Canada anglais. Les conclusions qu'en tiraient Michel Bélanger et Jean Campeau étaient sans équivoque...

> La relation entre le Québec et le reste du Canada, au sein du régime politique et de l'ordre constitutionnel qui les régissent, se trouve dans une impasse [...] Le Québec s'est vu imposer un carcan constitutionnel en 1982 et, en 1990, une fin de non-recevoir à ses conditions de réintégration pleine et librement consentie [...] En refusant à la province de Québec d'être différente, l'on refuse dans les faits au peuple du Québec le droit à la différence[11].

Les milieux d'affaires en particulier se sentaient alors délaissés par le Parti libéral. Claude Ryan lui-même, sur lequel ils comptaient beaucoup, renonçait à son intention d'intervenir pour redresser le courant. Peut-être sentait-il aussi qu'on n'arrêtait pas une telle vague...

Robert Bourassa avait, de son côté, et malgré la maladie, suivi attentivement l'angoisse des milieux d'affaires, en particulier le message de la Chambre de commerce du Québec, dont il avouait vouloir s'inspirer beaucoup. On en retrouvait justement des traces dans l'analyse des présidents de la Commission:

> La population du Québec profite, avec celle du reste du Canada, d'un espace économique commun qui contribue à l'atteinte d'un niveau de vie appréciable [...] Le marché intérieur canadien, le cadre monétaire et financier actuel constituent des acquis dont une remise en question maladroite entraînerait des coûts importants pour chacune des deux parties[12].

Tout était là pour Robert Bourassa qui, dès le mois de décembre, avait conclu que les deux commissions, celle de l'Assemblée nationale et celle du Parti, «[étaient] liées l'une l'autre[13]». Et comme le rapport du Groupe de travail présidé par Jean Allaire allait être prêt avant celui de la Commission parlementaire, le chef du Parti libéral insistait pour que son parti s'engage dans les deux corridors que lui promettaient messieurs Bélanger et Campeau: le droit du Québec à la différence, et la préservation d'un espace économique commun avec le reste du Canada.

Gagner du temps...

Comme pour les membres de la Commission Bélanger-Campeau, c'est plutôt la stratégie qui pose un sérieux problème à Robert Bourassa dès son retour au Québec en janvier. L'homme n'a jamais aimé se sentir lié par un programme de gouvernement. Ni par des échéances précises. Or voilà que, quand il reprend les affaires du parti en main, on ne s'y interroge déjà plus sur la nécessité de tenir un référendum. On en est déjà à se demander «quand».

«Onze ans après le premier référendum, un an et plus après l'échec de l'Accord du lac Meech, après six mois de travaux d'une commission dont l'ampleur est sans précédent, cela serait précipité[14]?» demande Lucien Bouchard aux amis qu'il a cultivés dans le Parti libéral.

Pour être sûrs que Bourassa ne temporisera pas une fois de plus, les «souverainistes» de la Commission ont créé, discrètement et loin du Parti québécois, le Mouvement Québec 91. «Bourassa devrait nous écouter, suggèrent ses membres: nous ne sommes pas un parti d'opposition qui espère le battre demain matin!»

Pour gagner du temps, et calmer son aile fédéraliste, Robert Bourassa suggère timidement que le comité Allaire recommande de tenir un référendum «dans le mandat». Mais il doit se résigner: «1992, c'est pas mal vers la fin du mandat», confie-t-il le 24 janvier. La veille, jusqu'à deux heures du matin, une réunion des présidents régionaux de son parti et des principaux membres du caucus lui a confirmé qu'il obtiendrait ce qu'il veut: du temps!

> La souveraineté, c'est pas une fin en soi. Si on peut obtenir, dans la Constitution, tous les pouvoirs dont on a besoin, que l'on considère comme étant essentiels à l'épanouissement de l'identité du Québec, pourquoi entreprendre une démarche qui comporte des risques? Et pour arriver finalement au même résultat[15]...

Car Bourassa — qu'on ne s'y trompe pas — n'est pas encore tout à fait souverainiste. «Comme disait McKenzie King: pas nécessairement, mais si nécessaire[16]», dit-il en évoquant la possibilité qu'il devienne un jour le chef d'un État souverain.

Les sondages lui disent que les Québécois veulent le voir se préoccuper davantage d'économie, d'environnement et, surtout, de démographie.

> C'est le problème qui me préoccupe le plus, parce qu'il est lié à la sécurité culturelle des Québécois. Tous les mois, on m'apporte des statistiques démographiques alarmantes et je me dis que si on en reste là, on aura beau faire des efforts sur le plan économique, l'essentiel va nous manquer un jour parce qu'on fera face à un vieillissement accéléré de la population[17].

La préoccupation immédiate de Robert Bourassa est donc de «régler le problème de l'identité du Québec sans chambarder les structures, avec tout ce que cela va supposer de négociations et de délais».

Mais, après 1971, 1976, 1990, après trois échecs étalés sur un quart de siècle de carrière politique, le Québec est-il encore prêt à donner un mandat de négociateur à Robert Bourassa? Pas Lucien Bouchard!

> Ce sera illégitime, pervers, contraire aux intérêts du Québec, une tentative de détourner la démocratie québécoise. Bourassa n'a plus de mandat pour négocier quoi que ce soit avec le gouvernement fédéral. On va lui scier les jarrets! Ça va être la guérilla: s'il faut emplir le stade olympique au mois de mai, s'il faut faire une parade avec 400 000 personnes au lieu de 200 000 à la Saint-Jean-Baptiste, on va le faire[18]!

Ce sera donc le peuple qui, en définitive, lui dictera sa conduite, ce avec quoi il est tout à fait d'accord, d'ailleurs. En fait, il n'a jamais gouverné autrement, n'a jamais pris de décisions importantes qu'il ne se sentît — à tort ou à raison — porté par un mouvement irrésistible.

«Le référendum: il faut être sûr que ça fasse un gros impact!»

Il va donc mettre tout son poids politique — et il lui en reste beaucoup — à convaincre les Québécois que le Canada anglais n'est pas prêt. «Le référendum, il faut être sûr qu'il fasse un gros impact et c'est une force qu'il faut utiliser au bon moment: ce délai de réflexion n'est donc pas trop long[19]...»

Les sondages, comme la réaction hystérique d'une partie du Canada anglais au rapport du comité Allaire, semblent d'ailleurs lui donner raison. Avant même de connaître les «demandes» du Québec, le reste du Canada, massivement, dans une proportion de 62 %, préfère que le gouvernement fédéral les rejette, au risque de voir la province se séparer! Les

Québécois, eux dans une proportion semblable, à deux contre un, préfèrent — espèrent, peut-être? — que le Canada les accepte[20]...

Quant aux élites intellectuelles, du moins celles que lisent les Québécois, tel Jeffrey Simpson du *Devoir,* leur réaction est éloquente...

> Le rapport Allaire est une plaisanterie et une insulte... Le plus tôt possible, le Canada doit se défaire des Québécois qui dirigent les partis nationaux et de ceux qui ont un rôle important dans la fonction publique (fédérale), et trouver en leur sein des représentants appropriés pour les négociations avec le Québec[21]...

Pour Jean Chrétien qui chante les vertus du Canada au Québec depuis vingt-huit ans, pour Brian Mulroney que les conservateurs ont choisi en grande partie parce qu'il était québécois, pour Paul Tellier dont le Canada anglais était fort heureux de le voir conseiller les troupes fédéralistes pendant la campagne référendaire de 1980, c'est une pilule plutôt amère à avaler.

Plutôt que du racisme, la réaction révèle enfin le vrai visage de ceux qui défendaient, six mois plus tôt, la vision d'un Canada tolérant et généreux. Le chroniqueur du *Globe and Mail* n'a-t-il pas le culot de suggérer, dans le journal d'Henri Bourassa, que «le Canada amputé du Québec (soit) unilingue anglais»!

Le premier ministre de Terre-Neuve, aussitôt engagé dans une campagne nationale pour remplacer ce «Québécois» qui l'embrassait, à Calgary, en le remerciant de tout ce qu'il avait fait pour lui, se met à parler au nom du Canada. Plus de la moitié de son budget est financé par des fonds fédéraux provenant, dans une proportion de 68 %, de l'Ontario et du Québec, pourrait lui rappeler Bourassa! Est-ce donc le Canada, ou son chèque d'assistance sociale, que Clyde Wells défend ainsi?

Après la publication du rapport Allaire, Robert Bourassa multiplie donc les appels à ses amis de l'Est et de l'Ouest — car il lui en reste quelques-uns — pour qu'ils se prononcent eux aussi. Et rapidement. Car si la crédibilité de Brian Mulroney est douteuse, même au Québec, Bourassa a désespérément besoin d'un signe d'ouverture du Canada anglais pour justifier son «délai de réflexion» et repousser, le plus loin possible dans son mandat, la tenue du référendum.

«Le Québec ne sera pas seul»

Avec insistance, il a demandé au premier ministre de l'Ontario, Bob Rae, d'intervenir plus souvent au Québec. Il attend avec impatience que son collègue du Nouveau-Brunswick, Frank McKenna, lance son idée de référendum national sur les façons de modifier la Constitution. Et il espère surtout que les provinces de l'Ouest vont dresser publiquement leur liste de revendications constitutionnelles, liste au moins aussi longue que celle du Québec!

> Le Québec ne sera pas seul avec sa liste de revendications, et je ne sais pas comment le Canada va se sortir de celle-là! L'idéal serait de tenir un référendum national sur les grands paramètres d'une nouvelle constitution. Le Québec serait ainsi fixé[22].

Ce que plusieurs provinces, et Ottawa, souhaitent, en effet, c'est que les Canadiens se prononcent une fois pour toutes sur quelques grands principes comme le bilinguisme, la péréquation, le degré d'autonomie qu'ils sont prêts à offrir aux peuples autochtones, le rôle des provinces dans la politique monétaire, etc. Et c'est avec ce «cadre de référence», ces «paramètres», comme les appellent d'ailleurs McKenna et Bourassa, que les premiers ministres et leurs experts pourraient rédiger une nouvelle constitution.

Discrètement, Brian Mulroney demande aux conservateurs siégeant sur le Comité mixte spécial du Sénat et des Communes sur la procédure de modification de la Constitution, présidé par Gérald Beaudoin et un député de l'Alberta, Jim Edwards, de mettre au point, avec quelques premiers ministres provinciaux, une question référendaire qu'il pourrait poser aux Canadiens à l'automne de 1991[23].

Mais le problème avec les questions référendaires, c'est que la réponse dépend tout autant de la popularité du gouvernement qui les pose que de leur contenu lui-même...

Je ne suis pas sûr que Brian Mulroney ait encore quelque crédibilité que ce soit en matière constitutionnelle. Le sentiment général est qu'il ne pense qu'aux intérêts du Québec, ou à ses propres intérêts politiques[24].

Une chose est certaine: bien des éléments du rapport Allaire conviennent à d'autres provinces, celles de l'Ouest, en particulier. Les Cassandres du *Globe and Mail* et du *Saint John's Telegraph* ont en effet oublié qu'en octobre 1976 Peter Lougheed, au nom de tous ses collègues des provinces, réclamait un bon tiers des pouvoirs que convoitent aujourd'hui les libéraux du Québec. Et en septembre 1980, sept provinces — incluant Terre-Neuve! — ont signé une «Proposition de position commune des provinces», rédigée par le gouvernement du Parti québécois. Une «position commune» dont bien des points ne sont pas incompatibles avec le rapport Allaire.

Le Québec a toujours eu beaucoup d'appuis dans l'Ouest. «Et des *connexions* aussi!» ajoute Grant Devine en soulignant que son propre sous-ministre, Norm Riddel, est maintenant l'un des principaux conseillers de Robert Bourassa.

> La mise sera plus grosse au Québec, mais elle le sera ici aussi. Nous aussi on aura notre liste de revendications, qui pourrait bien s'allonger jusqu'à vingt-cinq! Mais on continuera à faire des affaires ensemble, Lavalin et Bombardier auront encore des contrats ici et je vendrai mon uranium dans toute l'Amérique du Nord[25].

So what! Voilà un réalisme qui n'est pas pour déplaire à Robert Bourassa. Mais le temps qu'il a voulu gagner risque de se retourner contre lui. Si l'Accord du lac Meech n'a pas survécu à trois ans de négociations parce que trois gouvernements provinciaux ont été renversés entre-temps, la situation politique sera encore plus instable dans les dix-huit mois que Bourassa s'accorde pour proposer «l'accès du Québec au statut d'État souverain».

Deux provinces de l'Ouest — la Saskatchewan et la Colombie-Britannique —, de même que la Nouvelle-Écosse, risquent de changer de gouvernement avant la fin des négociations proposées par le Québec: elles se donneront sans doute un gouvernement néo-démocrate (en Saskatchewan et en Colombie-Britannique) et libéral en Nouvelle-Écosse. Dans les trois cas, ces changements iront dans le sens d'un renforcement de la vision que le Québec rejette massivement.

Un pays éclaté

Quant au gouvernement national, avec lequel Robert Bourassa prétend négocier exclusivement, il est déjà techniquement minoritaire puisque le Canada anglais conteste la légitimité de son chef, Brian Mulroney, et des neuf autres ministres du Québec qui siègent à ses côtés au cabinet fédéral. Il le sera pour de bon lorsqu'un nombre suffisant de conservateurs de la même province seront passés au Bloc québécois ou qu'ils refuseront de se porter candidats aux prochaines élections, ou encore que les Tories canadiens-anglais auront décidé que Brian Mulroney les conduit à leur perte.

Peu familier avec le Canada anglais, Robert Bourassa a en outre sous-estimé l'éclatement d'une société dont toutes les valeurs — religion, langue, style de vie — sont remises en cause par l'individualisme qu'encourage la Charte des droits et libertés. Car c'est au nom de cette charte qu'on remet en cause des symboles aussi forts que le drapeau, le bilinguisme, la tolérance ou... l'uniforme de la police montée!

C'est à ce Canada-là que pense peut-être Benoît Bouchard lorsqu'il demande anxieusement aux Ontariens de lui dire si le pays qu'ils ont à lui proposer, c'est celui du Reform Party et de Preston Manning.

Paul Martin doute, lui aussi, de ce pays qui n'a même plus le sens de son identité, et des Canadiens qui n'expriment plus aucune volonté d'appartenance: «Un Québécois réussit en France et il reste un Québécois sur la scène internationale, dit-il. Mais un Canadien anglais quitte le Canada pour la scène internationale et il devient américain[26]!»

Westerners, Maritimers, Newfoundlanders, comme les Québécois, mais sans partager leur fierté de l'affirmer, les Canadiens se définissent de plus en plus par rapport à leur coin de pays. Secrètement, Robert Bourassa espère que la crise les forcera à se regrouper selon leurs affinités (ou solidarités?) régionales. «Cinq régions (les Maritimes, le Québec, l'Ontario, les Prairies et la Colombie-Britannique), c'est une formule qui m'apparaît désirable, défendable[27]», avance-t-il en avouant s'être laissé inspirer par le père Georges-Henri Lévesque.

Mais les «frontières» du Québec sont déjà contestées, et celles de l'Ouest ne sont pas évidentes.

L'Alberta et la Colombie-Britannique, toutes deux relativement riches et dont l'économie est semblable, se rapprochent beaucoup. Et le Manitoba est partagé entre la Saskatchewan et l'Ontario[28].

Grant Devine paraît manifestement inquiet devant l'isolement possible de sa propre province:

En somme, la montée des *provincialismes* (le mot est de Pierre Trudeau), inspirée par l'exemple du Québec, et l'individualisme encouragé par la Charte des droits et libertés ont fait éclater toutes les institutions que Robert Bourassa voudrait réformer. Le Québec est le seul, en fait, à savoir ce qu'il veut. Et il en veut plus que les autres...

Robert Bourassa, comme l'ensemble de son peuple d'ailleurs, n'acceptera plus jamais un régime fédéral qui ne lui garantisse «des pouvoirs un peu différents[29]». C'est le «droit à la différence» que réaffirme la Commission Bélanger-Campeau.

Or le Canada tel que l'envisagent Jean Chrétien et Audrey McLaughlin, entre autres, refuse globalement cette asymétrie, sinon pour la gestion des musées, des bibliothèques ou des écoles du Québec! Marc-Yvan Côté à la Santé, et Liza Frulla-Hébert aux Affaires culturelles, en savaient déjà quelque chose, avant même la présentation du rapport Allaire.

Se faire pousser dehors...

Les fédéralistes orthodoxes prétendent parfois connaître, mieux que la majorité des Québécois, le régime politique qui leur convient. «Le Canada a protégé le Québec contre ses démons», affirmait Pierre Trudeau. «Le Québec a grandi à l'intérieur du Canada», dit aujourd'hui Jean Chrétien. Il est vrai que c'est grâce à Ottawa, et parfois malgré son propre gouvernement, que le Québec a pu développer bon nombre de ses institutions sociales comme les universités et les services de santé.

Mais c'est aussi sans Ottawa que les Québécois se sont sortis de la «grande noirceur» et qu'après être entrés dans le XXe siècle avec soixante ans de retard, ils s'apprêtent à entrer dans le XXIe aussi bien préparés, sinon mieux, que le Canada anglais!

Il y a donc du bon comme du mauvais dans le régime fédéral. Et le raisonnement de Jean Chrétien ressemble à celui d'un vieux père grincheux qui dirait à son fils: «C'est dans ma maison que tu as grandi, c'est donc sous mon toit et sous mon autorité que tu vas passer le reste de ta vie!»

Robert Bourassa, en jeune homme bien élevé, ne veut pas claquer la porte. «Il est resté toute sa vie le petit garçon qui veut faire plaisir à sa maman[30]», dit son ami d'enfance, Jacques Godbout. Déjà, en juin 1990, il se faisait une gloire d'avoir subi, sans broncher, la mauvaise foi, parfois les insultes du Canada anglais... «Sans donner de coup de poing sur la table, sans claquer la porte, et jusqu'à ce que les autres disent 'Non', qu'ils disent en quelque sorte: 'Vous êtes libres'[31].»

Hélas, après dix mois de cette «liberté», et après avoir dit ce qu'il entendait en faire, Robert Bourassa risque l'humiliation de se faire pousser dehors. Brutalement!

Que n'a-t-il donc écouté, une dernière fois, l'ancien conseiller des gouvernements du Québec, Robert Normand! Il lui prédisait en effet, dès octobre 1990, que le scénario d'une synthèse entre le statut particulier, le néo-fédéralisme et le 'confédéralisme' — ce qu'il recherche au fond — «ne pourra voir le jour ni être accepté par le reste du Canada que si le Québec a le courage d'affirmer, d'une manière calme et sereine, son intention de déclarer unilatéralement l'indépendance en cas de refus[32]».

NOTES ET RÉFÉRENCES

1. Robert Bourassa, entretien avec l'auteur, janvier 1991.
2. *Ibid.*
3. *Ibid.*
4. *Ibid.*
5. Robert Bourassa n'a jamais considéré qu'il s'agissait d'une opération, encore moins d'une hospitalisation puisqu'il ne s'était absenté des affaires de l'État que pendant une heure. (L'auteur s'en est strictement tenu à la version du premier ministre, car ce ne sont pas les détails de la maladie, comme tels, qui importent, mais plutôt le courage du chef d'État à cette occasion et sa capacité d'exercer ses fonctions dans des conditions difficiles.)
6. Robert Bourassa, entretien avec l'auteur, juillet 1990.
7. Benoît Bouchard, entretien avec l'auteur, juin 1990.
8. Robert Bourassa, entretien avec l'auteur, janvier 1991.
9. *Ibid.*
10. Robert Bourassa, entretien avec l'auteur, décembre 1990.
11. *La Presse,* 25 et 28 janvier 1991.
12. *Ibid.*
13. Robert Bourassa, entretien avec l'auteur, décembre 1990.
14. Lucien Bouchard, entretien avec l'auteur, janvier 1991.
15. Robert Bourassa, entretien avec l'auteur, janvier 1991.
16. *Ibid.*
17. Robert Bourassa, entretien avec l'auteur, juillet 1990.
18. Lucien Bouchard, entretien avec l'auteur, janvier 1991.
19. Robert Bourassa, entretien avec l'auteur, janvier 1991.
20. Gallup Canada, sondage du 2 au 5 janvier 1991. La proportion des Canadiens anglais qui sont prêts à prendre le risque de la séparation du Québec plutôt que de satisfaire ses demandes varie de 63 % dans les Maritimes, à 70 % en Ontario, 78 % dans les Prairies et 79 % en Colombie-Britannique.
21. *Le Devoir,* 4 février 1991.
22. Frank McKenna, entretien avec l'auteur, juillet 1990.

23. Entretien confidentiel.
24. *Ibid.*
25. Grant Devine, entretien avec l'auteur, juillet 1990.
26. Paul Martin, entretien avec l'auteur, avril 1990.
27. Robert Bourassa, entretien avec l'auteur, janvier 1991.
28. Grant Devine, entretien avec l'auteur, juillet 1990.
29. Robert Bourassa, entretien avec l'auteur, janvier 1991.
30. Jacques Godbout, entretien avec l'auteur, décembre 1990. Robert Bourassa a d'ailleurs un jour déclaré: «Les péquistes peuvent rugir, moi les mamans m'aiment!»
31. Robert Bourassa, entretien avec l'auteur, juillet 1990.
32. Robert Normand, discours devant l'*America's Society*, reproduit dans *Le Soleil*, 11 octobre 1990.

Épilogue

S'y mettre tout de suite[1]!

> *Certains [prétendent que] si nous faisons assez peur aux Anglais, nous obtiendrons ce que nous voulons sans aller jusqu'à l'indépendance [...] J'avoue que la trouille des politiciens et des hommes d'affaires de langue anglaise est drôle à voir. Mais cela aura ses contrecoups: il n'est rien de plus mesquin que le poltron revenu de sa peur.*
>
> Pierre Elliott Trudeau[2]

La souveraineté? «Je n'ai pas de préjugés, ni dans un sens ni dans l'autre, affirme Robert Bourassa. En politique, j'ai toujours œuvré au niveau québécois. Mais sur le plan économique, il y a des avantages pour le Québec à rester dans une communauté canadienne[3].»

Il appartient donc finalement aux Québécois de décider. Mais l'économiste qui veille en Bourassa lui conseille seulement de préserver un régime avec lequel il se sent plus familier; enfermé dans ce scénario fédéraliste, il refuse a priori d'envisager, même par pure hypothèse, le scénario d'un Québec souverain.

Quant au politique qu'il a été durant toute sa vie d'adulte, il préférerait sans doute diriger un gouvernement souverainiste plutôt que de perdre prématurément le pouvoir. En fait, on soupçonne Bourassa de penser, au plus profond de lui-même, qu'il serait de l'intérêt des Québécois de lui confier la transition du Québec vers la souveraineté plutôt que de livrer la province à l'aventure d'un gouvernement péquiste! Le rapport Allaire ne dit-il pas que c'est «le gouvernement issu du Parti libéral — son chef, donc, Robert Bourassa! — qui proposera l'accès du Québec au statut d'État souverain[4].»

La seule certitude qui soit vraiment indiscutable en ce qui a trait à l'avenir politique de Robert Bourassa, dont les Québécois sont les seuls à pouvoir décider et sur laquelle ils ont donc le plein contrôle, est celle de la souveraineté de l'État du Québec. Comme le suggère Robert Normand et semble le penser une nette majorité de Québécois, il faudra forcer le Canada anglais à prendre le Québec au sérieux.

Robert Bourassa, comme Brian Mulroney, n'envisage sérieusement qu'une réforme «en profondeur» du régime fédéral actuel. Au mieux, ils évoquent, en des termes très vagues, au surplus, le scénario d'une «reconfédération» du Canada à partir de quatre ou cinq régions. Mais, province ou région, le Québec court encore et toujours le risque de la «banalisation»: celui de se retrouver en bout de ligne avec un gouvernement «comme les autres», donc de perdre son droit à la différence.

Tous se préparent à la souveraineté du Québec, sauf le gouvernement du Québec...

De quelque côté qu'il retourne la question, que les «propositions globales» de Brian Mulroney constituent une autre «tentative de la dernière chance» dans laquelle il serait dangereux et très long de s'aventurer, ou que le Canada anglais refuse tout simplement de négocier, Robert Bourassa n'a d'autre choix que d'être prêt à se comporter en chef de parti et en premier ministre «souverainiste».

D'ailleurs, en janvier 1991, n'a-t-il pas lui-même lancé le Québec dans une campagne préréférendaire, vers un référendum qui conduit à la souveraineté. Qu'il le veuille ou non, le «reste du Canada», ce qui comprend les institutions fédérales installées au Québec et probablement les États-Unis, sont *déjà* en période de «transition».

Ce serait, en effet, se méprendre sur la sagesse des investisseurs de croire qu'ils ont attendu la tenue d'un référendum sur la souveraineté pour commencer à se réorganiser. Ils l'ont déjà fait depuis longtemps: la Révolution tranquille, les turbulentes années soixante-dix, l'élection du Parti québécois ont sans doute exigé de leur part bien des réajustements. Il est impensable de croire que Bell Canada, par exemple, n'ait pas déjà bâti une structure corporative qui lui épargnera toute rupture brutale, dans l'éventualité d'un «réaménagement de la structure politique canadienne».

Les entreprises américaines, elles aussi, ont pris note, il y a quinze ans, du processus qui était déjà en marche au nord du 45e parallèle. Elles savent fort bien qu'il ne s'arrêtera ni ne s'inversera, et qu'il vaut mieux, par conséquent, se faire à l'idée. En 1976, dès le lendemain de l'élection du Parti québécois, le Stanford Research Institute de Californie émettait déjà une série de directives à l'intention de ses clients du *Business Intelligence Program*[5]. «La question qu'il faut se poser, suggère alors l'Institut, ce n'est pas *si* le Québec va se séparer du Canada, mais comment, de quelle façon, et d'ici quand»!

Si le Canada anglais n'est pas encore parvenu à la même conclusion, c'est que ses chefs politiques — ceux qui viennent du Québec, en particulier — n'ont cessé de lui répéter que les Québécois ne sont qu'un «dégueulasse petit peuple de maîtres chanteurs» (Pierre Trudeau), qui «bluffent» (Jean Chrétien), qui se laissent berner par des «marchands d'illusions» (Brian Mulroney).

La période de transition est, elle aussi, amorcée sur la scène internationale. Elle ne se limite pas aux spéculations du Département d'État à Washington ou du Quai d'Orsay à Paris, mais elle constitue une donnée concrète dans les ordinateurs du Pentagone et de NORAD, organisation conjointe des États-Unis et du Canada pour la défense du Nord. Il est difficile de croire que dans le plan de déploiement des forces canadiennes *et* américaines, dans l'organisation de la «Ligne de défense du Nord», dans les plans de localisation des bases de chasseurs (et de leurs centres d'entretien!), des ports de la Marine et surtout dans la répartition des effectifs, il n'y a pas quelque part un paramètre nommé «Québec-Canada».

En somme, tout le monde est en train de se préparer à la souveraineté du Québec... Sauf le gouvernement du Québec lui-même! Que cela se produise en 1991 ou en 1992, il ne faudra pas improviser au lendemain du prochain référendum...

Forcer le Canada anglais

Bien que Robert Bourassa n'ait jamais aimé les épreuves de force, il ne peut échapper à une réalité bien concrète: la tentation du Canada anglais de recourir à la technique du lock out, une sorte de refus de la négociation *avant même* que le Québec n'ait commencé à sortir sa batterie de moyens de pression.

Depuis le rapatriement de 1982, le Québec est cadenassé dans le régime canadien. La question des appuis internationaux devient donc capitale puisque la légitimité du processus d'autodétermination, même démocratique, ne viendra pas de l'intérieur de la fédération canadienne. On semble par exemple prendre pour acquis l'appui de la France. Cela reste à voir. Dans le cas récent de la Lituanie, on a remarqué la prudence du président François Mitterrand. En cette matière, le souci des pays étrangers est directement proportionnel à leur intérêt de conserver, ou non, de bonnes relations avec Ottawa.

Le Québec a donc intérêt, *dès maintenant,* à identifier les capitales potentiellement «amies» et à y miner systématiquement la légitimité de la fédération canadienne, en particulier de son gouvernement dit «central». La proposition n'a rien de révolutionnaire: en 1980, le Québec *et sept* provinces anglaises ont ouvertement contesté à Londres, au Parlement de Westminster, la légitimité du programme constitutionnel du gouvernement du Canada. Pierre Trudeau en a été malade, et Margaret Thatcher bien embarrassée. Mais ce fut un succès: le Canada fut obligé de revenir à la table des négociations!

Robert Bourassa peut même faire revenir d'Ottawa, immédiatement s'il y tient, le principal artisan de cette vraie bataille diplomatique, Gilles Loiselle. Il serait sans doute plus utile ici qu'à comptabiliser les déficits du Trésor fédéral...

Il faut tenir compte du fait que, depuis le retour au pouvoir de Robert Bourassa, une situation nouvelle, qui n'existait pas au moment du référendum de mai 1980, se dessine: l'absence de volonté politique du Canada anglais — sauf peut-être les quelques bravades de certains chefs politiques de l'Ouest, qui se disent prêts à «laisser aller le Québec» — de coopérer à tout processus menant à la souveraineté du Québec.

Entre 1976 et 1980, à la faveur des travaux constitutionnels sur le rapatriement et d'autres négociations (celles qui portaient sur les accords fiscaux, par exemple), le «bon gouvernement» du Québec et certains de ses représentants, comme Jacques Parizeau et Claude Morin, se sont acquis des appuis importants parmi les élites du Canada anglais, en particulier sa classe bureaucratique. Il a fallu des efforts énormes à l'administration de Pierre Trudeau pour discréditer le Québec et finalement réussir à l'isoler en novembre 1981.

Toute cette compréhension, voire cette sympathie, sont bel et bien disparues aujourd'hui. La campagne contre l'Accord du lac Meech, en particulier le tournant historique de la loi 178, et la crise autochtone de l'été 1990 y sont certes pour quelque chose. Que l'opinion publique du Canada anglais soit actuellement chauffée à blanc contre le Québec, c'est une réalité que ne saurait ignorer Robert Bourassa...

Ou s'adresser ailleurs!

Robert Bourassa semble penser que l'avenir du Québec, même souverain, dépendra toujours du bon vouloir du reste du Canada. Qu'il veuille négocier un renforcement de l'Union économique canadienne ou préserver l'espace économique canadien, il devra compter sur la bonne volonté du Canada anglais.

Toute la dynamique des négociations changerait si Bourassa réalisait enfin que, pour des raisons de sécurité ou de stabilité économique, les États-Unis — qui sont bien prêts à s'entendre avec le Mexique puis, pays par pays, avec le reste des deux continents américains — pourraient être intéressés à s'entendre avec le Canada «à la pièce[6]».

Qu'on imagine un peu la tête du premier ministre de l'Ontario devant un Québec souverain se mettant en tête de négocier avec les Américains. Ce serait la bousculade à Washington! Car, de même qu'il serait naïf de la part des Québécois de s'imaginer que les appuis de certains pays étrangers leur sont acquis d'avance, de même est-il prétentieux, de la part du Canada anglais, de croire que l'intérêt ultime des États-Unis soit de préserver l'unité canadienne à tout prix.

Enfin, s'il faut en arriver là — la guerre civile étant exclue! —, Robert Bourassa et Jacques Parizeau possèdent, avec le Bloc québécois, l'arme suprême: celle de paralyser le Parlement fédéral. Si la «coalition arc-en-ciel» a bien pu mener Brian Mulroney au pouvoir, que ne réussirait-elle pas avec Lucien Bouchard?

Au pire donc, le Québec doit être prêt, dans les mois qui précèdent la tenue d'un référendum sur la souveraineté, à saper la crédibilité du Canada anglais dans les capitales étrangères et à paralyser les institutions fédérales.

D'abord une constitution...

La tâche la plus urgente est de rédiger, dès maintenant, la constitution d'un État souverain. Cela permettra à Robert Bourassa, dans son référendum, de ne pas poser une question, mais de formuler une réponse. Car tout ce qui intéresse les Québécois, c'est le premier article de cette constitution: «Le Québec est un État souverain.»

Pour le reste, les choix de société se prendront dans les programmes des partis politiques du Québec.

L'avantage d'un tel référendum, qui affirme une réalité plutôt que de poser timidement une question, est de mettre le Canada anglais devant un fait accompli. Car, lock out ou pas, la négociation sera sauvage. En fait, le Canada anglais s'y résoudra lorsque le Québec touchera son nerf le plus sensible: l'argent!

... puis la grève des impôts!

Le droit des représentants du peuple de lever des impôts est à l'origine de la démocratie américaine, après tout! L'Assemblée nationale du Québec peut donc en faire autant! L'économiste Georges Mathews a brillamment démontré par ailleurs que, en tenant compte de leur contribution au déficit fédéral, les Québécois enregistrent un bilan négatif de plus d'un milliard de dollars[7]. Sans relancer une «guerre des chiffres», que personne ne pourra jamais gagner, il ressort de toutes les analyses que le Québec devrait pouvoir se permettre de «rapatrier» unilatéralement tous les impôts — et sa part du déficit fédéral! — sans que les services et les transferts aux individus et aux corporations ne soient trop affectés. Le cas de l'impôt corporatif peut poser un problème. Mais il y a de plus en plus de citoyens corporatifs qui, comme les individus, favorisent la souveraineté. Ce n'est donc pas tout l'impôt corporatif que le Québec serait obligé de négocier avec Ottawa.

La seule question qui se pose vraiment est: Bourassa est-il prêt à déclencher une grève des impôts? Il y a fort à parier que cela a dû tenter déjà Gérard D. Lévesque et quelques-uns de ses collègues. Quand Maurice Duplessis a ouvert la voie en 1954 avec sa «Loi assurant à la Province les revenus nécessités par ses développements», le gouvernement du Québec a rapatrié 15 % de la part des impôts fédéraux! Et Pierre Trudeau, qui avait beau détester Duplessis et trouver qu'il négociait «comme un voyou», a fini par l'approuver.

Robert Bourassa pourrait tester dès maintenant l'enthousiasme des Québécois en rapatriant les impôts dont le Québec a besoin pour

> «... exercer désormais sa pleine souveraineté dans les champs de compétence qui lui sont déjà exclusifs (comme les affaires sociales, l'éducation, l'habitation, la politique familiale, la politique de main-d'œuvre ou la santé), et dans les secteurs non spécifiquement énumérés dans la Constitution canadienne, à savoir les pouvoirs résiduaires, ainsi que dans certains domaines actuellement à juridiction partagée (comme les communications, le développement régional, la recherche et le développement, la sécurité du revenu...)[8].

Il pourrait être étonné de la réponse...

Il n'est même pas certain qu'il faille en arriver là. Sous le nez des Clyde Wells et autres Bob Rae, le Québec vient de rapatrier trois cent trente-deux millions de dollars et les soixante-dix fonctionnaires fédéraux qui gèrent les programmes d'immigration, sans que les provinces maritimes se soient mises à dériver dans l'Atlantique.

La séparation des biens

Le Canada anglais espère exercer un subtil chantage au moment du partage des actifs. C'est souvent la séparation des biens qui provoque les affrontements dans les divorces! Mais on oublie que, depuis sept ans, le gouvernement conservateur à Ottawa a privatisé une masse considérable d'actifs publics, tels Air Canada, Petro Canada, quelques aéroports et voies de chemin de fer. On peut imaginer au moins qu'avec Brian Mulroney le partage sera plus facile! Et si le Canada anglais veut vraiment garder ses actifs, le Québec pourra sans remords lui laisser ses dettes...

Robert Bourassa est en outre très soucieux de la stabilité économique; c'est d'ailleurs l'une des principales raisons pour lesquelles il veut éviter les «chambardements de structures» et négocier poliment.

Rien n'empêche le premier ministre du Québec de rassurer immédiatement les partenaires du Canada et du Québec quant à l'avenir des traités commerciaux *et* de sécurité. Les Américains, en particulier, ne dissocient pas les deux questions puisque leur approvisionnement en matériaux stratégiques conditionne leur sécurité. Ils trouveront vite leur compte à négocier l'électricité de la baie James avec le Québec, plutôt qu'avec le Québec *et* l'Office national de l'énergie. On peut leur assurer en outre que la voie maritime du Saint-Laurent restera ouverte...

En somme, l'Assemblée nationale pourrait très bien adopter immédiatement une résolution affirmant que le Québec, dès sa reconnaissance en tant qu'État souverain par l'Organisation des Nations unies, se considérera, jusqu'à leur renégociation éventuelle, solidaire de tous les traités internationaux signés en son nom par le gouvernement du Canada. Endossée par les deux grands partis, cette assurance de stabilité encouragerait bien des pays à accélérer l'entrée du Québec à l'ONU!

La piastre à Bourassa

Il y a gros à parier que Robert Bourassa parlera beaucoup de monnaie. Il s'y entraîne depuis 1967 et Jacques Parizeau adore les débats d'experts. Mais l'insistance du Québec à parler d'«union monétaire» convainc le Canada anglais que le jeune État souverain sera «demandeur», donc vulnérable et sensible à toutes sortes de chantages.

Pourquoi les deux grands partis politiques tiennent-ils donc tant à limiter ainsi leurs options au seul dollar canadien? Le Québec peut tout aussi bien élargir dès maintenant ses horizons et envisager l'hypothèse d'une «zone dollar» qui engloberait le dollar américain, le peso/dollar mexicain et, s'il daigne y consentir, le dollar du Canada anglais. En réclamant à tout prix une union monétaire avec le Canada, le Québec lie son sort à la monnaie d'un pays aussi endetté que lui. À l'ère de la globalisation des marchés, la valeur de la «piastre à Bourassa» sera plutôt déterminée par rapport à un panier de monnaies qui comprendra, aussi, le yen japonais, le mark allemand, la livre anglaise, et le franc français.

Un passeport «arc-en-ciel»

Il est fort probable que Jean Chrétien voudra se mêler de la négociation en parlant du fameux «passeport» canadien. Il paraît que les Québécois y tiennent! Mais Robert Bourassa, qui connaît bien l'Europe, pourra lui répondre que le «passeport rouge» européen connaît un tel succès que bien des Français ne portent même plus leur passeport bleu.

Car ce n'est pas l'émission d'un passeport qui est importante, mais le droit d'une nation de reconnaître une citoyenneté. Va donc pour un passeport commun aux armes du Canada-Québec si Jean Chrétien y tient! Il ne restera plus qu'à choisir dans la gamme des couleurs.

Le coup de la Canadian Airlines

Le *Montreal Gazette* brandira sans doute la menace de l'exode des professionnels et des cerveaux! La réorganisation des sièges sociaux autrefois installés à Montréal a retiré tout son poids à une fuite des capitaux et à un éventuel «coup de la Brinks»! On parlera donc plutôt du coup de la *Canadian Airlines*. Car ces gens-là seront trop pressés de partir vers l'Ontario pour se fier à Via Rail!

Va pour l'exode. Mais il faudra aussi comptabiliser l'afflux des francophones de l'extérieur du Québec — et il s'agira souvent d'un rapatriement de qualité — qui pourrait bien produire, en fin de compte, un solde migratoire positif pour un Québec souverain.

Pas de frontières sûres...

La partie la plus difficile de la négociation sera certainement celle qui porte sur le territoire. Car, sans frontières, il n'y a pas d'État souverain.

Le Canada anglais n'hésitera pas à se servir des revendications territoriales des peuples autochtones pour redessiner les frontières actuelles du Québec. Sa tâche en sera d'autant plus facile que les peuples aborigènes ont meilleure presse à l'ONU que le Québec. En fait, le Canada se posera en ultime défenseur des droits des populations aborigènes pour se faire des alliés sur la scène internationale. Quant aux inévitables radicaux du *West Island* et de l'Outaouais, ils réclameront bien, eux aussi, leur petit coin de territoire.

Le Québec, avec ses 15,6 millions de kilomètres carrés, est plus grand que *chacun* des cinquante-deux États américains, à l'exception de l'Alaska. C'est un morceau de territoire bien tentant et il y a fort à parier que le Canada tentera d'imposer une partition du Québec. Pis encore, il négociera des enclaves «à l'irlandaise».

D'éminents professeurs prétendent que le droit international assure le Québec de l'intégrité de son territoire, tel qu'il existe au moment de son accession à la souveraineté. Mais on vit à une époque où les États, surtout les jeunes États, doivent être prêts à défendre leurs frontières. Sinon par les armes, du moins par la menace des armes.

...sans armée!

Robert Bourassa a quelque expérience en la matière: il a dû se servir deux fois de l'armée dans sa carrière de premier ministre du Québec. Un record sans doute pour un chef de gouvernement non souverain! Les néo-fédéralistes — et même les souverainistes! — concluent peut-être un peu vite en suggérant que la défense et la sécurité du territoire seront partagées avec le reste du Canada.

Une armée, c'est d'abord le symbole ultime de la souveraineté territoriale. C'est aussi une garantie internationale et un instrument au service de la diplomatie. Quel droit de parole le Canada aurait-il à l'ONU s'il n'avait eu trois navires de guerre et vingt-six chasseurs-bombardiers, en plus d'un hôpital militaire, dans le Golfe arabo-persique?

Et surtout, l'armée est un formidable outil de développement industriel. Les politiques d'achat d'une armée commune Canada-Québec seront toujours décidées par une majorité anglaise; c'est une expérience que le Québec n'a peut-être pas intérêt à prolonger. Sans jeu de mots, le Québec a déjà un Bombardier... Pourquoi n'aurait-il pas une SAAB? Car si la Suède a une industrie automobile, c'est sans doute un peu parce qu'elle a sa propre armée, qui achète ses propres avions de chasse.

*

1971. 1976. 1990... La longue carrière de Robert Bourassa, depuis son élection à l'Assemblée nationale en 1966, prouve, en définitive, et parfois par l'absurde, que la volonté politique du Canada anglais de négocier avec le Québec s'amenuise peu à peu, au fur et à mesure qu'il se rapproche de l'option souverainiste.

Mais il est une vague que même le mur de Berlin n'a pu arrêter: la volonté collective d'un peuple convaincu, déterminé, résolu, inébranlable.

Déterminé, résolu, inébranlable: Robert Bourassa a montré qu'il pouvait être tout cela à la fois. Il ne lui reste plus qu'à se convaincre que les Québécois sont comme lui...

Ottawa, février 1991.

NOTES ET RÉFÉRENCES

1. Cet épilogue s'inspire en partie d'une conférence donnée par l'auteur au Forum sur la souveraineté organisé par le Parti québécois, à Montréal, les 7-8 septembre 1990.
2. Pierre Elliott Trudeau, *La nouvelle trahison des clercs*, Cité Libre, avril 1962, et *Le fédéralisme et la société canadienne-française*, Montréal, Éditions HMH, 1967, p. 185-186.
3. Robert Bourassa, entretien avec l'auteur, janvier 1991.
4. Parti libéral du Québec, *Un Québec libre de ses choix*, 1991, p. 70.
5. William Waters, *Quebec Separatism*, SRI, 1977.
6. Voir en particulier Jean-François Lizée, *Dans l'œil de l'aigle*, Montréal, Boréal, 1990, le remarquable pragmatisme des analyses du Département d'État, p. 461 à 480.
7. Georges Mathews, *L'accord*, Montréal, Le Jour, 1990, p. 158-161.
8. *Un Québec libre de ses choix, op. cit.*, p. 71.

Index

Allaire, Jean 286
Amagoalik, John 270
Axworthy, Lloyd 204
Axworthy, Tom 170

Barrett, Dave 192, 242
Bazin, Jean 128, 236
Beaudoin, Gérald 291
Beaulieu, Mario 236
Bédard, Marc-André 83
Bégin, Monique 104
Bélanger, Marcel 42
Bélanger, Michel 242, 284, 286
Ben-Dat, Mordechai 182
Bennett, Bill *Wackie* 73, 166, 199
Berger, David 152
Bernard, Louis 166, 239
Bertrand, Jean-Jacques 9, 66, 72, 76
Bissonnette, André 233, 259
Black, Conrad 164
Blakeney, Allan 81, 82, 111, 112, 161, 192, 194, 195
Bliss, Michael 160, 174
Blondin, Ethel 28, 271
Boivin, Jean-Roch 119, 257, 260
Borg, Vince 182
Bouchard, Benoît 139, 165, 233, 234, 235, 237, 239, 242, 245, 246, 250, 251, 257-260, 293, 296
Bouchard, François-Xavier 237
Bouchard, Louis 246

Bouchard, Lucien 11, 20, 21, 23-25, 28, 30, 83, 89, 115, 119, 126, 128-130, 132, 139, 153, 154, 171, 233-235, 237, 238, 240, 241, 243-245, 247-257, 259, 260, 270, 275, 279, 280, 286, 288, 296, 304
Bouey, Gerald 102
Bourassa, Aubert 32
Bourassa, François 283, 284
Bourassa, Marcelle 33
Bourassa, Mathieu 283
Bourassa, Michelle 284
Bourassa, Suzanne 33
Bourgault, Pierre 33, 43, 100, 101, 118, 119, 124
Broadbent, Ed 203, 204, 242
Buchanan, John 156, 216, 233
Bujold, Rémy 155
Burney, Derek 240

Camp, Dalton 215
Campeau, Jean 284, 286
Carney, Pat 165
Carstairs, Sharon 76, 201, 205, 207, 224, 269, 270
Castonguay, Claude 75, 78
Charbonneau, Guy 236
Charest, Jean 23, 139, 248, 251, 252
Chartrand, Gilbert 256
Chartrand, Michel 42
Chevrette, Guy 172

Chouinard, Julien 166
Chrétien, Jean 24, 25, 48, 78, 79, 100, 103, 107, 108, 129, 131, 134, 143, 155, 165, 166, 173, 188, 205, 218, 228, 233, 245, 248, 249, 253, 255, 257, 258, 270, 289, 294, 295, 301, 308, 309
Ciaccia, John 272
Clark, Joe 128, 129, 142, 179, 237
Cliche, Paul 60, 67
Cliche, Robert 235
Cogger, Michel 236
Cook, Sheila 172
Côté, Marc-Yvan 249, 257, 294
Côté, Michel 233, 241, 242
Courville (Bourassa), Adrienne 33
Coutts, Jim 170

d'Allemagne, André 42
Davis, Bill 81, 117, 120, 161, 175-177, 179, 180, 183, 188, 189, 233
de Cotret, Robert 200, 241
de Gaulle, Charles 26, 48-55, 67, 81, 97, 98
Desjardins, André 82
Desjardins, Gabriel 248
Desmarais, Paul 83, 242
Desrochers, Paul 62, 63
Devine, Grant 142, 148, 154, 156, 191, 194-197, 204-206, 208-210, 291, 294, 297
Dicerni, Richard 173
Diefenbaker, John 112, 113, 240
Doer, Gary 203, 207, 224, 269
Drew, George 175
Duceppe, Gilles 257
Duplessis, Maurice 9, 40, 41, 65, 95, 175, 232, 306

Edwards, Jim 291
Elkas, Sam 273

Epp, Jake 207, 210
Erasmus, George 264, 271, 272
Ezrin, Hershell 30, 154, 182

Filmon, Gary 26, 28, 201, 207, 209, 210, 224, 253, 269
Fogarty, Stephen 88
Forsey, Eugene 159
Fortin, Micheline 252
Fox, Francis 84, 89, 234
Fraser, Graham 119
Frith, Royce 71, 73
Frost, Leslie 175
Frulla-Hébert, Liza 294

Gagnier, Daniel 167, 168, 172
Gagnon, Jean-Louis 37, 43, 68, 73, 119
Garneau, Raymond 99, 117, 123, 124, 129-131, 151, 155, 204
Gérin, François 241, 256
Gérin-Lajoie, Paul 48, 57, 58, 60, 61, 129, 134
Getty, Don 140, 141, 148, 156, 194, 197, 198, 204-206
Ghiz, Joe 156, 194, 216, 217, 225
Giguère, Louis de Gonzague 65
Godbout, Adélard 9, 92
Godbout, Jacques 33, 40, 41, 83, 92, 295, 297
Godin, Gérald 93
Godin, Pierre 67, 88
Godin, Sylvie 12
Goodale, Ralf 195
Gossage, Patrick 172
Goulet, Keith 195
Guilbault, Camille 251

Hamelin, Charles 240
Harcourt, Michael 203
Harper, Elijah 26, 27, 228, 262, 269, 270, 274

INDEX

Hatfield, Richard 22, 140, 141, 156, 157, 211-216, 221, 228
Hogue, Jean-Pierre 171
Hoy, Claire 189

Iacobucci, Frank 143

Johns-Noddle, Anitha 182
Johnson, Daniel 9, 45-47, 50, 54, 57, 59, 61, 62, 67, 72, 76, 108, 162, 175, 232
Johnson, Pierre-Marc 9, 118, 158, 250
Johnston, Donald 151, 152
Joyal, Serge 28

Kierans, Eric 48, 56, 60
Kilgour, David 209
Kirby, Michael 107, 108, 166, 167

Lacoste, Paul 71
L'Allier, Jean-Paul 37, 82, 87
Lalonde, Marc 79, 80, 93, 104, 117, 124, 153, 165, 170, 192, 225, 234
Lamarre, Bernard 242, 257
Lamontagne, Maurice 115
Landry, Aldéa 213, 219
Landry, Bernard 101
Landry, Fernand 213
Lapalme, Georges-Émile 99
Lapierre, Jean 151
Lapointe, Jean 67
Laporte, Pierre 61, 63, 66, 75, 246
Laurendeau, André 53, 67, 71, 180, 201, 209
Lefebvre, Jean-Paul 48
Lemay, Marcel 271
Lennie, Oryssia 145
Lesage, Jean 9, 16, 42, 46, 47, 50, 62-64, 76, 77, 81, 99, 100, 109, 175, 232

Lessard, Daniel 168
Lévesque, Georges-Henri 293
Lévesque, Gérard D. 95, 99, 149, 306
Lévesque, René 9, 11, 15, 20, 24, 29, 43, 45-49, 52-57, 59-62, 65-67, 72, 78, 84, 85, 88, 89, 94-96, 98, 100-102, 104, 106-111, 114, 118, 119, 122, 126, 128, 131, 132, 134, 141, 157, 166, 177, 185, 197, 212, 218, 236, 239, 250, 252, 257, 261, 264, 275
Lizée, Jean-François 312
Loiselle, Gilles 92, 119, 162, 172, 174, 242, 245, 247, 259, 260, 303
Lopez, Ricardo 240
Lortie, Marc 251, 252
Lortie, Patricia 251, 252
Lortie, Pierre 242
Lougheed, Peter 82, 86, 112, 141, 145, 197, 198, 233, 291
Lynch, Charles 119

MacDonald, John A. 18, 19, 232
Mac Donald, Ian 43, 68
Macdonald, Donald 135, 192
MacEachen, Allan 213
MacLaren, George 234
Mailloux, Raymond 99
Malépart, Jean-Claude 257
McKenna, Frank 27, 30, 169, 174, 206, 208, 210, 212-216, 218-224, 226, 228, 229, 269, 275, 290, 291, 296
McLaughlin, Audrey 203, 248, 294
McMurtry, Roy 273
Manning, Preston, 193, 209, 210, 232, 293
Mansbridge, Peter 168

Marchand, De Montigny 165, 167
Marchand, Jean 65, 66, 84, 85, 235
Martin, Paul 242, 259, 293, 297
Masse, Marcel 129, 139, 165, 167, 233, 241, 259
Masson, Claude 81
Mathews, Georges 305, 312
Matthews (Peterson), Shelley 181, 182
Meighen, Michael 234
Miller, Frank 180
Mitterrand, François 104, 302
Montpetit, Édouard 32
Moores, Frank 233
Morin, Claude 76, 78, 79, 93, 105, 106, 108, 119, 139, 163, 166, 174, 208, 210, 303
Mulroney, Brian 16-28, 30, 83, 118, 126-133, 141, 143-147, 149-151, 153, 156, 157, 160, 164, 165, 167-173, 175, 179, 181, 184, 185, 187, 193, 199-201, 204-207, 211, 212, 215, 216, 218, 219, 221, 226, 227, 231-234, 236-240, 242-259, 265, 267-269, 279, 289-291, 293, 300, 301, 304, 307
Murray, Lowell 142, 144, 150, 219, 220, 253

Newman, Don 168
Noël, Jacques 106
Nolin, Pierre-Claude 236
Normand, Robert 172, 295, 297, 300
Nungak, Amédée 262
Nunziata, John 249

Ouellet, André 131, 151, 171, 233, 269, 275
Ouellet, Gary 236

Pageau, Rodrigue 236
Parizeau, Jacques 11, 17, 25, 28, 29, 101, 105, 187, 252, 272, 279, 280, 303, 304, 308
Pawley, Howard 22, 140, 156, 200, 201, 203, 204, 209
Pearson, Lester 48, 50, 52, 67
Peckford, Brian 21, 140, 149, 156, 218, 226
Péladeau, Pierre 242
Pelletier, Gérard 82, 84, 101, 153, 240
Penikett, Tony 203
Pépin, Jean-Luc 101, 134, 152, 157
Pétain, Philippe 31
Peterson, Clarence 181
Peterson, David 20, 21, 22, 123, 140, 141, 156, 157, 168, 175, 177, 178, 180-189, 194, 221, 227
Pitfield, Michael 152, 167, 170, 171
Plamondon, Louis 241
Plourde, André 248
Poupart, Ronald 12, 95
Pronovost, Denis 227

Rabinovitch, Bob 165, 167
Rae, Bob 188, 189, 290, 306
Reagan, Ronald 282
Rémillard, Gil 23, 28, 111, 131, 133, 137-139, 142, 143, 147, 149, 154, 173, 217, 223, 249, 257, 265-268
Reisman, Simon 200
Riddel, Norm 292
Rivest, Jean-Claude 139, 166
Robarts, John 73, 74, 134, 175, 177
Rocard, Michel 104, 105
Romanow, Roy 166, 174, 195, 203, 208

Rompré, Claude 202, 203, 209
Rosenberg, Steven 277, 282, 283
Rouleau, Claude 63
Roy, Bernard 128, 129, 143, 236, 239
Roy, Jean-Louis 127, 139
Roy, Michel 67, 153, 154, 172, 173
Roy, Monique 43
Rumilly, Robert 17, 29
Rutherford, Daphne 182
Ryan, Claude 79, 93, 99, 100, 106, 107, 110, 116, 117, 122, 134, 173, 186, 225, 285

Saint-Pierre, Raymond 30, 43, 88
Sauvé, Paul 9
Scott, Ian 25, 144
Segal, Hugh 176, 177
Senghor, Leopold 131
Sheppard, Robert 275
Shreyer, Ed 192
Simard (Bourassa), Andrée 37, 93, 162, 274, 280, 282
Simard, Édouard 38
Simpson, Jeffrey 289
Sioui, Konrad 271
Smallwood, Joe 76, 226
Smith, Gordon 170, 171, 173
Spector, Norman 142, 145, 165, 166, 168, 170, 171, 219, 240, 253, 255, 266, 275
Spicer, Keith 172, 259
Stanfield, Robert 176

Tassé, Roger 143, 215
Tellier, Paul 23, 24, 165, 166, 168, 170-173, 249, 252, 254, 255, 264, 275, 289
Thatcher, Margaret 303
Thatcher, Ross 76, 81, 191

Tremblay, Arthur 129, 130, 143, 173
Trudeau, Pierre 10, 11, 21, 37, 39, 42, 45, 46, 48, 50-52, 61, 62, 65, 66, 69-77, 79, 82-88, 93, 100, 101, 107-114, 117-119, 124, 126-129, 131, 132, 134-136, 140, 141, 143-145, 152-164, 166, 167, 171-176, 179, 180, 185, 189, 194, 195, 197-199, 204-206, 212, 215, 217, 218, 225, 226, 229, 231, 234-237, 242, 261, 264, 270, 294, 295, 299, 301, 303, 306, 312
Turner, John 28, 117, 118, 128, 130, 155, 179, 204, 231, 243

Ustinov, Peter 184

Valiquette, Gérald 171, 172
Valpy, Michael 275
Vander Zalm, Bill 21, 140, 146, 148, 156, 191, 194, 198, 199, 204, 206, 209
Veilleux, Gérard 166, 167
Vézina, Monique 139, 200, 233, 241

Wagner, Claude 61, 63, 66
Waters, William 312
Webster, Jack 119
Wells, Clyde 23, 26-28, 76, 211, 217, 218, 225-228, 270, 290, 306
White, Peter 164, 165, 234
Wilhelmy, Diane 139, 143
Woodsworth, James Shaver, 31

Zigys, Tom 183

Table des matières

Avant-propos 9

Chapitre premier
Tel qu'en lui-même… 15

Chapitre 2
L'enfant prodige de la rue Parthenais 31

Chapitre 3
L'occasion manquée 45

Chapitre 4
Le résistant 69

Chapitre 5
La traversée du désert 91

Chapitre 6
Le mariage de raison 121

Chapitre 7
Le souffre-douleur 155

Chapitre 8
Le grand frère jaloux… 175

Chapitre 9
L'estime des *western yuppies* 191

Chapitre 10
Les enfants terribles de la famille 211

Chapitre 11
Alliés de Bourassa... malgré lui, au besoin! 231

Chapitre 12
Face au pouvoir rouge 261

Chapitre 13
La chambre à part ou le divorce 277

Épilogue
S'y mettre tout de suite! 299

Index 313

Ce livre est imprimé sur
du papier contenant plus
de 50% de papier recyclé
dont 5% de fibres recyclées.

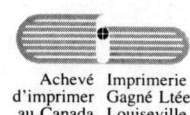

Achevé Imprimerie
d'imprimer Gagné Ltée
au Canada Louiseville